Записки "Хулигана"

Виктор Павленков

FC-IZDAT
2018

Виктор Павленков

Записки "Хулигана"

Victor Pavlenkov

Zapiski "Xuligana"

Copyright by FC-Izdat

ISBN: 978-0-9637035-8-3

Published by FC-Izdat,
Cambridge, MA, USA

Printed in the USA

Cover by William Volya Pavlenkov

*Моим родителям
Владлену и Светлане*

Предисловие

Предлагаемые читателю истории, заключенные в данной книге, давно просились на волю. "Хулиганом" меня когда-то называли чекисты и их прислужники. Если под этим словом подразумевать "нарушитель общественного порядка", то я частично признаю свою вину. Общественные рамки СССР, как, впрочем, и рамки России периода "чекистского крюка" часто вызывали у меня желание их нарушить. В США желание сие никуда не улетучилось и нашло свое воплощение в бродяжничестве и в поисках вечного "Иди туда -- не знаю куда, найди то -- не знаю что".

Ощущая себя продолжателем традиций вагантов, и блуждающих клеричи, американских бродяг и русских странников, французских поэтов и ирландских бардов, я отпускаю данные истории из заключения на свободу.

Рвется по швам оболочка земная,
Сможет ли дух воспарить из нее?
Первые слезы веселого мая --
Это уже ни твое, ни мое...

Виктор Павленков,
(Бродяга и Поэт)

Шел Пацан

Шел Пацан по улице, не издалека. С улицы имени террористки-революционерки до улицы имени отца вождя революции и опаздывал. С улицы Фигнер до улицы Ульянова. Бабушка с дедом были в «саду», километрах в двадцати от города, и посмотреть телик у них поэтому исключалось, а дома мать телик так и не завела. Поэтому, скорее всего, смотреть придется у одного из ребят со двора, у Женьки Шикова. У них телик новый, с большим экраном, недавно совсем купленный и доставленный на дом на виду у всех соседей.

Идти к ним не особенно хотелось, но делать было нечего: уж слишком важное показывали по телевизору сегодня — первую игру восьмисерийной хоккейной баталии между сборной СССР и сборной звезд НХЛ. Для всех, а особенно для Пацана, у которого отец сидел в лагере за политику, эта серия была настоящей холодной войной на льду, противостоянием двух систем. Поэтому к Шиковым идти-то и не хотелось — Пацан тайно, до жаркой жути, болел за канадцев, а Шиковы, конечно же, за СССР, однако о настроениях Пацана догадывались и смотрели на него искоса. Косые взгляды: эту смесь страха и еще чего-то непонятного — вопроса невысказанного, что ли, — он ощущал на себе уже несколько лет, но привыкнуть к ним так и не успел.

На дворе стояла ранняя осень, дождливое 2 сентября 1972 года. Пацан торопился со второй смены из школы и на игру запаздывал. Улицы были пустыми. «Даже старушки, видать, смотрят по соседям», -- подумал он, прибавляя шагу. Из окон на улицу неслись громкие крики болельщиков. «Вот так все и пропущу!» — мелькнуло в голове, а ноги уже бежали. Проскочив прямо перед выезжающим из-за угла автобусом, не заметив внезапно побледневшего лица шофера, он нырнул во двор сквозь арку, пролетел до Шиковского подъезда и застучал в дверь. Из квартиры раздался победный крик, и дверь распахнулась.

-- Наши счет сравняли! — крикнул Женька, убегая из прихожей. — Проходи!

Пацан разделся и в носках прошел в большую комнату. Там — на диване, на стульях, на полу — уже сидели человек двадцать, все знакомые, свои, дворовые: Шиковы жили на первом этаже, к ним было легко подниматься, да и телик, как известно, был у них новый, с большим экраном.

Счет уже был 2:2, начало матча Пацан пропустил. А зря: шумные, разноцветные трибуны, крики из репродуктора, две команды на льду напротив друг друга — словно былинные богатырские дружины перед битвой. Трудно было представить себе более непохожих людей, играющих в одну и ту же игру. Советские хоккеисты стояли ровно, в строю, все в аккуратной, заправленной форме, в шлемах, словно римский легион против варваров. Канадцы же, наоборот, — половина без шлемов, длинноволосые, форма в штаны не заправлена, клюшки в руках — кто за середину держит, кто за конец; стояли развязно, линии не соблюдали, в строю катались. Один их внешний вид противопоставлял себя всему миру, орал -- дикими прическами, щербатыми ртами, шрамами — "Я!", беззастенчиво заявляя о своей уникальности. А буква «Я», как Пацану не уставали напоминать со всех сторон, -- последняя в алфавите.

«Звезды» сверкали ярко: уже на первой минуте Эспозито открыл счет, а потом, на пятой, Хендерсон забил второй гол. Трибуны ликовали, откровенно хохоча над советскими любителями... Правда, не успел еще смолкнуть смех, как хмурые гости из СССР, раскатавшись и распасовавшись, забили один, а потом и второй гол.

Еще раз «Звезды» померкли в конце периода, когда советские забили еще одну шайбу под долгий и пронзительный крик Озерова — «го-о-о-о-о-о-ол»! Они работали командой, никто особенно не выделялся, не сверкал поодиночке — это только в третьем периоде все запомнят технику Харламова, когда он, выйдя один против двух защитников, обогнет их по полукругу, выскочит перед вратарем, уложит его ложным движением, спокойно забросит шайбу в открытые ворота и так же спокойно вернется к своей команде. Болельщики напоминали рыб на берегу — такие же выпученные глаза и открытые рты. И тишина... «Звезды» пропали, растворились в небе, и было непонятно — то ли тучи вдруг наплыли, то ли солнце выглянуло из-за горизонта неумолимо, как закон природы, как еще одно подтверждение того, что на смену капитализму надвигается новая социальная формация.

Теперь любителями выглядели канадцы — они почти не дотрагивались до шайбы, словно приросшей к клюшкам советских хоккеистов, которые кружили по льду, четко пасовали, цепко принимали передачи, входили в зону, как рыба проникает сквозь тугую сеть, все такие похожие и хмурые, как солдаты.

А канадцы — его неизвестные герои, которых он любил, не зная их совсем, любил за свободу, за немыслимые зарплаты, за драки, за зубы на льду, за их сумасшедшие прически, за их бесшлемие, за их дикий эгоизм, — эти самые канадцы толпились на льду, выдохшиеся и растерянные, пока Харламов, Михайлов, Петров, Мальцев, Зимин и другие скользили плавно и неудержимо по льду притихшего стадиона в далеком Монреале.

И еще он их любил по Высоцкому — за хриплый, подпольный, рваный голос под гитару из магнитофона «Романтик»: «Профессионалам — зарплаты навалом, плевать, что на лед они зубы плюют...» Песня на кассете шла за пиратскими песнями: «На судне бунт, над нами чайки реют, вчера из-за дублонов золотых двух негодяев вздернули на рее, но мало -- надо было четверых. Ловите ж ветер всеми парусами, к чему гадать: любой корабль – враг. Удача — миф, но эту веру сами мы приняли, поднявши черный флаг!..» И клюшки становились саблями и шпагами, и «брать на корпус» означало «брать на абордаж».

Песни Высоцкого он слушал у брата отца — Игоря, который жил в часе езды на автобусе от них, куда он стал часто наведываться, два-три раза в месяц, на выходные, после того как отца забрали.

Вот из-за отца-то он и болел за канадцев больше всего.

Отомстить кагэбистам за то, что отец однажды ушел на работу и не вернулся, пока не удавалось: кирпич не падал, а плакат «КГБ

— дураки!», с которым он собирался маршировать по Свердловке, повисел в воображении, да и растворился в прошлом. Оставалось болеть за канадцев всеми фибрами, как говорится. Вот Пацан и болел.

От великих, сказочных, мифических канадцев не осталось и тени. Обескураженные, растерянные, злые, они двигались словно в замедленном кино. Напоминали они не скакунов-иноходцев, мустангов с вьющимися гривами, а уставших от жизни меринов, ведомых на живодерню. Правда, один из них, самый страшный на вид, Бобби Кларк, с гривой-копной волос и с выбитыми передними зубами, продолжал лягаться, лез в драку и даже забил гол во втором периоде на чистом энтузиазме. Но в третьем периоде выдохся и он, его удары и толчки пролетали мимо цели. Закончился матч со счетом 7:3 в пользу советской сборной.

Рожки, фанфары, гул трибун — затихло все, и лица досрочно покидающих игру канадских болельщиков были полны пустотой и унынием. Обиженные, они стояли в проходах с начала третьего периода, а потом медленно двинулись к выходу. Камера скользила по ним под возбужденный голос Озерова. «Развенчан миф о непобедимости знаменитых профессионалов!» — кричал он в микрофон.

Канадская пресса за пару недель до начала серии еще не обращала на нее своего внимания. Если о чем-то и говорили, то в основном спорили, с каким счетом победят профессионалы. Сходились на полном разгроме любителей, делали ставки, забьют ли «русские» хоть одну шайбу. Впрочем, хоккейным обозревателям было о чем поговорить и помимо грядущего «избиения младенцев». Лучший хоккейный защитник «бостонский медведь» Бобби Орр расставался со спортом из-за травмы колена. Лучший нападающий современности, тысячу раз травмированный Бобби Халл перешел в заново созданную Мировую хоккейную лигу, созданную, кстати, ради него одного. А это означало, что в команду звезд НХЛ его просто не позвали.

Отсутствие двух самых ярких канадских звезд широко обсуждалось в советской прессе. Таким образом демонстрировалось несовершенство западной системы — в высшей лиге Советского Союза звезд так, на убой, не травмировали. И никаких других высших лиг здесь не существовало. Кто-то, возможно, мог заметить, что потери эти свидетельствуют еще и о высокой внутренней динамике западного общества, но Пацану это было незаметно. Потери же были налицо.

Канадцы приняли бой на своей территории, в таинственном городе Монреале, и были разбиты в пух и прах. Пацану еще раз показали победное шествие социализма по планете. Уныло сознавая, что он лишний на торжестве твердой поступи неумолимых шагов истории, он поплелся домой. Было 2 сентября — впереди предстоял длинный учебный год в 5 классе, третий год без отца.

И еще одно было ему непонятно-неприятно: в конце матча канадцы, пренебрегая правилами и этикетом, не построились в линию, и никто, кроме вратаря Кена Драйдена, рук советским не жал. Было в этом что-то хамское, неспортивное — словно не умеющие проигрывать дети надулись и дали эмоциям взять верх над рассудком. Не ощущали за собой страны канадцы, сдав Монреаль, не признали лично свое поражение и мелко гадили напоследок.

Пацана ждал пустой дом — мать была на работе. Квартира находилась на верхнем, четвертом, этаже, все ее окна выходили во двор. Не успел он перекусить, как из дома высыпали приятели — Женька Шиков, Вадька Паздюнин, Вовка Тимершин, Витька Павлин. Схватив клюшку и съехав по перилам вниз, подскочил и Пацан.

-- Да ты че, ты сечешь? На первой минуте Эспозито как даст с разворота!

-- А волосы-то у них, е-мое — как у Вилка! — ребята оказывали честь поверженным, сравнивая их с одним из главных авторитетов своего района: от Ковалихи до площади Минина.

-- А Харламов-то, Харламов как: раз обман, два, по краю — как детей, как детей..

-- А этот-то, этот-то, самый волосатый, клюшку одной рукой держит — дерется-то как!

В тот день им было не до игр... Ошеломленные и встревоженные, они переигрывали всю игру поминутно, и клюшки с воротами им нужны были лишь для показа того нового, что продолжало жить в их памяти... А ведь это и был, пожалуй, самый главный матч хоккея эпохи благословенного застоя.

В школе за канадцев открыто болел только Сашка Штрайхер. Сейчас, встречая одношкольников в большом количестве в местах весьма отдаленных, Пацан узнает, что он не был одинок в своих симпатиях и то, что симпатии эти открыто не выражались, еще не означало их отсутствия.

Именно Сашка рассказал об этом Пацану на следующий день, после того, как все перемены были проведены в восстановлении и новом переживании моментов матча. На уроке труда мальчишки подключили к обсуждению и Иосифа Николаевича.

Расчесывая свою длинную черную бороду, учитель обстоятельно откашлялся и, проанализировав матч, отметил сильную игру обеих команд, лучшую физподготовку советских мастеров хоккея, поговорил о предстоящих боях, посетовал, что не все матчи предстоит увидеть в СССР, сказал, что все впереди…

Его точку зрения разделял Игорь, дядя Пацана, инженер, в прошлом -- спортсмен-гандболист.

-- Эх, ребята, — переживал он за канадцев. -- Получили?! Но как он забил второй гол! — восхищался дядя Игорь Эспозито. — Впереди еще играть и играть. Наши-то натренировались задолго, у нас пятилетки в почете, а эти все только из отпуска возвращаются, из теплых постелей со сладкими бабами. Этот разгром им как будильник должен быть. А наши-то не особенно должны зарываться. Если бы сейчас Тарасов тренером был, он бы им нагрузки увеличил, чтоб им служба раем не казалась.

Пацан во все эти предстоящие игры не верил. За канадцев он болел задолго до начала серии. Впервые о том, что можно болеть, и страстно, за команду противника, он услышал от Лильки Штейн в Москве. Она была на год старше него, знала наизусть песни Галича, которые он слушал дома, правда, только когда матери не было, и яростно болела за чехов. Пацан так же яростно до этого болел против чехов на чемпионатах мира: тогда чехи показывали чудеса стойкости, побеждая советских, но потом проигрывали шведам, а то и финнам, а советская команда обыгрывала всех остальных и становилась чемпионом из года в год. Это были времена Фирсова, Старшинова, Мальцева, Петрова, Харламова, Михайлова, Коноваленко. Особенно запомнился Пацану чемпионат, который смотрели у деда, пока мать ездила на часовое свидание к отцу в Мордовию. Хотя свидание и исчислялось в часах, поездка занимала чуть ли не неделю, на которую Пацан переселялся к деду.

Пацан сидел на полу и смотрел, как побеждали чехи. Дед тоже смотрел с азартом, оба болели за наших. Но чехи яростно держались, игра часто переходила в драку. И вот в Москве, сидя на диване, Лилька все это для него соединила тем небрежно-доверительным московским тоном, от которого вдруг закружилась голова и потерялся дар речи, пока завороженный Пацан плыл в некотором состоянии полу-присутствия, пока снова не приземлился в гостиной квартиры на втором этаже. Конечно же, чехи стояли за попранную свободу, за непопранную честь! — Пацан удивился собственной глупости: ведь знал же он и про Пражскую весну, и про ввод дружественных войск, спасших социалистические завоевания братского чехословацкого народа. А вот с хоккеем связи не было. И с соседями на втором этаже, у тети Лели и тети Вари, где он смотрел хоккей, когда был дома, и у деда он всегда болел с большинством, естественно, за наших. А тут вдруг все соединилось. Сейчас Лилька была где-то далеко-далеко, за тридевять земель, кажется, в Италии на пути в Америку.

В планах было построение самолета с Костей Ермаковым из шестого «А» и последующее пересечение Атлантики. Костя уже нарисовал общий план самолета, а Пацан приглядел алюминиевую трубу за забором какого-то местного хозяйства. Деньги на мотор должны были скопиться из денег на столовую в школе и приумножены игрой в трясучку.

Он страстно желал победы этим парням из другого мира, где свобода и такое яростное слово «профессионалы». Слово это, иначе как в негативном смысле в советской спортивной печати не упоминавшееся, было загадочным и далеким. И вот — поражение. Пацан уже давно не чувствовал себя ребенком и не верил в сказки. Он взял Джульку и пошел гулять в садик Свердлова, благо тот находился прямо за гаражами. Джулька была московской барышней, спаниельшей с характером. Досталась она семье Пацана от Штейнов, когда те эмигрировали.

Вторую игру Пацан пропустил, был в школе. Ее, на удивление, выиграли канадцы. Сведения об этом в «Горьковском рабочем» оказались скупыми, а «Советский Спорт» в киосках было не достать. Потом начались приготовления к поездке в лагерь на свидание с отцом, и он, признаться, подзабыл на время о хоккее.

По вечерам в квартире писали письма, мелко-мелко, на папиросной бумаге, а потом все это закручивалось и пряталось в багаж. В очередной раз проверялись билеты, маршруты, выслушивались пожелания друзей. Звонили в Москву, уточняли поезд и вагон. Джулька бегала за мамой Пацана, стерегла ее, провожала до дверей и там ждала до возвращения, и тут уже не было конца чистым изъявлениям счастья и любви. О, загадочное собачье сердце. Ведь это Пацан водил ее гулять, пускай не часто, но тем не менее. Впрочем, когда мама возвращалась, радостными любовными прыжками и поцелуями горячим языком Джулька одаривала и Пацана.

В хлопотах прошла почти неделя. В школе Пацан слышал, что третья игра была вничью. Это мало что проясняло. Четвертую встречу выиграла советская сборная. Настроение ухудшилось. Это была не первая поездка в поселок Озерный, зону 17а. Прошлым летом он уже ездил туда на двухчасовое свидание с отцом, только что переведенным на строгий режим. Ездили втроем -- с москвичом-диссидентом Штейном, выезжантом-подавантом, то есть уже подавшим документы на выезд со всей семьей. К моменту новой поездки Штейны уже добрались до Италии, оставив Пацану с матерью спаниельшу Джульку. Та, погоревав месяцок-другой по хозяйке Веронике, перенесла свою любовь на маму.

Путь в Мордовию лежал через Москву. То есть можно, конечно, было добраться туда и через Рузаевку, но уж больно неудобна была Рузаевка эта: вагоны там брали штурмом, билетов не было на два дня вперед, да и сам город был страшным и грязным. Пацан был там с матерью один раз, и мать зареклась ехать так еще хоть раз. А из Москвы поезд шел напрямую до Потьмы. Так что в Москву, в Москву! В Москву приехали и канадцы.

* * *

О, это были далеко уже не те неприступные герои, непобедимые еще до начала игры. Как провозглашал один из них накануне: «Если мы не выиграем все восемь игр, то будем разочарованы». Нет, отнюдь... После первого, сокрушительного поражения, потрясшего весь хоккейный мир, они, надо отдать им должное, разозлились именно той спортивной злостью, о которой говорил Игорь, и сумели разбить советских гостей во второй игре. Достичь этого им удалось с помощью защиты и жесткой силовой игры. Да, защита была основной причиной победы канадцев во втором матче. Даже нападающие помогали, откатываясь в свою зону. Помимо этого изменения тактики, Гарри Синден, главный тренер «Звезд», выпустил на площадку Вейна Кашмана, убойного защитника «Бостонских Медведей». Тот носился по арене, врезаясь со всей скоростью в советских игроков, наступал им на клюшки, ломал их, пытался развязать драку. Но больше всего он приводил советских в замешательство своей непредсказуемостью, сумасшедшинкой, поведением, явно выходящим за рамки когда-либо виденного любителями из СССР.

Третий матч был сыгран вничью — 4:4. В начале игры канадцы захватили инициативу, во втором периоде вышли вперед — 3:1, но Харламов снова показал высокий класс игры, в одиночку обыграв-обкатав Кларка и Стэплтона, в то время, когда советская команда играла в меньшинстве, и забил гол в ворота Тони Эспозито. Канадцы ответили голом Хендерсона, но потом Третьяк «запер» ворота, а тройка Лебедева, Анисина и Бодунова раскаталась, забила два гола и сравняла счет. Если кто-то еще считал, что первая игра не была показательной, ничья в третьей убеждала в обратном. Серия подходила к середине.

Четвертая игра, состоявшаяся в Ванкувере, стала канадцам наказанием за их бахвальство и наглость. Советские уже не пугались ни дикой канадской защиты, ни стремительных нападающих с их могучими щелчками. Третьяк опять был на высоте, Харламов оттягивал на себя внимание соперников, позволяя Михайлову забивать. Канадцы проиграли со счетом 3:5, и как проиграли! Их освистали собственные болельщики! В звезд превратились уже хоккеисты из СССР. Их имена повторялись в спортивных программах, их подготовка и дисциплина ставились в пример канадским игрокам. Хозяин «Северных Звезд» Миннесоты Вальтер Буш предложил советским спортивным чиновникам миллион долларов за Харламова!

Как жестоко мстит толпа за разочарование в собственных иллюзиях! Освистанные и униженные в собственной стране канадцы стояли на льду после матча. Некоторые со слезами на глазах. Только разозленный Фил Эспозито показал трибунам кулак, чем вызвал новую волну улюлюканья и недовольства.

Когда тебя предаст твоя страна... Вот так их провожали в дальний край...

Нет, не те уже канадцы приехали в Москву.

В Москве у них уже царил полный разброд. Четыре хоккеиста «Звезд» покинули команду, из них трое ушли, хлопнув дверью. Падкие на скандалы журналисты разжигали страсти. Вик Хатфилд из «Нью-Йоркских Рейнджеров», второй по результативности нападающий чемпионата, одной из главных причин своего ухода называл отношение освиставших их болельщиков в Ванкувере.

«...Мы согласились защищать честь Канады практически бесплатно... А нас с тех пор постоянно все критикуют — начиная с болельщиков и кончая прессой и телевидением», — жаловался он. Особенно ему не нравился тренер команды Гарри Синден, который тасовал игроков, не считаясь ни с их запросами, ни с их опытом игры в своих командах. И сейчас, когда он, не предупредив никого, заявил состав на игру, не включив туда многих звезд, звезды обиделись. И вот четверо из них отбыли домой.

* * *

...Вот уже до отказа набиты и с трудом застегнуты рюкзаки и сумки, вот уже застыли в комнате провожающие, словно по приказу замолчавшие, присев на полминуты. В добрый путь! И слезы в три ручья. Поцелуи, руки, «ты обутый?!». Дверь, площадка, лестница, скамья...

Со скамьи старушки провожают жизнь свою и нас в далекий край, скорого возврата нам желают. Арка. Площадь. Улица. Трамвай.

Игорь, провожавший Пацана с матерью до поезда, слегка переживал: сегодня первая игра в Москве, скоро начало, а ему еще до Калининского полчаса на автобусе. Канадцы по пути в Москву обыграли шведов, что обнадеживало, давало их болельщикам хоть какой-то проблеск надежды, пусть небольшой.

-- Ну ладно, ребята, побежал я, — сказал Игорь, прощаясь.

Он уже занес чемоданы в вагон, разместил их под полками, теперь Пацан с матерью стояли на перроне, дожидались отправки. Все пожелания были уже давно повторены, наказы даны, приветы переданы. А вот и сигнал: «Провожающие! Просьба покинуть вагоны». Поезд пробирает дрожь, стук на стыках между вагонами, и медленно, как бы нехотя еще, начинается колесный перестук: «а вот я вас, а вот я вас, а мы туда, а мы туда...»

Вот и Москва. Поезд целый час пробирается по ней, пока не пристанет к вокзалу. Пассажиры ходят по коридору с полотенцами, стоят в очередях у туалетов, наблюдают из окон блоки многоэтажек, шустрящие машины, толпы москвичей на остановках.

На вокзале их, нагруженных рюкзаками и чемоданами, встречал дядя Миша, брат матери. Взяли такси и поехали к его новой подруге, Пацану с матерью до тех пор незнакомой.

Первое, о чем спросил Пацан, был результат вчерашней игры. Канадцы снова проиграли. Ну вот и проехали, подумал Пацан. Еще одно поражение сводило счет к 2:1 при одной ничьей. Чтобы выиграть, звездам нужны были в Москве три победы подряд. Стало очевидно, что все споры, все разговоры и рассказы Пацана о том, другом, таинственном мире за пределами города Горького снова подвергнутся насмешкам и шуткам. Впрочем, никто и не собирался отрицать могущество советской системы. Чу, вот и проехали, снова подумал Пацан о канадцах в прошедшем времени и позабыл о них, затушил свой спортивный азарт. Оставил.

...А зря. Зря ведь. Оставил-то зря, говорю, канадцев-то, канадцев-то зря, говорю, оставил-то... Усомнился и предал то есть, у последней у черты... То есть потерял надежду преждевременно, обнаружив этим некую слабость характера. Пошел на разрыв, так сказать, до того, как прокричали петухи...

Раньше их обычно встречали несколько человек и ехали они на метро -- о, этот необычный столичный, такой знакомый и давно любимый запах московского метро -- шумной веселой компанией до станции «Сокол». Уже на выходе из которой на Пацана нисходило чувство некоего оцепенения и замирания, в котором он и следовал до Чапаевского переулка, входил в арку знакомого дома, взлетал на второй этаж и долго ждал у дверей квартиры, пока подойдут мать со спутниками. Потом был звонок, распахнутые двери, объятия, поцелуи хозяйки дома тети

Вероники, мельтешение, лай, прыжки Джульки, суета с раздеванием у порога, снова лобзания, чаепитие с заготовленными для него сладостями, расспросы, сообщения, приветы...

Квартира эта была и салоном, и политическим центром диссидентства, славилась своим гостеприимством и радушием, в основном благодаря хозяйке, и являлась для Пацана окном совсем в другой мир, где были известные писатели и иностранцы, бывшие зэки и барды с поэтами. Там все знали и уважали отца Пацана, восхищались его мужеством, там отец был таким же героем, как у Пацана в сердце. Оттуда провожали на свидания, там угощали жвачкой из Америки, показывали письма и фотографии из Израиля и Европы. Там к Пацану обращались как ко взрослому, никто его не гнал из-за стола во время серьезных разговоров, никто не запрещал слушать Галича и Клячкина. Словом, немного свободы, радости, высшего общества, капелька любви и праздник жизни перед длинным перегоном в лагерь к отцу.

В этот раз в Москве праздник не сложился. Пока ехали к знакомой незнакомой Лене, Миша сообщал последние новости. Штейны в Италии, собираются в Штаты; многих московских диссидентов вызывают на допросы, вслед за допросами ждут арестов. Штейны вовремя уехали, а то бы и им несдобровать. Об эмиграции подумывает и сам Миша: в этой стране улучшений не предвидится. Пацан отмечает, что говорит все это Миша как-то обиженно и даже капризно. Не хочется Мише страдать за страну и народ, догадывается Пацан. Впрочем, разговоры эти он слушал вполуха, лицом прижимаясь к стеклу такси, наблюдал за дождливым московским утром, даже не отворачиваясь, когда брызги слякоти шлепались на окно, стекая потом по наружной стороне стекла грязными струйками. Со стен проносящихся мимо домов ему что-то кричали красные плакаты о передовиках производства, о выполнении пятилетки в три года, о единстве партии и народа. Мимо промелькнуло поздравление советским спортсменам с победой на Олимпиаде. В последние недели вся пресса буквально вопила об этом. Сборная СССР победила в командном зачете, выиграв золото в спорном баскетбольном матче, в спринте -- два американских негра, мировые рекордсмены, опоздали к забегу при странных обстоятельствах --

и во многих других видах. Результаты, по словам «Комсомольской правды», продемонстрировали всему миру триумф личности, освобожденной социализмом! То есть праздник-то был, но не на его Пацанской улице.

У Лены все было непривычно. Миша, выпив кофе, уехал по делам. Вскоре ушла и Лена, оставив их с матерью отдыхать. Отдыхать, правда, не пришлось: взяли авоськи и отправились по магазинам, дабы побаловать отца московскими деликатесами, которые в Горьковских магазинах и не ночевали. Вечером все вернулись к Лене, куда уже подошел народ — и Лена, и Иветта, и мама Лены, и Миша, и Ленин сын от первого брака, Сережа, студент археологического уклона, то ли в МГУ, то ли еще в каком-то московском вузе. Пока взрослые готовили еду, Пацана пустили в Сережину комнату. Там он обнаружил магнитофон с большим набором пленок Высоцкого. С Высоцким Пацан был знаком не на шутку: и с «Яком-истребителем» («Я Як-истребитель, мотор мой звенит, небо — моя обитель, но тот, который во мне сидит, считает, что он истребитель!..), и со «...Спасите наши души... мы бредим от удушья, спасите наши души — спешите к нам...», и со многими другими песнями такого своего, такого знакомого и понятного, такого нашего, родного, ревущего и кричащего, орущего, пьющего и поющего.

А начинал он с уличных куплетов:

...Сколько ребят у нас в доме живет,
Сколько ребят еще рядом...
Сколько блатных по этапу пойдет,
Сколько блатных еще сядут...

У Сережи оказались песни Высоцкого, которых Пацан никогда до тех пор не слышал. Да и слышал-то он их разве что по воскресеньям у Игоря. Он проходил в комнату Игоря и слушал там Высоцкого на первом этаже, раскрыв занавески и глядя на прохожих, открывая форточку, чтобы лилось громче:

...На судне бунт. Над нами чайки реют,
Вчера из-за дублонов золотых
Двух негодяев вздернули на рею,
Но мало — надо было четверых...

А у Сережи он весь вечер слушал новую песню с припевом «...А в это время Бонапарт, а в это время Бонапарт переходил границу...» и другие. Потом позвали ужинать, чаевничать. Потом легли спать.

Следующий день был потрачен на посещение магазинов и друзей-москвичей. Вечером, перед тем как идти на вокзал, удалось-таки посмотреть на канадцев, первый период. С тех пор, как они проиграли в Монреале в первой игре, Пацан их видел впервые. Мать торопила, уже надо было одеваться, а он, хоть и одетый, все не мог оторваться от экрана.

Оттуда на него неслась лавина новостей, подробностей и деталей, которые он вбирал в себя, как з/к впитывает в себя новости и слухи об амнистии, наполняясь надеждой, пусть нелепой, пусть несерьезной, пусть многократно ошибочной, но все равно самой дорогой и желанной, настолько желанной, что может попрать она не только черную реальность колючей проволоки, вертухаев с автоматами и злобных овчарок в запретке, но даже долгие предыдущие и последующие годы безысходного срока.

Так, кидаемый из одной крайности в другую, наш Пацан снова полюбил, а полюбив, опять поверил. Поверил, несмотря ни на что, и даже далеко не веселые новости не могли уже остановить волну нахлынувшей надежды. А новости и вправду были не очень веселые. Во-первых, он узнал, что в команде канадцев произошли сильные внутренние потрясения. Уже из Москвы трое игроков дезертировали. Звезда «Нью-йоркских Рейнджеров» Вик Хатфилд вместе с Риком Мартином из «Буффальских Сабель» и Жоклином Гуеромонтом из «Ванкуверских Кануков» покинули команду, улетев домой прямо из Москвы. Второй новостью была история первой игры в Москве, где, как оказалось, канадцы вели в счете всю игру с большим преимуществом, пока советские игроки, разыгравшись, не вкатили пять шайб в третьем периоде. Третья новость была почти анекдотом: дело в том, что Фил Эспозито, канадский капитан, во время построения команд перед началом игры поскользнулся и упал, растянувшись прямо на виду у всех трибун, в торжественный момент представления канадской команды публике. Московский лед был явно несчастливым для профессионалов. После первого проигрыша в Москве канадцам надо было выигрывать оставшиеся три игры, что, учитывая принцип, что дома стены помогают, а также все предыдущие результаты, казалось совсем недостижимым. Но в том-то и есть сила надежды, что цепляется она за любую соломинку и, не сдаваясь до конца, живет, жаждет, любит и верит. И Пацан за эти короткие минуты первого периода, уже стоя в дверях, уже обуваясь, увидел нечто, что не дало уснуть той самой сильной, самой могучей троице высших сил. Нет, не богатырей, а наших великих дев — Вере, Надежде, Любви. Во-первых, ведь это был и его дом, Москва эта, столица его Родины. И возжелал он, дабы стены его дома помогли этим парням с его далекой, но тоже родины, пусть ему и неизвестной. Пусть будет так, взмолился он неизвестно кому, поскольку, хотя он и верил в нечто высшее, но ничего определенного ни о Боге, ни о каких других потусторонних силах не знал. А во-вторых, именно они представлялись ему союзниками в противостоянии со «свинцовой мерзостью» советской жизни, естественными союзниками, ценящими борьбу за правду и свободу во всем мире, ведь вместе они составляли одну команду -- отец, Игорь, Пацан, и канадцы.

И еще одно его поразило, аж почти физически тронуло ощущением, раскатилось по телу решительностью и ожесточенностью. Стояли строем теперь канадцы совсем по-другому. Вроде те же самые парни, что и пару недель назад, гривастые, лохматые, незаправленные, без шлемов, а вот и не те уже. Другие. И не опишешь ведь словами, не передашь подробностями внешними. Только было в них вдруг что-то волчье, хищное, звериное. И на советских гладиаторов смотрели они как на жертв. Откуда эта уверенность у трижды битых и разбитых? — подумалось было Пацану, но было не до анализа, пора было хватать рюкзак, сумку и идти за матерью в лифт. Но было же, было, было... С тем и ушли.

Как раз первый период закончился. С нулевым счетом, правда, но ничего. Весь период канадские волки гонялись по площадке за советскими игроками, которые, хотя и продолжали переигрывать канадцев по комбинациям и распасовкам, но так и не могли распечатать канадские ворота. И не то чтобы советские игроки боялись или уворачивались от силовых приемов, наоборот, они и сами были не прочь потолкаться, а иногда и подножку поставить, но в открытую бить -- не били. Особенно настойчиво канадцы охотились за Харламовым. Каждый раз, как только Валера слетал на лед, чтобы парить по нему, черта ледяные узоры, чтобы пролетать между неуклюжими защитниками, словно привидение, на лед бросался тот самый Бобби Кларк, которого Пацан запомнил с первой игры за его неуемную драчливость, выбитые передние зубы и гриву немытых волос. Бобби Кларк не интересовался шайбой. В глазах его, да и во всем теле, горел азарт хищника. С клюшкой наперевес летал он за Валерой, и Валера хотя и уходил пока от него, ускользал, но было в нем уже что-то жертвы.

* * *

И вот опять Москва, теперь уже не встречающая, а провожающая. Снова сладкий, ни с чем не сравнимый запах московского метро. А люди-то, а люди! Тут тебе и лиловый негр, и «грузын-армян-азер» с аэродромом на голове, и неприступная красотка в шубе, и молодой очкарик-студент, похожий на Джона Леннона... А вот в темном окне вагона и Пацан с мамой. Мама крупная, красивая, да и одета хорошо — американские сертификатные рубли. Сам Пацан, правда, слегка неряшливо выглядит: это от полного пренебрежения к одежде и от радостного восторга при виде луж, которые он немедленно превращает в моря, после чего пытается их перепрыгнуть, не всегда удачно. Да и заборы не оставляет вниманием, не говоря уж о деревьях. Зато у Пацана мужественный взгляд, он его часто тренирует — и перед зеркалом, да вот и сейчас, в метро на подъезде к Комсомольской площади. То брови нахмурит, то губы сожмет, но еще не знает, что нет ничего страшнее простого взгляда, без всяких гримас. А вот и Казанский вокзал.

Это и преисподняя, и чистилище, и война, вечный бой, суета, неразбериха. Входят туда с затаенным напряжением, крепко держась за свои сумки, стараясь не отставать от спутников, проталкиваясь сквозь толпы таких же. Не отставай, по сторонам не гляди, а то нарвешься взглядом на такое, о чем и подумать-то жутко. Пустые глаза, угасшие жизни, ледяной блеск глаз без будущего. А запахи-то, запахи! Родные мои российские... В нос шибает, с ног сшибает. Тут и перегар, и перегной, и кровь, и понос, и блевотина... А слякоть, а грязь... Страшно-о-о...

Но вот наконец и перрон, плацкартный вагон, «здрасьте» попутчикам, «до свидания» провожающим, сумки на третью, багажную, полку, Пацан сам на вторую, поезд сотрясается —

паровоз прицепили -- а потом тихонечко так, еле-еле сначала ползет... И вот уже застучал, заговорил колесами по стыкам рельсов, вот и проводница прошла, билеты проверила, белье раздала, вагон стал затихать, голоса поутихли и помягчели, вот и чай принесли. Попутчики выкладывают свою снедь на стол, пьют чай, закусывают бутербродами, крутыми яйцами, начинают обмениваться историями. Но Пацан не слушает, он уже давно залез на свою полку, лежит, смотрит в окно на проносящиеся мимо подмосковные полустанки, шепчет про себя слова новой песни Высоцкого: «Рядовой Борисов. — Я. — Давай, как было дело. — Я держался из последних сил, дождь хлестал, потом устал, потом уже стемнело, только я его предупредил. На первый окрик — "Кто идет?" — он стал шутить, на выстрел в воздух закричал "Кончай дурить!", я чуть замешкался и, не вступая в спор, чинарик выплюнул и выстрелил в упор...»

Вагон почти умолкает, только льется снизу, с первой полки, неторопливая речь попутчиц. И еще что-то шипит. Пацан ищет причину этого звука и обнаруживает — ручку радио крутит с интересом до конца, и до него доносится еле-еле слышный рев стадиона. «Ой, да ведь они все еще играют!» — вдруг вспоминает он, пытаясь разгадать сквозь шум слова комментатора, но слышит только свист и рев, словно буря урагана вдруг ворвалась в засыпающий, уже ставший уютным вагон, захлестнула, взметнула, взорвала: «...наши нападающие штурмуют ворота профессионалов! Шадрин! Удар!..» Рев трибун, голос комментатора утопает в свисте! «...Эспозито удаляется на пять минут!.. Удар! Шадрин! Якушев! Го-о-ол!»

Шум стадиона сливался с помехами, а скоро и вообще остался один шум. Пацан еще долго крутил и крутил ручку радио, пытаясь уловить хоть какую-то информацию, но так ничего больше не расслышал. Радио пошипело еще, пошипело и умолкло. Умолкли и разговоры внизу, только колеса продолжали стучать по рельсам, и в такт им зазвучала другая, только что выученная им песня Высоцкого: «...а в это время Бонапарт, а в это время Бонапарт переходил границу...» С тем и уснул.

-- Просыпайся, сынок, просыпайся, нам уже скоро сходить, — мамина теплая рука нежно гладила его по щеке. Он открыл глаза и тут же их снова закрыл. Так не хотелось расставаться с убаюкивающей колыбелью постели на второй полке, мягкой подушкой и сладким сном.

-- Вставай, вставай, сынуля, надо еще умыться успеть... Вставай, вставай, я скоро приду, вон и чай уже принесли... — с полотенцем через плечо мама уходит.

На столике внизу стоят, слегка подрагивая и позвякивая ложками о стекло, два стакана чая. Но телу так тепло и сладко, а векам так тяжело, что глубоко зевнув, Пацан решает, что пара минут — не вечность, переворачивается на другой бок и снова пропадает, растворяется во сне.

-- Потьма! Стоянка одна минута! Потьма! — выкрикивает проводница, маршируя по вагону.

Поезд начинает замедляться, мама прибежала из уборной, Пацан слетел с полки, все еще с закрытыми глазами, быстро натянул куртку и шапку. Они схватили сумки, им помог сосед.

Соседка по купе догнала в коридоре, протянула забытый шарф. Они слезли с поезда, когда он уже начал движение. Последнюю сумку им передали прямо на ходу. Спасибо, прощайте, удачи вам и вам, тук-тук-тук — снова стучит поезд, унося с собой уют, тепло и еще теплый, так и нетронутый чай. Еще несколько мгновений -- и тишина. Снег. Холод. Ветерок, вырвавшийся из-за ушедшего поезда, пробирает до самой кожи. В предрассветных сумерках видны только темные фигуры людей на перроне да белые клубы пара их дыхания. Невдалеке темнеет здание вокзала.

Багажа слишком много для двоих, поэтому передвигаться пришлось этапами: мама несет две сумки на несколько метров вперед, оставляет их на виду, возвращается, и они уже вдвоем перетаскивают к сумкам остальное. Мороз давно выстудил последнее тепло. Коченеют пальцы ног, по телу гуляет волнами дрожь. Наконец они добрались до вокзала. Вместе с теплом в нос шибануло таким запахом, что Пацан застрял в дверях не в силах перешагнуть порог. Запах этот бил не только в нос, но и в лицо, в виски, под дых. Пацан не мог дышать.

-- Что дорогу загородил? — втолкнул его внутрь мужик с мешком. Мама оглянулась.

-- Стой здесь и никуда не отходи. Тебе что, плохо? — спросила она, но в этом вопросе нет обычной материнской жалости.

Мама сейчас — собранная, с суровыми интонациями в голосе, с жестким выражением лица, слегка запыхавшаяся от переноски сумок на морозе, настроенная на долгий и трудный путь. Ей надо узнать про другой поезд, когда он идет, откуда отходит, есть ли билеты. В кассовом зале — толпа, очереди.

-- Потерпи, сынок, — ласково сказала она, но тут же добавила уже другим тоном. — Стой здесь и следи за сумками.

Пацан стоял, с трудом сдерживая тошноту. Запах засохшей блевотины, прошлогодней мочи и еще чего-то мерзопакостного вроде скисшего пота щекотал ноздри, пробирался куда-то внутрь, просился наружу. Заплеванный пол был щедро усыпан окурками, клочьями бумаги и другим мусором. Вокруг шмыгали грязные, неопрятно одетые люди, почти все - в замусоленных телогрейках. Пацан ловил на себе неприятные взгляды. Озноб, начавшийся на улице, усиливался. Сколько еще можно ждать?

-- Куда едешь, мальчик? — ласковый голос мужчины, подошедшего откуда-то сбоку, застал Пацана врасплох. От неожиданности он вздрогнул и не смог найти слов для ответа.

-- Да ты не бойся, я тут работаю, — успокаивающе произнес незнакомец.

Внешность его, однако, совсем не соответствовала ласковому тону. Мутные бегающие глазки, свежая ссадина на щеке, задрипанная телогрейка. К тому же, обращаясь к Пацану, он обдал того таким перегаром, что Пацан почувствовал, что его сейчас точно вырвет.

-- Куда надо, туда и едем, — неожиданно грубо ответил он и, поднимая руку, громко закричал в сторону кассового зала. - Мам!

Мать появилась из толпы почти мгновенно, выбежала, расталкивая тех, кто попадался ей на пути.

-- Что такое?! — позвала она и, увидев незнакомца, закричала уже в полный голос. -- Отойдите от ребенка!

Мужик мгновенно пропал, не дожидаясь встречи с встревоженной мамашей.

-- Ну что, тебя одного уже оставить нельзя?! — упрекнула она Пацана. От несправедливого замечания ему стало еще хуже. Но сейчас не до обид, и, взвалив на себя поклажу, они перебрались в кассовый зал. Там устроились у окна, чуть подвинув спящую на постеленных газетках большую семью не то мордвы, не то чувашей. Пацан наконец-то уселся на вещи и начал ждать.

Мама стояла где-то в середине толпы. На самом деле это не толпа, а очередь. Правда, очень замысловатая, кругами, с постоянным пересчетом, переписыванием, со своими сложными правилами: кто за кем, я здесь стоял, а я не помню, если отойдешь, очередь теряется, вам куда, да вы совсем не там стоите, мне только спросить, куда вы лезете, куда, куда полез, у меня поезд скоро отходит, куда лезешь, говорю, не пускайте его... Очередь копошилась, двигалась, бурлила, иногда в этой толпе Пацан замечал маму, но тут же терял ее из вида.

Пацану страшно надоело ждать. Больше всего на свете он ненавидел ждать, а вот пришлось. По крайней мере, запахи уже не вызывали рвотных позывов, вот только озноб не проходил, и он погрузился в какое-то полуобморочное состояние, не перестав не следить, а ощущать эти сумки и рюкзаки, на которых сидит... Потьма, Потьма, повторяет он про себя странное название станции... пот... тьма... поть... ма... тьма...

Как скучно и противно сидеть и ждать на этом вонючем и грязном вокзале. От жалости к себе Пацану впору разреветься. Он вообще-то часто это делает, ощущает себя самым несчастным и обиженным. Ведь он еще помнит, как стоял несколько лет назад с дедом на трибуне во время первомайского парада, а потом в концертном зале Нижегородского кремля смотрел, как труппа московских танцоров отплясывала летку-енку на эстраде. Но самое интересное было потом, во время банкета, где ему в первый раз в жизни удалось попробовать ананас. Потом, кому ни рассказывал, никто и не знал о таком. Было это еще в славные дошкольные времена, до трудных школьных лет. Ощущение исключительности, правда, так никогда и не прошло, вот только как-то внезапно обернулось совсем другой стороной медали.

Еще с детского сада, куда бы он ни пришел, все преподаватели начинали переспрашивать за спиной, тот ли он самый, свидетельствует ли его фамилия о родстве с самым главным начальником всех воспитателей, учителей, завучей, директоров, завхозов и остальных работников городских учебных заведений. Выяснив и убедившись, вели себя по-разному: кто-то заискивающе обращался и смотрел только на него, а иногда даже спрашивал про дедушку, а кто-то подчеркнуто не обращал на него внимания, вот только взгляды их все равно Пацан на себе ловил. Уже и привык он ожидать этого повышенного внимания к себе, уже и жаждал этого, пусть неосознанно, требовалось оно ему уже, внимание это. А вот когда арестовали отца и весь город только об этом и говорил, дедушку «ушли» на пенсию, отца год держали под следствием...

Куча тряпья и газет рядом с Пацаном вдруг зашевелилась, приподнялась, и на Пацана уставилась пара глаз. Вот именно так — сначала куча, а потом глаза. То есть наверняка были еще и лицо, и шапка, и туловище, и куртка, и все остальное, но этого Пацан не видел, отрицая уже за одно только лежание на полу, за вонь, за грязные тряпки, виданные доселе только в фильмах про войну. А вот глаза жили сами по себе и не просто жили, а смотрели.

В них не было ни гнева, ни упрека, ни любопытства. Они просто смотрели изумленно. Пацан сам стал смотреть прямо в глаза. Все вокруг вдруг перестало существовать, вся эта бутафория вокзала, пассажиров, запахов и очередей. Две жизни взирали друг на друга, утопая одна в другой, вбирая в себя, отдавая.

Так, словно загипнотизированный, Пацан сидел и смотрел, пока не ощутил, что его торопит мама. Она все узнала про поезд, он уже был подан для посадки, мама даже нашла попутчицу -- женщину, закутанную в шерстяной платок, которая помогла им взять одну из сумок, и они снова заторопились куда-то. Пацан с матерью несли тяжелую сумку за ручки.

Уже в дверях вокзала, толкаемый толпой и поторапливаемый мамой, Пацан обернулся и бросил прощальный взгляд. Глаза смотрели. Пацан даже успел разглядеть их обладателя, вернее обладательницу — маленькую чумазую девочку в стареньком сером пальтишке, поднявшуюся и отряхнувшуюся от тряпок и газет. Вот только теперь глаза кричали, корчась от боли разлуки. Куда же ты? Куда? Ведь только повстречались? Ведь ничего еще и не успели: ни сказать, ни улыбнуться друг другу, а ты уже уходишь, и верно — навсегда. И такой щемящей болью вдруг полыхнуло от них на Пацана, что он попытался напоследок улыбнуться и виновато, и ободряюще, но вместо улыбки лицо его скорчилось, и глаза вдруг наполнились слезами, и все вокруг опять поплыло-задрожало-потекло.

-- Не отставай, сынок, ну что, я еще и тебя должна нести?! — голос матери вместе с рывком сумки заставил Пацана очнуться.

Снаружи уже давно рассвело, небо голубело, снег искрился солнцем. Щеки сразу обожглись прощальными слезами, и, хотя они быстро высохли, холод быстро передался всему телу.

На третьих или четвертых путях, вдалеке от вокзала, рядом с допотопного вида вагонами стояла толпа. Над головами кружились клубы пара, под ногами поскрипывал снежок. Мать, попутчица и Пацан, опустив поклажу, встали с краю толпы.

-- Смотри, сын, это узкоколейка, — показала на вагоны мама. — Таких уже больше не делают. Когда-нибудь будешь детям рассказывать.

Пацан с трудом представил, что кому-то когда-нибудь может быть интересно услышать про грязные вагоны на задних путях Потьминского вокзала, про толпу в ватниках и валенках, в ушанках и платках, терпеливо ждущую, когда откроют двери. Пока он перетаптывался на снегу, ощущая, как мерзнут пальцы ног, как холод проникает сквозь обувь и одежду, как тело отзывается дрожью... Мать, заметив это, обнимает его:

-- Потерпи, сынок, скоро уже, скоро.

Наконец двери открылись, и толпа, разом ожив, весело атаковала двери, лезла, толкалась. Внутри так же холодно, зато не было ветра. Вагон быстро набился людьми, но Пацану, маме и их попутчице удалось занять лавку, а сумки засунуть под ноги. Окна быстро запотели изнутри и покрылись ледяными узорами. Пацана по-прежнему знобило. Он прижался к маме и окунулся в забытье, тревожное и полное непонятных картин. В узорах на заиндевелом стекле он вдруг увидел старинный парусный фрегат, зажатый льдами где-то в Ледовитом океане... Из-за ледяной скалы неподалеку выскакивал белый медведь и бежал к фрегату, на ходу превращаясь в Бобби Кларка с клюшкой наперевес, со страшным щербатым оскалом... Пацан в страхе бежал к паруснику, хватался за обледенелый трап, но вдруг лед под ногами начал трещать, фрегат завалился набок и... тронулся с места. Пацан открыл глаза.

-- Ну вот и поехали наконец-то, — вздохнула мама.

Вагон скрипел и трещал, вот-вот, глядишь, развалится. Пацан припал губами почти к самому стеклу, растапливая в иние на окне маленькую наблюдательную дырочку. За окном — лес, медленно плывущий мимо. Листья с деревьев еще не опали, только были слегка скованы инеем. «Деревья качались и расставались навеки со мной», — подумал вдруг Пацан. В вагоне потеплело, да и снаружи листья на деревьях поблескивали отражением лучей солнца, начинающего выныривать из-за туч. Пацан сладко потянулся и, прижавшись к маме, снова провалился в сон.

Снова остановка посередине пути. В вагоне надышано, тепло, все давно перезнакомились. Заполняя пространство, журчали ручейки разговоров. Спи, сын, спи...

Заворочался народ, завозился. Поезд, скрипнув последний раз, встал, вздрогнув всем составом. Люди, недавно мирно беседовавшие, заработали локтями, рванули к выходу. Из дверей полыхнуло холодом, обожгло, разбудило, сковало в ознобе, отпустило...

Багажа слишком много для двоих, поэтому мама, взяв две сумки и наказав пацану стеречь остальную поклажу, уходит к зданию вокзала, надеясь найти камеру хранения. Пацан остается один. Ему вдруг становится еще холоднее, озноб усилился. Мамы все не было. Ему страшно и хочется бежать ее искать, но сумки нельзя оставлять. Неожиданно полились слезы.

Ему нельзя плакать, он уже большой, почти мужчина, думает он, но от этих мыслей стало еще обиднее, и вот уже слезы потекли вовсю. Дом, Москва, верхняя полка в теплом плацкарте, даже скамейка в поезде из Потьмы — все представилось ему таким дорогим и желанным, — а мамы все не было и вот уже слезы катились не переставая. От злобы и обиды на себя и на все эти вещи вместе с холодом и снегом он взвалил на себя сумку, взял другие в обе руки и, пошатываясь, побрел туда, куда ушла мама. Он поскользнулся, упал и, уже не стесняясь своих слез, поволок этот ненавистный груз, не обращая внимания на ушибленное колено. Выбившись из сил через несколько метров, остановился для передышки. Руки и плечи ныли от тяжести, колено жгло от боли, все тело колотило от холода, особенно пальцы ног в ботинках. Он начал двигаться короткими перебежками, толкал ненавистные сумки. Мамы все еще не было видно. Ему было страшно, но хотя бы слезы прошли.

-- Мальчик, тебя что, не встретили? — прозвучал рядом мужской голос.

Хозяин голоса, дядька в телогрейке, валенках и шапке-ушанке, смотрел участливо.

-- Мама на вокзал пошла, сейчас придет, — пробурчал Пацан, продолжая пинать сумки.

-- Да я помогу, — сказал дядька, подхватил две сумки и направился к вокзалу.

Придерживая двумя руками свою поклажу, болтающуюся через плечо, Пацан почти что бегом догнал дядьку.

-- Чо, на свиданку приехал? — ощерился дядька гнилушками зубов. Из его щербатого рта валил пар.

У вокзала они столкнулись с мамой.

-- Тебя что, ни о чем нельзя попросить?! — вдруг набросилась на Пацана мама и, поворачиваясь к дядьке, продолжила. — Вам не стыдно!? Оставила ребенка на минуту всего, а вы уже за сумки хватаетесь!

Дядька сконфуженно молчал, но не уходил. Мама достала мелочь из кармана и с негодованием в глазах протянула ему. Дядька молча ретировался, позвякивая монетами в кулаке.

Автобусная станция Явас представляла собой сарай. Зато внутри было тепло. Сгрузив вещи к стене и оставив Пацана сидеть на них, мама снова ушла — выбивать комендантский пропуск для поездки в лагерь. Пацану уже было все равно. Озноб захватил его вовсю, лихорадило все тело, волны жара сменялись холодом, гуляли по телу, били дрожью.

Мама приходила и уходила, получала разрешение на поездку в Озерный, потом опять куда-то пропадала. Потом сидели в кабине полуторки, гнали по лесной дороге, подлетая на кочках и ухабах, месили слякоть и грязь, сгружались в Озерном, снова куда-то тащились уже в темноте, оказалось, что в Дом приезжих, с печкой и кроватью, с серыми простынями.

-- Трико не снимай, — сказала мама, укладывая Пацана. Потом наклонилась над ним, укутывая, просила не засыпать, подождать пока чай вскипит, но... уже... было... потом...

В администрации сказали, что они приехали на три дня раньше срока, поэтому следующие два дня Пацан провалялся в кровати Дома приезжих. Приходил местный фельдшер. Посоветовал чай с малиной и аспирин. Фельдшер надолго задержался на кухне, пытался поговорить с мамой о большой земле, а мама ему пыталась всучить колбасы с шоколадом для передачи на зону отцу. Пацану хотелось разузнать о хоккее, но сил не было кричать, только и оставалось слушать обрывки разговоров взрослых на кухне.

На третий день жар спал. Утром позавтракали чаем и бутербродами с колбасой. За окнами было темно и холодно.

-- Ну, давай собираться, сынок, — мама была взволнована и слегка торжественна. — Если при обыске потребуют раздеться, отказывайся наотрез.

И рассказала, что недавно одну из жен, приехавшую на свидание к политическому, заставили раздеться для обыска догола. Как та сначала отказывалась, а потом ее вынудили угрозой не пустить на свидание, и как она была травмирована этим. И вот среди политических было принято решение: полный бесповоротный отказ в ответ на требование раздеваться.

Улицы Пацан не узнал. Еще вчера — слякоть и грязь, чернота и серость. И вдруг сегодня — чистота и свежесть белого снега, скрип под ногами и облака пара над головами людей.

* * *

Поселок Озерный был обычной деревней. Они пересекли площадь, сгибаясь под тяжестью сумок, и дошли до ворот. За ними, наверное, наблюдали: не успели они остановиться передохнуть, как сразу же сбоку ворот открылась дверь и они вошли в зону.

По другую сторону двери их ждал человек в мундире, который пошел с ними через двери, коридоры, лязганье двойных дверей и подлые взгляды вохровцев. Пацан смотрел им прямо в глаза, выливая на них столько ненависти и презрения, что те не выдерживали — отворачивались. А сам Пацан в это время весь был ожидание, смешанное со страхом и еще чем-то не вполне осознанным, но тем не менее невероятно очевидным.

Их провели в большую комнату, где состоялся досмотр вещей. Производили его две рано постаревшие женщины в зеленоватых мундирах. Шмонали вещи долго и со вкусом. Каждый диковинный продукт наподобие колбасы «Московская» поднимался на вытянутые руки для всеобщего обозрения и обсуждения.

Растворимый кофе в блестящих заграничных банках, белый с орехами швейцарский шоколад «Тублерон», красная и черная икра — то, что доставалось месяцами в Нижнем и докупалось в московской «Березке» на переводы друзей и соратников с Запада, — все это пожиралось жадными глазами работниц-охранниц зоны 17а в поселке Озерном.

-- А это что у вас такое? — раздавалось поочередно с двух сторон.

Потом замирали, слушая, кололи цепкими взглядами мамино пальто из Австрии и сапоги из Италии.

Пацан их ненавидел и все порывался сказать что-то злое, но на него внимания не обращали, даже куртку его на прощуп потребовали у матери. На этом досмотр кончился, последняя кастрюля: «А вы зачем кастрюлю привезли, мы ведь предоставляем».

-- Мне из вашей не хочется мужа кормить -- прощупана-оценена. И их пропустили в следующую по коридору комнату, которой предстоит стать домом и очагом их семьи на следующие двое суток — вот уже и резкий голос в коридоре, громкий и веселый, дверь раскрывается и...

Оставим Пацану два следующих дня — прорыв от отчуждения к любви, рассказы и разговоры, иногда наедине с отцом, пока мать готовит на кухне. Оставим песни втроем, старые и новые, оставим стихи, математику. Оставим озабоченных переутомлением Пацана родителей и решение семейного совета выписать ему полтаблетки снотворного. Оставим прощание, томительные минуты расставания. Оставим, поскольку там Пацана-то и не было, а был мальчишка, любимый и любящий.

Пацан очнулся снова уже на вахте, куда их с матерью проводил один из надзирателей. Там он их и оставил на время, а сам ушел искать какого-то офицера для какой-то формальности. Трое или четверо вохровцев над чем-то хохотали, сально и противно, но, увидев Пацана с матерью, притихли. Пацан с открытой ненавистью принялся их рассматривать, глаза в глаза, заставляя отводить взгляды.

-- Мамаша, а что у вас сын волком смотрит? Ведь подрастет, может, самого на нашу службу пошлют, — не выдержав нависшей тишины, подал голос один из них.

-- Никогда мой сын тюремщиком не будет! — ответила мать, как отрубила, и еще пару минут ждали в молчании.

Наконец пришел надзиратель, и их выпустили за ворота. Снег на площади успел растаять, обнажив ухабную грязь. Мать стала кидаться на ворота, колотить в них и душераздирающе кричать. Пацану было в этот момент за мать немного неудобно. Он смотрел на слякоть улицы, на неказистые грязные домики поселка Озерный и молчал.

На этом их пребывание здесь не кончилось. Еще ходили вдоль зоны и даже перекрикивались с другими знакомыми зэка, которые были на стройке, и их было хорошо видно. Потом ходили на прием к офицеру со странной фамилией Кишка, в кабинете которого мать оставила еще целую сумку. Высокий, сутулый, с ароматом перегара и сырого лука, который наполнял его кабинет, был он то ли капитаном, то ли майором, держался уважительно и затягивал беседу. Сумку мать опустила на пол, а вставая при прощании, ее не подняла. Хоть половину передаст, объяснила она. Пацан в этом сильно сомневался. Потом оказалось — зря, Кишка был переведен в другой лагерь с понижением и за попустительство политическим: такой вот советский вариант «Палаты номер шесть».

Не заходя уже в мрачный Дом приезжих, они направились к остановке. Снова ухабистая разбитая дорога, но уже вдоль вдруг открывшихся взгляду озер, в золотом обрамлении поздней осени, с уже чернеющими стволами, но все еще золотым ковром и блестками желтых листьев на тихой воде. Свежие пятна сугробов предвещали надвигающуюся зиму.

С полегчавшей поклажей и леталось привольнее, когда автобус, вдруг взревев, бросался и вправо, и влево, а то и вверх, и вниз. Взбодренные каскадами прыжков в автобусе, Явас они проскочили удачно, в темпе, помогло еще и то, что разрешений на выезд брать не надо было. И вот уже Потьма, все еще полная запаха зоны, но с проходящими мимо скорыми и пассажирскими из Москвы и соответственно обратно, туда, в матушку-столицу, где запах свободы в делах и поступках, где десятки единомышленников, где нарастает волна эмиграции.

***

Однако Потьма так просто отпускать не собиралась. Простояв час в очереди к администратору, мать узнала, что билетов нет почти на двое суток вперед, что очередь за билетами часов на пять, так что очередь она уже заняла, а Пацану можно погулять и разузнать, где тут столовая. Остальное Пацан не дослушал — двое суток! И это если еще повезет с билетами.

Он понурил голову и уставился в грязный, заплеванный пол, едва сдерживая слезы. Он бы, наверное, расплакался, но помнил слова отца «держись, сына», и слезы, наполнив глаза, остановились. «Суки, суки, суки», — зашептал он с ненавистью, поднимая глаза. Потьма, еще недавно казавшаяся воротами к столице, Потьма, последний шлагбаум на пути к людям, к молотому кофе на московских кухнях, Высоцкому, Галичу и Клячкину из магнитофона, последним новостям о Лильке Штейн, катающейся по Италии с родителями, хулигану и поэту математику Гастеву... Все это Потьма отдавать не собиралась, вместо этого — вонючие телогрейки, вонючий вокзал и заполняющий все запах пережженного мазута. Обшарпанные стены, засранные туалеты, где ищешь место между кучами дерьма на полу, кислый запах немытых тел и блевотины. Ненавижу!

Он поднял глаза и еще раз взглянул на людей. Унылые тетки в бесформенных пальто с грязными платками на головах, покорные мужики в телогрейках. Уныло и покорно, покорно и уныло, сдавшись, еще и жизни не начав, толпа, быдло, в стойло вас, предавшие прекрасное в себе. И это ради вас мой самый дорогой и любимый человек на свете остался сейчас в лагере?

Воспоминания об отце нахлынули, заполнив собою все. Несмотря на полтаблетки снотворного, предусмотрительно данные ему родителями, он так и не уснул в первую ночь. Слышал он и скрип кровати, и жаркий шепот, и долгий-долгий ночной разговор. Так что, когда на следующий день отец после обеда постучал по кровати рядом с собой, приглашая садиться, а потом обнял Пацана за плечо и замолчал, обдумывая слова, Пацан уже знал, о чем пойдет речь.

Знал он о том, что всего несколько недель назад приезжал к отцу дед вместе с представителями КГБ, теми самыми, что упекли отца за решетку. То, что дед мог поехать к сыну вместе с врагами,

Пацану было непонятно. Хотя и объяснялось отчасти тем, что разговор у них шел интересный, интригующий и захватывающий.

Вот о чем думал-не думал Пацан, вдыхающий родной запах отца, плывущий по волнам близости с родным человеком.

Он знал, что есть взрослые игры, наподобие шахмат -- вроде все в открытую, а ходишь с умыслом, который раскроется только через пять ходов. И вот теперь его собирался посвятить в тайну сам отец. Мать редко говорила с ним, как со взрослым. Вырастешь — узнаешь, это ему еще рано, ну, это не для его ушей, все это он часто слышал и от нее, и от гостей-друзей дома.

Будут спрашивать об отце, говори, что уехал в командировку, — советовали ему мать и ее друзья. Отец его никогда врать не убеждал, да и сам не врал ему ни сюсюканьем, ни тоном. Говорил всегда как со взрослым.

-- Вот, сын, дело какое, — сказал отец, вытряхнув Пацана из сладкого оцепенения. — Приезжал тут ко мне твой дед с гэбэшниками, предлагают писать на помилование.

Мать, занимавшаяся до этого продуктами на столе и исчезавшая время от времени на кухне, вытерла руки, присела на кровать рядом с отцом и обняла их обоих. Так они и сидели, обнявшись и слегка качаясь, одно целое в океане.

-- Обещают удовлетворить, говорят, к Новому году дома будете шампанское пить. В техникуме обещают восстановить, а может, и с университетом помочь, на кафедру устроить.

Отец снова замолчал. Мать напряглась, глаза ее наполнились слезами.

-- Ты как, сынок, хочешь Новый год вместе встречать?

От нахлынувшей внезапно радости Пацан чуть не разрыдался, но тут же себя остановил, встрепенулся. Было в тоне отца что-то, предвещающее следующий ход, намек на продолжение.

-- Конечно, — Пацан кивнул и слегка отодвинулся от отца, повернулся к нему лицом, внимая.

Отец молчал, смотрел чуть поверх Пацана куда-то в одному ему видимую точку. Губы его еле заметно двигались, словно он перебирал в голове разные слова, искал подходящие, прислушивался к внутренним голосам. Манера эта отцовская подыскивать правильные слова, в раннем детстве так раздражавшая Пацана, хотевшего обычно поскорее закончить с разговором, чтобы предаться делам поважнее, сейчас не тяготила, а, наоборот, давала возможность и самому прочувствовать момент.

* * *

Пацану до сих пор не был понятен конфликт между отцом и КГБ. Никак до него не доходило, чем особенно так уж провинился его отец перед всемогущей и всюду проникающей -- от клятвы пионера на задней обложке школьной тетради, до Ленинского призыва на красном плакате в коридоре школы, завещавшего учиться, учиться, и еще раз учиться), -- советской властью.

Для власти, отец был из своих родных советских людей. Второе поколение советской интеллигенции. Болтали на кухнях, читали самиздат, в походы, в деревню, на лодках, по грибы. В общем и целом человек как человек, продукт системы. И вот когда пора настала, когда был вызван в КГБ, на Воробьевку, где в былые годы расстреливали в подвалах ненужный человеческий материал, ту самую, мимо которой обыватель спешил, склонив голову, боясь ненароком даже взглянуть, не дай Бог, увидишь, чего не положено, — так вот, пришел по вызову и спокойно так, без трепета расположился, мол, давайте поговорим, мол, что у вас там ко мне за дела.

А дела-то были серьезные. После введения советских войск в Чехословакию в Горьком были разбросаны несколько десятков листовок, протестующие против подавления «Пражской весны».

Про Чехословакию Пацан помнил. Во втором классе Майя Ивановна, классрук, сухая, в огромных очках, иссохшая и состарившаяся не по годам, взволнованно, с перекосившимся от волнения лицом, слегка запоздав, после звонка стуча каблуками по коридору, вторглась, решительно распахнув дверь. И сразу, с порога:

-- Дети, ученики 2В класса! Сегодня наши доблестные воины протянули руку помощи братскому народу Чехословакии! Жертвуя своими жизнями, они вместе с другими войсками Варшавского договора вошли в Чехословакию, чтобы спасти ее от реваншистов, фашистов, американской военщины, уничтожающей братский народ Вьетнама. Фашизм не пройдет! Ура!!!

И все до одного вскочили. В едином порыве. Ура! Ура! Ура!

Через пару дней в переполненном автобусе по дороге в сад в Сартакове Пацан поделился с отцом энтузиазмом нашей помощи и наших побед. По привычке подыскивая слова, отец рассказал, что все, может быть и не совсем так, а может быть и совсем не так, как прорыдала-проорала им Майя. Пацан запомнил некоторую неопределенность разговора, без решительных заявлений, без непреложных истин. Эмоционально ему ближе-то была она, очкосверкающая классручка. От аргументов отца остался совет не торопиться с выводами, подумать, разобраться. А потом они уже приехали, вылезли из автобуса и долго шли к своему саду мимо участков, костров из осенних листьев, запахов готовящейся к зиме земли, прелых листьев, мокрых веток, сладкого привкуса павших яблок, и, конечно, еще раз — дыма, осеннего дыма костров, соединяющего и обобщающего все остальные запахи осени, — сладости загнивающих в земле фруктов, кислоты торфа и навоза, прелости листьев и травы, сырости осени. Все эти запахи приобретали новый, совершенный смысл, когда над ними взвивались клубы дыма, завершая этим еще один природный круг.

Отец, как он часто делал, полу-напевал-полу-читал стихи и песни. Больше всего на свете любил Пацан эти прогулки: идти с отцом рядом, слушать его взрослые стихи и песни, обсуждать и разбирать их, запоминать. В тот раз особенно запомнилась одна, Галича: «Жили-были несчастливые волшебники и учеными считались, и спесивыми, только самые волшебные учебники не могли их научить, как быть счастливыми...» И еще отец рассказывал про историю, империю, право наций на самоопределение, про чехов и словаков, захотевших найти свой путь развития. И было сладко Пацану, и грустно почему-то, и так хотелось обнять отца, прижаться к нему и чувствовать родной запах вперемешку с дымом. Что он и сделал на обратном пути, уже вечером, в автобусе.

Пацан не знал, что уже давно закрутились колеса судьбы, истории, времени. Впрочем, они никогда и не прерывались, вот только для Пацана были они совсем незримыми, невидимыми до поры до времени, не обозначенные еще для него ничем, но тем не менее уже готовящими много сюрпризов для всех их участников.

Как, когда это случилось? Как вдруг появился на свет его отец? Нет, нет, появление его на свет — явление вроде бы вполне обычное: понесла училка пузо, деревенский ученик мужем стал и в ЗАГСе надел семейные узы в единый миг.

Сын крестьянина и рабочей, отец был идеальным представителем нового советского общества. Родители, пришедшие в город после революции, окончили педагогическое училище, а потом и институты и остались работать в сфере образования в городе. Первое поколение советской интеллигенции. Жили в коммуналке в Сормове, рабочем районе Горького, славном своими революционными традициями. Потом грянула война. Отец лет в тринадцать стал вдруг главой семьи. Деда забрали курсантом и отправили на фронт. Трудные годы, голодные годы. Отец с начала войны вел альбом с еженедельными вырезками из газет. Работал в сельхозотрядах, получил даже медаль за трудовую помощь фронту. Потом, в шестнадцать, он встречал Победу через пять дней после своего дня рождения. Шестнадцать лет, май, лопающиеся почки на ветках, разрождающиеся листьями и лепестками, дурманящими запахами и кружащими голову красками, свежий ветер с Откоса, с Волги, зовущая своими гудками могучая река и — Победа. Наверное, это было непередаваемо! Отец его, став офицером-танкистом, успел поучаствовать в трех крупнейших сражениях войны: в Сталинграде, на Курской дуге и в битве за Берлин, провоевал два лишних дня под Прагой с рвавшимся к американцам немецким корпусом. Получив целую грудь медалей и орденов, дед остался невредим. Он вернулся в город и сразу пошел в руководство образованием, стал заведующим гороно, членом облисполкома.

Сын его, отец Пацана, поступил в университет на исторический, потом три года служил в Германии, преподавал там в офицерской школе. Вернулся, осмотрелся, стал директором школы, влюбился, женился, стал отцом. Ездил в походы, за грибами, на лыжах, подумывал об аспирантуре, перешел в преподаватели авиационного техникума. Работал над диссертацией с прицелом на книгу об экономическом состоянии страны. Выписывал кучу литературных, экономических и исторических журналов. Собирал библиотеку. Жена преподавала в университете, была популярной и любимой, студенты постоянно дарили цветы, приходили к ним в квартиру на чаепитие. Вольнодумцы, вольтерьянцы, поэты и горлопаны. В душе, конечно же, революционеры, заговорщики, борцы за мировую справедливость. И тут история сама располагает-предполагает, делает первый ход. Советские танки давят «Пражскую весну». Горит и погиб от самосожжения протестующий Ян Палах, над страной вдруг нависает тень стального сапога. «Можешь выйти на площадь? — терзает душу Галич из магнитофона. -- Кто мы — рабы иль человеки?» Студенты негодуют, советуются что делать, произносят тосты и многозначительно переглядываются. Отец отговаривает их от решительных действий протеста, хотя и редактирует письмо в ЦК от двадцати одного нижегородца-интеллигента, как длинно назовет его потом один из студентов, переписывая его левой рукой в перчатке, чтобы скрыть почерк с отпечатками от внимательных чтецов.

В это же самое время в квартире, помимо самого отца с женой и сыном, проживал брат матери Миша, студент-первокурсник медицинского института. Красавец, отличник, золотой медалист. У отца водился самиздат, свободная пресса, он давал все это читать друзьям и некоторым родственникам, включая, разумеется, Мишу. Миша же, вдруг, не спросив отца, дал что-то почитать приятелю-студенту, который (раз, два, три — ну что, угадали?) сразу же отнес это куда надо. Так впервые отец встретился с сотрудниками КГБ, присутствовал при обыске собственной двухкомнатной квартиры, где чекисты, человек шесть, за целый день тщательного поиска так и не смогли найти элементарно спрятанного самиздата. Мишу отчислили, и он уехал домой, в Жигулевск. Вольнодумцы-студенты сочувствовали, возмущались и кипели: мы им еще покажем! Отсутствие репрессий за отправленное письмо переполняло их чувством неуязвимости. И вот — случилось.

***

Вечер. Пацан спал. Мать возилась на кухне. Отец работал за своим столом. Позвонили в дверь. На пороге стоял Пономарев, один из студентов. «Владлен Константинович!» — торжественно сказал он, заходя в прихожую, затем внушительно замолчал, но после некоторой паузы все же выдал. И про то, что листовки разбросаны, наклеены в телефонных будках и рассованы в почтовые ящики. И про то, что Елена, его супруга, ждет внизу. В прихожей было светло, но тесно. Пономарев порывался пройти в большую комнату, но отец его туда не пустил, а сказал ему, чтобы шел скорее домой и молчал. Пономарев с его козлиной бородкой напоминал одновременно Христа и Дзержинского. Разговаривая, бурил собеседника глазами, и тут уже нечто мефистофельское пыталось проглянуть сквозь его внешность.

Отец закрыл дверь и глубоко вздохнул. Мамочки родные. Сильно выдохнул. Пришел на кухню и спокойно написал жене записку. С расширенными глазами она смотрела, как он сжег записку и смыл ее водой в раковине. Потом она схватила ручку и стала судорожно писать. И сжигать. Разговоры о прослушке ходили давно, а после истории с Мишей и обыском осторожность была не лишней. Теперь все зависело от Пономарева: сумеет ли он промолчать?

Не знаю, сколько выпито тогда было. Не знаю, чем там: бедрами, шеей, улыбкой, поворотом головы, глазами, широко и доверчиво раскрытыми или чем еще, -- сводят нас девушки с ума. Но наверняка еще и разгоряченный соответствующими напитками Володя Жильцов хотел произвести впечатление одним весенним вечером на кухне общаги филфака, на улице Ульянова, родной улицы Пацана, названной в честь отца вождя народов, который после расстался с пращурской Ульяной, перейдя под покровительство Лены — то ли женщины, то ли реки. Впечатление он произвел. Богатырь, поэт, декламатор, он стоял коленопреклоненный перед объектом своего внимания и взирал на ее повернутый профиль, нежно спрятав ее руку в своих ладонях. «Да, дорогая, да любовь моя, я скоро ухожу в края другие, где сторожат свободу люди злые, прошу тебя, не забывай меня... Быть может, я погибну в том краю, и похоронен буду я под снегом, а может, я погибну при побеге, но сохраню всегда любовь мою... И в этот миг, у жизни на краю, я умоляю, право, о немногом: возьми смелей, что я тебе дарю, не будь, пожалуйста, ко мне такой жестокой...» -- читал он ей свои и чужие стихи. Ну и прозы добавил, наверное, намеками и сокрытиями, возведением к небу глаз и страстным требованием клятвы никогда и никому. Потом оказалось, что и когда, и кому, и вызвали Володю поговорить на полчасика, да и взяли прямо на Воробьевке, приняли. Подержали несколько месяцев в своих казематах, а потом и Пономарева взяли. А уж потом и еще одного, Капранова, тоже листовки разбрасывавшего.

Отец встречался со своими знакомыми, предупреждал, что его, возможно, скоро арестуют. Говорил, что показаний ни на кого давать не будет, не волнуйтесь, вольнодумцы-болтуны. Срочно дописывал и прятал копии и экземпляры почти уже готовой книги по знакомым. Тогда же родилось ее имя: «Дважды два — четыре». Книга эта основывалась на анализе советской экономической статистики и была попыткой понять, что же такое происходит с родной экономикой. Теоретически ничего нового, по словам отца, она собой не представляла, он в ней «заново изобретал велосипед», выражал сомнение в верности марксистской теории прибавочной стоимости.

А вскоре вызвали и его.

-- Присаживайтесь, Владлен Константинович, — сладко пел майор Хохлов.

-- Вы же наш, советский человек, — глядя исподлобья, откашливался майор Гребенников.

В просторном кабинете были открыты окна, за ними бурлила жизнь, детские голоса, рычание моторов машин и автобусов, дребезжание троллейбусов. Забывалось и гранитное мрачное здание КГБ, и вахта, и сверлящий взгляд вертухая, сверявшего документы с пропуском, словно говорившего: впустить-то я тебя впущу, а вот насчет выпускать — это мы еще посмотрим.

Нет, не промолчал Пономарев, рассказал им про вечерний разговор. И про совет молчать тоже. А вот про то, что мать дома была, это отец Пацана им сам рассказал: вопросик был как бы невзначай задан, прорвался, прокравшись где-то на второй день многочасовых бесед. Застал врасплох и, незамеченный, всплыл уже лишь под конец разговора. Выходило так, что и жена из кухни слышать могла про листовки, а значит, тоже может пройти по делу. Что и было объяснено ему, когда его отпускали домой, чтобы завтра снова встретиться для продолжения такой интересной беседы.

Объясняли не в лоб, не нагло, не ультиматумом, а всего лишь как один из сценариев развития событий. Предполагалось, да и предлагалось, множество различных вариантов. Один из них --

полное и взаимовыгодное сотрудничество: «ведь вы же наш советский человек, Владлен Константинович!» И тут же упоминались его родители, его карьера, его книга — какая книга!? — да уж знаем мы, какая книга, нужная всем нам книга, предлагалось сразу и уже давно. Однако принималось, если не одобрялось, и то, что он не самый подходящий. Другие составляли целый спектр: от частичной помощи органам с небольшим количеством информации до... Да-да, до привлечения к ответственности самого уважаемого свидетеля и его супруги, а сына... Не волнуйтесь, Владлен Константинович, у нас прекрасные детские дома, вырастет ваш сын настоящим советским человеком.

И все с улыбкой и с уверенностью. И в своей позиции, и в том, что выбора у него нет, и в том, что придется-таки ему ломаться, колоться, давать им: сначала немножко, чуть-чуть, ну а уж потом они раскрутят, убедят, заставят, психологи, ловцы душ человеческих. Да ведь и то верно: ну кто будет рисковать своей семьей ради каких-то абстрактных принципов и данных кому-то слов и уверений. Уж наслышаны они были и про это, уж бледнели и дрожали от страха, елозя на стульях, его друзья и знакомые, те самые, которым он обещал молчать. Да, партия в игру без правил приближалась к концу.

Отец в ответ тоже улыбался, кисленько, правда, через силу, но улыбался, руку жал, головой кивал, обозначая, что да, мол, позиция не из лучших, если не сказать плачевная, ну ладно, еще пару ходок покочевряжусь, а потом и сдаваться пора. Значит, завтра с утреца, как позавтракаете, так и милости просим, щелочки глаз сузились, засверкали адским огоньком.

Пошатываясь, а может быть, и нет, но ног под собой уж точно не ощущая, отец вышел на улицу. После того как дежурный на вахте сверил пропуск с паспортом, а может, и сам Хохлов провожал его до выхода.

Два шага от подъезда гранитного здания, того самого, где мучили в подвалах и расстреливали во дворе под звуки ревущих грузовиков, и вот Свердловка вобрала его в себя. Свердловка, бывшая Покровка, переназванная в честь еще одного кровавого палача, являлась Монпарнасом Горького: здесь вечно сновали толпы горожан, глазели на витрины и на людей провинциалы из других районов; совершали моцион почтенные пары, спускаясь с площади Горького до Кремля и набережной Волги; прибортовывались к девушкам веселые молодые люди; сидели за стеклянными витринами кафе потребители горячих и горячительных напитков; пробегали куда-то стайки школьников, тусовались у здания физфака университета студенты и студентки. Толпа обтекала его, почти не задевая. А он просто шел своей дорогой, и только одно чувство испепеляло его. Обида, злость, досада на себя. Как он мог попасться так, простачком? Как мог он подтвердить пономаревскую болтовню о том, что жена была дома? Как мог он не предвидеть этот ход. И вот теперь за эту ниточку потащат, и свяжут, и заставят заплясать. А может быть, и вправду к черту всех? Покаяться? Назвать всех поименно? Преподнести на блюдечке чекистам всех там друзей, приятелей, подруг? Они-то не придут ему на помощь, так почему же своей жертвой он должен защитить и укрыть их? И если бы только своей! При мысли об угрозе семье он почувствовал приступ необычайной ярости, кровь ударила в голову, заставила сжать кулаки.

Он шел по городу. Остановился у телефона-автомата, опустил двушку, набрал номер, позвонил жене. Предупредил, что уже вышел, что уже идет, но слегка прогуляется по дороге домой. И долго бродил по Откосу над берегом Волги. Свежий ветер из заволжских далей, темная ночная Волга, бесконечность ночного простора и огоньки на другой стороне. Он курил свою любимую «Тракию», смотрел вдаль.

Какой-то самый дальний, мерцающий, еле заметный огонек то загорался, то снова тускнел почти до невидимости, поглощаемый тьмой. Наверное, в далекой деревушке качался на столбе фонарь от ветра. Вот-вот, казалось, он погаснет и потухнет, и будет поглощен ночною тьмой. Но он, как поплавок в кипящих волнах, все возвращался, все не пропадал. Вспомнился Окуджава: «Наверное, самую лучшую, на этой земной стороне, хожу я и песенку слушаю, она шевельнулась во мне. Она еще очень неспелая, она зелена, как трава, но чудится музыка светлая, и строго ложатся слова...» Да, козыри у них огромные: и показания колющихся «ревлюцьонеров»; и мать с отцом; и показания на жену; и недвусмысленная угроза потерять сына; и весь их аппарат с их системой, сломавшей такой большой народ; и все друзья-коллеги с их страхом в глазах. И вежливые до приторности следователи — колитесь, ну чуть-чуть, ну лишь немножечко, ведь вы же наш советский человек, слегка попробуйте, а там само пойдет. А у него — лишь эта песенка внутри, неясная, неспелая, намеком. И вот еще: что будет впереди, кто скажет, — не отдам я вам страну, кто встанет, чтобы сын мог быть свободным.

Гасли яркие огни ближних домов, вся Борская сторона погружалась в сон, и от этого тот дальний огонек становился ярче, качался на ветру фонарик, а не гас. Он докурил, повернулся и пошел домой. Но через несколько шагов обернулся. Огонек горел, уже ярко и уверенно. И вдруг словно полыхнул, перелетел через ночную Волгу, вспыхнул уже совсем рядом и согрел, обдал жаром.

Жена обняла, стиснула, прижалась на пороге, заплакала на груди, целовала, гладила, плакала. Сын проснулся в дальней комнате, выбежал в своей пижамке, босой, с разбегу врезался в них, обнял. Так и стояли трое в прихожей. Он гладил голову сына, обнимал жену.

А наутро снова в КГБ. А ведь были у него козыри, были. Мать его, из семьи портного, из села Починки, была старшей сестрой девяти братьев. По фамилии отца были они Соколовыми, а по материнской линии — Клейменами. В селе и в округе их звали Соколятами. Отчаянные были парни, дрались, воровали, пили, любили, держали всю округу в напряжении: мужиков в страхе, а баб в ожидании. Были добрыми, ворованным делились с вдовами и старухами. Была в них настоящая народная сила, не коррумпированная интеллигентско-лоханковскими мотивами и настроениями. И поезда, бывало, грабили, и из тюрьмы бегали, а дядя Володя на войне застрелил штабного офицера в упор при всех. Была в них та взрывная могучая сила, ярость непокорения, которая позволяет оставаться самим собой даже в толпе, даже на краю пропасти. Та самая ярость, что гнала беглецов на волю от теплых хижин крепостных крестьян. Волчья порода, неукрощенная, неусмиренная. А теперь еще и соединившаяся с мировой культурой, воспринявшая эту культуру с жадностью, радостью, без цинизма и усталости, без упадничества и распада, так часто сопутствующими самой культуре и ее носителям.

А может, и действительно надо было ему немножко правды рассказать? Признаться, ну слегка, ну лишь немного, покаяться и попросить прощения? Пожаловаться «на...», признаться «в...», слегка дрожа, своей рукой подписать то, что там следователь вывел за него?

Как хорошо поутру на Свердловке. Совсем уже не вспомнишь, что названа она в честь Якова Свердлова, чекиста-садиста-убийцы. Что мучил, убивал, ломал. Под чьей командой на Урале расстреляли царскую семью, не только самого Николая, слабовольного и прекраснодушного, но и принцесс, барышень молодых, красивых, интересных, да и мальчишку Алексея, царевича. За это и другие пытки, которым подверг товарищ Свердлов и иже с ними огромное количество людей, в его честь назвали города и улицы. И вот уже никто почти и не вспомнит, что улица была Большой Покровской, и ходит народ по Свердловке, крови не замечает, стонов не слышит. А все равно хороша она поутру, когда лишь дворники шуршат своими метлами по тротуарам, движения нет, и лишь одинокие прохожие, проснувшиеся раньше города, спешат начать свои дни-деньские. Она просторна и чиста, и волжский бриз, легкий и свежий, гуляет здесь, уже усмиренный гранитными стенами домов дореволюционной постройки. Еще немного, и она воспрянет, зашумит, наполнится народом и транспортом. Зажужжит Мытный рынок, раскроются двери театров, засмеется-затолкается студенческая толпа у университета; заснуют-заспорят алкаши у винных магазинов, уговаривая Нинок и Клавок продать желанного чуть раньше времени, застучат деловито каблуки служащих банка, зачирикают ножницы парикмахерских, заспорят коллекционеры марок...

Все это будет, будет, будет. А пока — шуршание метл, умытые росой улицы, кинотеатр «Октябрь», а вот и Воробьевка. Гранитные стены, стальные ворота, «Волги» с персональными шоферами у парадного входа, люди в штатском, часовой на страже, дежурный офицер, пропуск-допуск.

А вот уже и скатывается с лестницы, семенит, личное участие проявляя, едва сдерживая улыбку, сам начальник следственного отдела УКГБ Горьковской области майор Александр Миронович Хохлов. Он сегодня — сама любезность: ждем-ждем, заждались, проходите поскорее.

Давайте же продолжим, дорогой Владлен Константинович. Сегодня Хохлов — добрый душка, вчерашний разговор без протокола остался лишь как воспоминание, с ним теперь можно и о погоде: как я люблю осеннюю пору; и о спорте, когда же, наконец, «Торпедо» вырастит нападающих под стать великому Коноваленко? Да и просто помолчать приятно, улыбка не сходит с его дружелюбного лица, вот только слегка его портит шрам на верхней губе, белеющий, когда губы раздвигаются в улыбку. Но это все равно не портит непринужденную утреннюю атмосферу -- атмосферу работы двух уже почти единомышленников. Вот и протокольчик вчерашний, давайте продолжать наше общее дело, дорогой Владлен Константинович.

Александр Миронович улыбается. Дзержинский с портрета за его спиной смотрит построже. Выглянувшее из-за спины Хохлова солнце весело скачет зайчиком по стенке. Его глаза всепонимающе глядят на такой знакомый, но все же милый сердцу сценарий. Все ломаются, и я тоже было бредил юный, что есть воля и земля, где пророчат гамаюны, где свободные стрелки признают одну лишь волю, где гуляют в чистом поле кони, ветер, казаки... Но, взрослея, понял я, что, конечно, все на свете, что мы все большие дети, что мы все одна семья, что мы все должны идти, куда нам отец прикажет, куда партия укажет, за собой народ вести...

Ломайся и ты, мужик, говорили глаза, ломались и до тебя, и не такие, как ты, а погонористее, посмелее были. Свобода — осознанная необходимость. Все равно все пойдет по объективным законам истории и общественного развития. Все равно у нас давно есть весь материал на дело. Все и вся, что мне известно в жизни, ломались в конце концов. Давай, мил друг, резину не тяни, не...

Окно приоткрылось от порыва свежего ветра, зайчик раскололся на несколько своих ипостасей, задрожал-забегал-завертелся, устроил солнечную кавалькаду на стенах кабинета.

-- Александр Миронович, во вчерашнем протоколе я вчера ошибку допустил, когда про даты говорил, надо бы поправить, — с виноватой улыбкой сказал отец.

-- Вообще-то, Владлен Константинович, не полагается, ведь уже готовый документ, но ради вас, — и ставшее поначалу хмурым лицо Александра Мироновича расплылось в ласковой улыбке.

Он вытащил вчерашний протокол из папки, тщательно его осмотрел и положил перед отцом.

Отец склонился над протоколом, заскрипел ручкой, вынутой из кармана, но вдруг остановился, тряхнул ручкой, попытался снова писать, но опять остановился.

-- Что ты будешь делать! Черт знает что: позавчера купил новую ручку, и вот тебе, — отец недоуменно и огорченно поглядел на Хохлова.

Настроение того несколько испортилось. Видно было, что ему не терпится продолжить вчерашний допрос, а тут все эти неувязки с протоколом и ручкой так некстати задерживали, оттягивали, отсрочивали. И хотя ему изо всех сил хотелось отобрать этот протокол обратно, сесть и начать наконец то, ради чего и вызвали сюда этого интеллигента, Александр Миронович себя удержал. Не пришло еще время жесткой линии поведения, это он хорошо видел. Нюх сыщейки, то самое качество, которое он так ценил в себе, подсказывал, что рано.

-- Вот есть чернильная, только она немножко подтекает, — отец вынул из кармана другую ручку и вопросительно посмотрел снизу вверх на Хохлова.

-- Нет, нет, Владлен Константинович, не надо. Уж найдем мы для вас шариковую ручку, — поспешно сказал Хохлов. — Одну минуточку. Подождите. Я сейчас вернусь.

И вышел, осторожно прикрыв за собой дверь.

Момент пришел. Два-три комкающих движения, два шага до умывальника, вспышка зажженной спички, и вот уже бежит струя воды, смывая пепел в водопровод. Солнечный зайчик, обрадовавшись новой забаве, искрится в струе, сверкает, блестит. Отец вымыл руки, вытер их вафельным полотенцем, висящим на крючке, и посмотрел на открывающуюся дверь, в которую входил Хохлов.

Начальник следственного отдела нес впереди себя добытую им шариковую ручку, а на лице его была все та же сладкая улыбка, слегка подпорченная шрамом рассеченной губы. Уже на полшага, в середине движения, остановился, наколовшись на жесткий взгляд отца, на его свободную позу. Занесенная нога еще не успела опуститься, а ноздри опытного сыщейки уже вобрали в себя новый запах.

-- А чем это у нас горелым пахнет, Владлен Константинович? — спросил он, все еще протягивая отцу уже ненужную ручку.

-- Протоколами пахнет, Александр Миронович, — ответил отец.

И белый шрам на забившемся в истерике Хохлове, обманутом, введенном в заблуждение, нарушившим инструкцию, запрещающую оставлять посторонних одних в кабинете. И сладкий дым протоколов, пронизываемый лучами утреннего солнца. И жесткий взгляд отца, своею волей направившего русло дела в заданную им сторону... Все это лишь детали исторического прецедента. Сожжение протоколов в здании КГБ свидетелем, подозреваемым, подследственным... акт малый, но...

Отец стал последним подследственным по этому делу. Щупальца КГБ не проникли дальше, сожженные, обгорелые, остановились на нем. Семь лет получил он — лагерей, тюрем, ШИЗО, СИЗО. Но в той спичке... Ах, в той спичке... Единственность поступка, конец периода страха, словно с этими протоколами смылась в раковину его — страха - колдовская сила.

Потом, через много лет, когда отца уже не будет и изрядно повзрослевший Пацан сможет выкрасть и вывезти из страны его дело, он с удовлетворением обнаружит, что начинается оно протоколом о сожжении предыдущих протоколов.

* * *

Слегка поеживаясь от мысли о том, что здесь предстоит еще просидеть двое суток, и мысленно проклиная Потьму — имя-то какое, имя: в нем тебе и пот, и топь, и тьма, — Пацан вышел на привокзальную площадь. По крайней мере здесь воняло не так, как внутри. Пацан огляделся. Грязные, с подтеками стены вокзала с отлетевшей местами штукатуркой гармонично соседствовали с обшарпанным кирпичным забором с мотками ржавой колючей проволоки наверху. Земля вокруг была покрыта слякотью и грязью, а по краям площади стояли два-три чахлых умирающих деревца, да остатки кустарника, давно поломанного и ободранного местными мальчишками. Единственным украшением всего этого грязно-серого пейзажа был бурый плакат на углу здания вокзала: «Партия и народ едины!»

Пацан поглубже засунул голову в воротник и побрел куда-то в поисках столовой, осторожно ступая, стараясь не угодить в пятна харкотины и блевотины, разнообразившие лужи слякоти.

Неожиданно на повороте, там, где площадь переходила в пустырь, Пацан увидел толпу мужиков.

Вернее, их телогреечные спины, черные спины, серые штанины, кирзачи, топчущие, месящие грязь под ногами. Было что-то странное в них, словно их тянуло, притягивало в центр, и они давили, протискивались, не издавая при этом никаких звуков.

Сначала Пацан прошел мимо них, никаких общих интересов между ними и собой не подразумевая. Но пройдя мимо, оглянулся. И — любопытство пересилило его. Он вернулся к толпе и спросил у крайнего:

-- А че тут ваще?

-- Да тише ты, — зашипел тот, пытаясь протиснуться внутрь. — Хоккей передают!

Хоккей! Пацан и забыл про него совсем! Забыл, забросил, за... Уверенный, что уже давно проиграли его любимые канадцы, ведь проигрывали они вроде, когда он терял их в шуме поезда, в хрипящем радио. Так что даже и думать об этом не хотелось, предчувствуя, еще одно разочарование, еще одно поражение. Пацан собрался уже было уходить, чтобы не расстраиваться, но все-таки спортивный интерес в нем переборол все остальные. Один мужик вдруг вылез из толпы и заторопился к вокзалу. Пацан пристроился рядом. Мужик шел быстро, и Пацану пришлось расспрашивать его вприпрыжку.

-- Да я вон бегу своего пацана найти, как же такое пропустить, — бормотал мужик, подскакивая от возбуждения.

-- А счет какой, а как они другие матчи сыграли, а это что, последняя уже встреча-то? — Пацан, мгновенно оправившись после начального оцепенения, засыпал мужика вопросами.

Но тот не отвечал, увлеченный игрой и своей целью, а что-то бормотал себе под нос. Скоро его след простыл, нырнул он в вокзальную дверь с криком «Мишка!» и был таков.

Пацан заметался. Что-то передалось ему от мужика, от этой взволнованности, от молчаливой сосредоточенности толпы. Если бы он рационализировал свои наблюдения в тот момент, то сказал бы, что так не волнуются из-за известного результата. Но ему было не до рационализации. Он сделал несколько шагов к толпе болельщиков, потом решил подождать мужика с сыном, потом все-таки решился, побежал опять к толпе и с разбегу, наклонившись, протаранил первый наружный заслон. Получил за это кучу тумаков и пинков, но все снова в тишине. Пацан их не замечал. Охваченный страстью проснувшейся заново надежды, он молча полз по грязи, по ногам, по кирзачам. На голос, на шум, на хоккей. К центру толпы ноги сгущались, и Пацану пришлось выпрямиться и встать на цыпочки. Тут уже царило полное молчание, только хриплый, временами переходящий в визг голос Озерова да волны болельщицкого ора. В середине толпы стоял невзрачный мужичок с маленьким приемником в руках, откуда и неслись звуки. Уткнувшись лицом в чью-то промасленную дубленую спину, Пацан стал с жадностью вслушиваться.

-- Восьмой, завершающий матч серии. Москва. Матч -- решающий!

-- Как?! — закричал Пацан, не сдержавшись.

-- Да вот так, - ответили ему. - Помолчи.

И он молчал, затаив дыхание, сжатый со всех сторон. Молчал, ловя шум и хрип транзистора, рев трибун, скандирование «Шайбу!» и задыхающийся от волнения крик-голос-хрип Озерова:

-- Грубый удар Стэплтона, и он получает две минуты штрафного времени!.. Наши входят в зону канадцев. Харламов передает шайбу Якушеву, Шадрин, Якушев, удар! Шайбу подбирает Цыганков! Васильев. Цыганков. Васильев. Васильев, удар, Шадрин! ГОООООООЛ! ГОООООООЛ! ГОООООООЛ! Счет становится 5:3 в нашу пользу!

Прошло еще несколько минут, и команды ушли на перерыв. Мужики расслабились и заговорили. Достали «Беломор», задымили, отодвинулись слегка друг от друга. Это позволило Пацану подойти поближе к мужичку с транзистором. Тот тоже курил, жадно втягивая в себя папиросный дым, но транзистор не опускал, так и держал его приподнятой рукой над головой, словно тот был факелом, фонарем в пещере, путеводной звездой. Рядом с ним стоял пожилой военный в шинели с погонами, словно охранник.

Странно, но ни последняя забитая шайба, ни преимущество в счете не принесли выражения радости на эти суровые усталые лица. Не было на них улыбок, словно пот и тьма, соединившись навеки в одно в этой столице лагерей и зон, запретили здесь радость и смех. Но Пацану было не до этого. Противоречивые эмоции бушевали в нем. И радость за две предыдущие победы, пусть и не виденные им, пусть. Но когда он расставался с ними в поезде, канадцы проигрывали, а вот, значит, пересилили, выиграли-таки, и не одну, а две подряд, иначе эта, последняя встреча не могла бы быть решающей. И не успел он как следует порадоваться этим победам, как сразу реальность подсунула ему и пропущенный гол, и советское преимущество в два гола, словно клеймо неудачника висело на нем, словно заказана ему была радость победы, и к чему бы он ни прикоснулся, кого бы ни любил, так сразу несчастья происходили с любимыми, а команды, за которые он болел, начинали проигрывать.

От обиды на свою неудачливость он чуть не заплакал, но любопытство взяло все-таки верх, и он спросил у центрового с транзистором в руках:

-- Дядь, а как другие-то игры прошли?

Но на него никто не обратил внимания, словно его тут и не было. Ладно, сволочи, не хотите говорить, и не надо, подумал он с внезапной злобой и начал выбираться из толпы.

Толпа была не очень плотной, и вскоре он уже было ушел, но тут его внимание привлек парень помоложе. Он стоял чуть в стороне и тоже курил. Хотя он и был одет, как все: в телогрейку, штаны и кирзачи, но было в нем нечто, отличавшее его от других. Задумчивость что ли, в-себя-ушедшесть: немного склоненная набок голова, какая-то доброта в лице или просто отсутствие собачьего оскала. Он кому-то кивал, улыбался и беззвучно шевелил губами. Парень посмотрел на Пацана и улыбнулся.

-- Закурить хочешь? — спросил он с усмешкой и протянул Пацану открытую пачку папирос.

-- Да я не курю, спасибо, — ответил Пацан и не выдержал, снова спросил про предыдущие две игры.

-- Ну ты даешь, такое пропустил! — воскликнул парень, обрадовавшись слушателю, и тут же начал рассказывать, торопясь, сбиваясь и прислушиваясь к звукам из транзистора, боясь пропустить начало третьего тайма.

-- Ну-ну, так с какого момента ты перестал слушать-то? — Серега, а именно так звали парня, сразу просек ситуацию и как болельщик болельщику искренне сочувствовал.

Лучше не просто хоккея, но вообще зрелища Серега никогда в жизни не видел, поэтому помнил он каждую деталь, каждый гол, каждое удаление. Вот только времени было в обрез: мужики опять стали сгущаться, занимать места поближе к радио. Так что Серега говорил сбивчиво, но Пацан, слушая его, видел все, как будто сам там был, и не у телика, а по-настоящему - на льду, на трибунах, у ворот.

-- Короче, значит, как Якушев забил в первом периоде, я уж думал, ну все, доигрались канадцы, наши давят, ну, в общем, конец им. Но этот гад Эспозито, — Серега неожиданно улыбнулся и покачал головой в недоумении. — Короче, заводной до бесконечности, орет, дерется, не сдается. Играет по две смены, и они с Гильбертом ворвались в нашу зону во втором периоде, злые, до крови жадные, как черти, раз пять бросили, защитников раскидали, Гильберт жопой на льду, все равно успел, а Халл добил, и они сравняли. Ну и пошло, со всей скоростью туда-сюда, но Драйден у них стоял, как стена, а у тех Курнуайе сначала, а потом этот тихоня Хендерсон, еще две шайбы за две минуты вкатили. Вот тебе и игра. Ну, а потом все и началось.

На Серегу оглядывались, кое-кто начал прислушиваться.

-- В общем, драка началась, ну, такая, что куда там чехам с нашими. Эти канадцы, что игроки, что тренеры, сумасшедшие все. Стулья на лед кидают, орут, а Кларк этот безумный Харламову ногу сломал! -- рассказывал Серега.

-- А Бергман, сука, на Боброва полез драться! — вставил подошедший поближе мужичок с бегающими глазами.

Серега стрельнул на него недовольным взглядом, но продолжил на одном дыхании:

-- А канадцы все втроем играют, все втроем, ложатся под шайбы, без шлемов, без масок, ну просто звери. А их тренер-то на судей напал в проходе. А нашим шайбу одну не засчитали. Короче, выиграли они — 3:2.

Серега замолчал, прислушался к радио, но перерыв все еще продолжался, и он успел рассказать и про предпоследнюю игру.

И про Эспозито, который, кажется, всегда на льду, и про Бергмана, дравшегося с Михайловым, когда Михайлов пнул его коньком, разрезавшего тому ногу до крови. И про отсутствие Харламова со сломанной ногой, и про канадцев на трибунах, орущих так, словно они в Канаде, а не в СССР. И про то, как все команды дерутся на льду. И про Хендерсона. Того, который забил победный гол в предыдущей игре. И в предпоследней. Того, кто не дерется, не грубит, но очень быстро катается. Про то, как на предпоследней минуте он один вышел на Васильева и Цыганкова, сделал вид, что идет между ними, срикошетил шайбу от их коньков себе на клюшку, обошел их слева и уже в падении от подсечки Васильева — в левую девяточку, в маленький уголочек воткнул, вогнал победную шайбу! Чуть ли не единственный среди них в шлеме, с зубами, вежливый -- ну прямо не канадец. К концу своего рассказа Серега отбросил осторожность и объективность. Канадцы с их драчливостью, руганьем, готовностью умереть под шайбами, но и готовые калечить и убивать, канадцы, не признающие авторитетов ни судей, ни тренеров, а вот так, в чужой и непривычной для них Москве, ведущие себя как хозяева, приехавшие побеждать, играющие каждую игру на грани поражения, — это его канадцы. Волосатые, злые, веселые, свободные.

Но Пацан не успел додумать.

-- Начинается! — закричали мужики.

И Пацан, взведенный до предела рассказом Сереги, с разбега нырнул в толпу. И, чудо, сразу пробился к центру. И замер. Потому что команды выкатились на лед, и Озеров, захлебываясь, продолжил свой репортаж. Пацана била дрожь. Нарастающий шум трибун, щелчки ударов клюшек, истеричный голос Озерова, и Высоцкий: «плевать, что на лед они зубы плюют!» — волнами, сгустками бьющейся крови подхватили Пацана над толпой и бросили прямо на арену.

И вот шайба брошена. Кларк выигрывает шайбу, передает ее Элису, который мгновенно щелкает ею по воротам Третьяка. Третьяк отбивает шайбу и едва успевает ее накрыть, так как Кларк и Хендерсон уже тянутся к ней клюшками.

Не проходит и минуты, а Якушев и Анисин уже летят, как ястребы, к воротам Драйдена. Драйден с трудом отбивает великолепный щелчок Анисина. О, Драйден! Пять шайб уже пропустил ты в этом матче. Так давай же, встань стеною, позади Москва.

Но вот на лед выходят Эспозито, Курнуайе и Питер Маховлич. Маховлич подбирает шайбу за своими воротами, пасует Курнуайе и начинает набирать скорость. Получает пас от Курнуайе и тараном рвется в советскую зону вдоль борта. Три защитника висят на нем, но Питер, словно бык, ломающий забор, словно свободный мустанг в американских прериях, продолжает контролировать шайбу, доведя ее до зоны за воротами Третьяка.

Может, он, как и все канадцы, просто ошеломлен и озлоблен до предела махинациями и мелкими подлостями советской стороны. Помимо судейства, обсуждение которого едва не привело к отмене последнего матча: после того как советская сторона взяла назад данное ею слово о предоставлении канадцам права выбора. Обманули внаглую, сказав, что другой судья заболел. Советская сторона во главе с товарищем Гречко оказалась весьма изобретательной в подстройке всяких гадостей своим гостям, то каток заполнят детьми, то отменят время тренировки, то все пиво пропало прямо из «Интуриста». А в перерыве перед последним периодом товарищ Гречко уведомил Иглсона, главу канадской делегации, что в случае ничьей СССР объявит себя победителем, поскольку будет иметь положительную разницу в две шайбы.

Сладкая улыбка Гречко, когда он говорил это Иглсону, источала такое удовольствие, что Иглсон временно сошел с ума. Он чуть не двинул прямо в лоснящуюся от удовольствия морду, но, сдержался и побежал в раздевалку к игрокам. Они сидели молча, слушая и не слушая тренера Синдена, готовясь к последним, возможно, самым главным минутам в своей спортивной жизни. Все индивидуалисты, многие — враги по НХЛ, они уже не те, кто начал эту серию месяц назад. Противостояние с советской командой превратилось в войну. И вот теперь — последняя битва, мы проигрываем, и нам нужны подвиги, все молчат, и тут врывается буря. Иглсон орет с порога, что суки опять подличают, что нужна шайба сразу, что... Он бьется в истерике, стучит по стене, рвет на себе пиджак. Игроки молчат.

Товарищи чекисты, надзиратели, представители МИДа и всех бюро и делегаций. Мелкими тюремными надзирательскими подлостями можно доводить и сводить с ума заключенного, и то не всякого. Здесь же вы замахнулись на свободных людей. Да, это была война. Да, вы только что победили рабский фашистский режим, не без помощи свободного мира. Но это вам не с рабами драться. Свобода победит, потому что свободный человек способен на гораздо большее, чем раб. Учили бы свой марксизм, что ли. Да нет, вы же водку пили да доносы строчили в свои студенческие годы.

Так или иначе, потомок славянских иммигрантов Питер Маховлич, сбивая все и всех на своем пути, прорвался во вражескую зону. И тут его наконец-то снес с ног Кузькин. Но не до того, как он успел-таки послать шайбу на пятачок Филу. Шайба попала в клюшку Гусева и взлетела в воздух. Эспозито, расталкивая всех перед воротами, бьет ее, словно муху, опрокидывает себе на клюшку и бьет по воротам, Третьяк отбивает ее, но Эспозито готов и к этому... УДАР! ГОЛ! Сжаты зубы, нет улыбки ни у Фила, ни у Питера. Они обнимаются молча.

Пацан оцепенел. И вернулся в Потьму. Мужики молчали, качая головами. Пацан обернулся и увидел Серегу. Тот подмигнул.

Радио превратилось в сплошной шум. Это бушевали канадские болельщики. Три тысячи их приехали в Москву. Для советского правительства они — зараза, бомба замедленного действия, оккупация. На трибунах они оцеплены тройным кольцом милиции, но они ее не боятся, страха нет у них, ну что ты будешь делать. На выходе из Лужников их встречали войска с оголенными штыками. А те, не согнувшись -- скорее бы проскочить в автобус -- подходили, фотографировались, смеялись. Смеялись громко, без оглядки, просто так. Орали, злились, пьянствовали и -- не боялись. От этого страшно рабовладельцам и их прислужникам. А над Потьмой сквозь шум и хрип транзистора прорвалось: «О, Канада!», звуки горнов и телячьих колокольчиков.

-- Ну, сейчас наши их заделают, — со злобой вдруг сказал военный.

И Пацан вспомнил, что рано радоваться. Но прорваться на арену, снова перелететь туда не удавалось. Только голос Озерова сообщал ему о продолжающейся игре. Как насмерть стоит Драйден, едва отбивающий мощнейший щелчок Цыганкова, как схватываются в драке Гильберт и Мишаков. На удивление всем, Гильберт, совсем не драчун по игре в НХЛ, разбивает в кровь лицо здоровенного Мишакова, а сам выходит из схватки без ссадин, и канадцам дается шанс. Численное преимущество на их стороне, но советская защита стоит намертво, а когда Ратель все-таки остается один на один с Третьяком, то мажет по воротам.

Подходит десятиминутный перерыв, смена ворот. Вместе с ним надежда Пацана на чудо снова юркнула куда-то вниз. Он оглянулся на Серегу, но тот не заметил его, весь сосредоточенный на чем-то своем. Да и все вокруг замерли.

Канадцы продолжают штурмовать ворота. Кажется, советская команда ушла в глухую защиту, вся игра идет только в их зоне. Вот Эспозито, снова Эспозито, получает пас от Парка и прорывается в советскую зону и бьет по воротам. Третьяк отбивает шайбу в воздух, Эспозито на лету бьет ее клюшкой в воздухе, и она отскакивает за ворота. Тот рвется за ней, на него наваливаются Лутченко, Мишаков и Викулов. Но Эспозито толкается и бьется один против троих, медленно продвигаясь к воротам. Тут в дело вступает Третьяк и прерывает пас на пятачок, но шайба снова оказывается у Эспозито. Орет, как недорезанный боров, Озеров, Лутченко и Мишаков бьют по шайбе, по клюшке, по рукам, толкается всем корпусом Викулов, но Эспозито каким-то чудом посылает шайбу на пятачок из-за спины, с разворота. Курнуайе без раздумья моментально бьет, но Третьяк отбивает шайбу, и она медленно крутится на льду в двух метрах перед воротами. Эспозито и Курнуайе устремляются к ней. Курнуайе успевает первым и перекидывает шайбу через Третьяка и трех защитников. Немыслимо, но шайба находит ворота, словно это судьба ее сегодня. 5:5!

Пацан не выдержал напряжения, заорал «Ура!» в полный голос: на него посмотрели, как на предателя, смотрели все, и в глазах их -- ненависть и злоба. Но Пацану все равно, он уже не здесь, а снова в Лужниках, среди орущего стадиона. Все на ногах, канадские болельщики скандируют, свистят, беснуются. Эспозито и Курнуайе обнимаются, но опять без улыбок, впереди еще несколько главных моментов игры.

Странно, но свет за воротами не загорается. Что это, еще одна советская подлость? Иглсон не выдерживает и, прыгая через стулья и зрителей, начинает пробираться к судейскому боксу. Но наши менты начеку. И вот уже крутят руки за спину, дело свое делают, проворно и умело. Вот что у нас лучше всего получается, любого закрутим, задавим. Вот он -- вклад российский в двадцатый век, век скрученного человека. Иглсон кричит, пытается отбиваться, но куда ему против целой кучи, унижают его быстро, вот он уже валится, летят ему затрещины, рука загибается сильней, сейчас в «ворон» кинут, там еще будут бить, потом, голубчик, жить захочешь, подпишешь все, чтобы все было тихо да спокойно, ну а уж что мы там в карманах найдем, то забудь. Иглсон уже погребен в куче чекистов, изгибаясь из последних сил, он ловит взглядом стоящего рядом знакомого советского телевизионщика и, падая, умоляет его взглядом о помощи, но тот в страхе отворачивается. Даже продвинутый выездной советский телевизионщик -- а не его ли принимали канадцы в составе советской делегации, не он ли угодливо жал руку, за честь считая, главе канадского хоккея Иглсону, не он ли?... Да что там спрашивать, он, конечно. Но трус он и подонок, и ментов ссыт, и делает вид, что не заметил, отворачивается. Все это происходит в неуловимые мгновения, но Пацан вне времени, вне пространства, он и тут, рядом с дергающимся от боли Иглсоном, и с Эспозито, и с канадским дипломатом, пробирающимся вместе с советским коллегой ему на помощь. Но не успеет дипломат Патрик Рид, не доберется вовремя туда и его советский коллега.

Поскольку Питер Маховлич вдруг замечает Иглсона с площадки. Может, он проедет мимо, может, будет смотреть со стороны из-за боязни ментов в чужой страшной стране? Или будет кричать, уговаривать, упрашивать? Или поедет доложить своему тренеру? Все эти сомнения исчезают, не успев родиться, вырываются в реве Маховлича, зовущего других на помощь, но не ждущего ничьей поддержки. Вот оно, преимущество свободного человека над рабом: в решающий момент свободный человек решает и решается.

С поднятой клюшкой Питер подскакивает к борту и с размаху лупит ментов по спинам. От неожиданности те опускают руки, ведь они же предпочитают иметь дело с безоружными и беззащитными. Питер перескакивает через борт, разбрасывая всех -- и ментов, и зрителей -- на своем пути, а за ним уже лезут с поднятыми клюшками другие канадцы. Менты пятятся от страха, кричит Озеров:

-- Канадцы штурмуют трибуны и бьют милицию!

А Иглсона сам Питер сопровождает на лед. За воротами советской команды загорается долгожданный фонарь! Гол!

Помятый Иглсон, скользя по льду, вдруг останавливается на середине, поворачивается к правительственной ложе, где восседают Брежнев и Косыгин, и делает очень откровенный и неприличный жест советскому правительству. Канадские дипломаты сидят, закрыв уши и глаза от ужаса происходящего. Иглсон присоединяется к Синдену за спинами канадских игроков, матч продолжается.

Идет интенсивная игра. Волнами накатываются советские атаки, но ни Мальцев, ни Михайлов, ни вышедший на последнюю игру Харламов ничего не могут сделать с Драйденом и защитой. Но вот к воротам канадцев рвется Якушев, проталкивает шайбу между Парком и Лапойнтом и пытается прорваться между ними сам. Но нарывается на коробочку и взлетает в воздух. А вот Парк посылает Бергмана вперед, но Третьяк останавливает его бросок. Игроки движутся из последних сил. Видно, что тяжелая физическая игра-драка-потасовка исчерпала всю их энергию. С тех пор как Иглсон показал свой средний палец советскому правительству, нет ни удалений, ни драк. Команды вдруг стали играть в чистый, красивый хоккей, вот только сил почти не осталось.

Но вот пошла последняя минута. Озеров сообщает, что мы почти победили, по разницам в шайбах, даже при ничьей. На льду у канадцев Курнуайе, Эспозито и Маховлич. Синден собирается сделать последнюю замену, послать на лед Кларка, Хендерсона и Эллиса. Хендерсон, не в силах ждать, кричит Маховличу: «Питер!», и тот уходит. Курнуайе посылает шайбу в советскую зону и собирается уходить, но что-то удерживает его, и он решает остаться, несмотря на то что его зовут со скамейки. Эспозито тоже слышит приказ на замену, но решает его игнорировать. «Ни за что в мире не уйду», — решает он. Васильев подбирает шайбу за своими воротами и посылает ее по борту в канадскую. Странно, ведь его никто не атакует, мог бы и подержать, но, видно, надоело ему уже играть, поскорее бы откататься, закончить, пошла она куда подальше.

Курнуайе, оставшийся на площадке вопреки приказу тренера, вдруг получает шайбу прямо себе на клюшку. Он видит набирающего скорость Хендерсона и посылает ему длинный пас. Но Хендерсон слишком быстро несся, и шайба опаздывает. Разворачиваясь ее поймать, Хендерсон получает удар корпусом от Васильева, падает на колени и спиной въезжает в борт за воротами Третьяка. Надо скорее подниматься, спешить в свою зону для последней атаки, думает он. Шайба отскакивает в левый угол от ворот. Около нее три советских игрока и ни одного канадца. Но странно, никто из них не делает особенных усилий чтобы забрать ее, словно ждет, что это сделает другой. Шайба отскакивает от клюшки Цыганкова, потом Васильева и выкатывается слегка к бортику. И тут в эту зону влетает рвущийся к ней Эспозито. Не успевают советские встать у него на пути, он теперь шайбу никому не отдаст. Едва подобрав ее на клюшку, он бьет по воротам Третьяка с острого угла. Третьяк на месте, отбивает. Прямо на клюшку спешащего в свою зону Хендерсона. Тот бьет. Третьяк отбивает в падении и... Шайба снова возвращается к Хендерсону. Тот снова бьет в узкую щель между Третьяком и правой штангой! Аааааааааааа! Гол!

Вихрь, смерч и ураган пронеслись над миром. Вздрогнули миллионы болельщиков на разных континентах. Раздался щелчок вселенского кнута, и приоткрылась на мгновение завеса. Вспыхнула спичка под протоколом и загорелась фонарем за воротами.

Пацан одновременно оказался в двух местах. Вот он поздравляет Хендерсона, наваливается на него в кучу малу, вот он с канадскими болельщиками отсчитывает последние секунды матча, а вот стоит на потьминской земле, с серыми людьми с темными лицами убийц и стукачей, проходит, не скрывая улыбки, сквозь их ряды, сопровождаемый их косыми взглядами, подмигивает в спину Сереге, уже спешащему куда-то по своим делам, подпрыгивающий при этом от ажиотажа, и снова выходит к вокзалу, к путям.

Все та же грязь, убожество и копоть, вонь мазута, но всего этого Пацан не замечает. Он уже и от канадцев отстранился, ушел, они для него уже — сытые победители. Он смотрит на небо в серых, готовящихся разразиться снегом облаках, на заборы с колючей проволокой, на шпалы, всего два дня как он расстался с отцом, а словно вечность прошла. Он вдруг понимает, что не нужна ему ни Москва с ее блеском и суетой, ни Горький, хоть он и дом родной, ни хоккей — ни-че-го...

-- Папка, -- произносит он, глядя на рельсы, -- папка...

И плачет. Он вспоминает разговор про помилование, про просто подпись — меньше, чем секунда, лишь росчерк на простом листе бумаги. Он мотает головой, хочет отвести наваждение, стряхнуть воспоминание о разговоре, о том, что вот, казалось бы, минута, подпись, и они с отцом идут опять по лесу, как в последнюю неделю перед арестом -- отец вдруг сказал вечером, что утром едут за грибами, а школу придется прогулять. Вот тоже был сентябрьский день, они сидели на корме самой ранней «Ракеты», Волга бурлила за кормой, потом из Работок на рыбачьей лодке переправились, позавтракали в деревне Луговой Борок и целый день лазали по сосновому бору в поисках грибов. Отец ходил быстро, весело, и Пацану тоже было весело, а потом вдруг вышли на холмы, а там весь склон золотой от лисичек, словно расщедрился лес, ласково глядя на отца с сыном,— забыть про все, а рельсы, рельсы, рельсы всё бежали — одни на Москву, другие на Явас.

Слезы прошли сразу, вдруг, остались лишь солеными следами на лице, слегка стягивающими кожу. Пацан вдруг понял, почему нельзя было подписывать это прошение. Потому что мы — свободные! И живем не по вашим приказам и декретам, а так, как мы хотим! И вдруг Пацан засмеялся, вспомнив недавнее: как Махович лупит ментов клюшкой, как канадцы штурмуют трибуны, сметая мусоров с пути, как Иглсон на глазах всего мира посылает палец главным пидарам страны и всем их прислужникам, и как, послав тренера, послушные лишь внутреннему зову... Тут Пацан остановился, потому что слезы снова застилают глаза, потому что эти фамилии он хочет произнести медленно, с расстановкой, по слогам, потому что они — его парни, не сдавшиеся до последней секунды, когда даже он разуверился в них, они с тех пор всегда с ним: и быстрый француз Курнуайе; и здоровенный, волосатый, с бакенбардами, драчливый, орущий, хохочущий, падающий, пират-игрок-работяга-парень великий Фил Эспозито; и вежливый, веселый, ставший впоследствии священником, забивший три победные шайбы в трех последних решающих матчах, скромный Пол Хендерсон.

И все-таки, все-таки, все-таки — Питер Махович, крушащий головы и спины ментов, без раздумья и рефлексии лезущий на трибуны, был ему дороже всего.

-- Витя, Витенька, Витя! — с радостью, любовью и упреком в одной фразе оборвала его мечты-разборки мама. — Ну куда же ты пропал, я тебя всюду ищу, весь вокзал обегала, всех спрашиваю, не видели пацана такого, в болоньевой куртке, парень один подсказал наконец.

Мать налетела, затормошила. Оказывается, достала она два билета, пусть в общий, но прямо до Москвы, и теперь надо бежать, поезд уже на подходе, ну чего же ты, как вареный, не шевелишься, давай, давай, скорее пошли...

Пацан пошел молча, улыбаясь про себя. Поезд подошел очень скоро, стоял недолго, и не успели они влезть в тамбур, как он тронулся. Из тамбура пролезли в табор общего вагона, с его запахами, песнями, шумом, как в фильме про войну, выбирай любую, хоть Гражданскую, хоть Отечественную. «А может, и сейчас — война», -- вдруг подумал Пацан, переступая через нечто храпящее, и тут же почувствовал себя предателем. Но, вспомнив про отца, снова убедился в своем выборе. Если война, то добра со злом, а тут сомнений у Пацана не было. Или нет -- свободы с рабством, совсем уговорил себя Пацан, уже залезая на третью, багажную, полку, убаюкиваемый стуком колес. Последнее, что он успел вспомнить перед тем, как упасть в глубокий сон, были слова той самой песни Высоцкого: «...а в это время Бонапарт, а в это время Бонапарт пер-р-реходил границу...»

Тарту — Калуга

Жил я тогда нас станции Кяркна, что километрах в восьми от Тарту (он же Дерпт, он же Юрьев), старинного университетского города. Изначально, по преданиям-завоеваниям, русского, потом польского, немецкого, сейчас — эстонского, ну а на момент, когда случились описанные события, еще и советского. Тогда казалось, навеки советского.

Стояло лето 1978 года, начало июля. И комната на первом этаже двухэтажного дома, которую я снимал у пожилого эстонца, была наполнена пряными ароматами садов, лугов и пашен, раскинувшихся по обе стороны железной дороги.

Готовясь к вступительным экзаменам на физфак Тартуского Юликоли (университет по-эстонски), я штудировал старые «Кванты» и в который раз применял общий закон газа, а также все законы Ньютона для решения задачек. Поступить в университет, стать частью его многовековой истории было моей заветной, жгучей мечтой, заставлявшей не спать по ночам, снова и снова доказывая теорему за теоремой. Студенческие шапочки с удлиненным козырьком были для меня воплощением самой крутой моды, и я часто представлял себя гордо несущим на голове такую, как награду и символ принадлежности к мистически-волшебной группе — студентов Дерптского универа! Воображение рисовало, не останавливаясь: и вот уже не шапочка, а шляпа, и шпага, и дуэль; и серенады, и громкие песни студентов-рыцарей — короче, все-все было в этой длиннокозырке для меня. Все — молодость, любовь, надежды. Так что теоремы с леммами теснились в моей комнатушке вместе с диффурами и биномами, превращаясь в вагантов с гитарами и студентов со знаменами средневековых братств.

Хозяину дома, эстонцу Ханнесу шел девятый десяток, хотя выглядел он лет на шестьдесят. Весной на взятой где-то лошади он пропахал свой участок соток эдак на двадцать, засадил его овощами, а для прополки нанимал меня и мою подругу, расплачиваясь за полдня работы ведром прошлогодней картошки и баней, находившейся тут же, во дворе. Еще у него в саду росли около дюжины яблонь и был маленький пруд, в который было здорово окунаться после бани, пробежав с криками через сад.

Комната на хуторе стоила десять рублей в месяц, а на Тартуском мясокомбинате платили по семь рублей за смену. С комбината все таскали домой сало, на что начальство смотрело сквозь пальцы. Я, впрочем, взял это сало только один раз, да и то по настоятельному требованию бригадира. Рисковать ради сала свободой и будущим поступлением я не мог и не хотел, тем более что негласный кодекс диссидента -- к коим я себя, разумеется, относил -- запрещал принимать участие в воровстве и другой уголовщине.

Еще в Тарту было много веселых компаний в общагах, парки, библиотека, ресторан, где поздним вечером можно было купить водки у швейцара, а также несколько маленьких кафе, где приятно было заказать чашку кофе и сидеть долго с книгой или собеседницей.

Дед, сначала хмурый и суровый, явно недовольный моим слабым знанием эстонского, через пару месяцев подобрел. Думаю, этому послужило мое добросовестное отношение к прополке картофельного поля, а также хороший эстонский моей соседки по комнате. Кроме соседки, она была еще и колдуньей, царицей ложа, алмазным блеском и сияньем по ночам, богиней и рабой одновременно, но сейчас речь не о ней. На время описываемых событий она находилась далеко, в другой советской республике, в городе со странным названием Кривой Рог.

Время от времени дед уезжал на пару дней, как потом выяснилось, к любовнице. В тот раз, собираясь в свою очередную поездку, он оставил мне ключи от дома, дабы я передал их его сыну, собиравшемуся приехать в воскресенье со своей семьей. Если же сын не приедет, то цветы в доме было поручено поливать мне.

Недолго прособиравшись, он ушел, и вскоре я услышал шум подошедшего поезда, а потом и его отбытие. И тишину. Порешав еще некоторое время слегка приевшиеся мне задачки, я сладко потянулся и, решив сделать себе небольшой перерыв, зашел в комнаты деда, влекомый несколько неприличным любопытством. Первым предметом, обратившим на себя мое внимание, был огромный старый радиоприемник, который я автоматически включил, продолжая осматривать комнаты в поисках цветов, которые мне предстояло поливать. Радио невозмутимо сообщило, что в эфире -- «Немецкая волна» -- интересно, подумал я, дед-то мой, оказывается, голоса слушает, -- а потом так же спокойно передало, что суд над основателем московской Хельсинкской группы Александром Гинзбургом начнется в понедельник в областном суде города Калуга.

Путь жизненный, оглядываемый с вершины прожитых лет, несет в себе закономерность и послушность событий и поступков заранее решенному пути, скрытых при первом рассмотрении.

Мог ли я предположить, что, открывая дверь оставленным ключом, услышу я вдруг зов издалека, который позовет меня в дорогу?

А если бы ключи дед положил в тайничок, как раньше делал, уходя из дома? Если бы сын приехал раньше, чем уехал дед? А если б радио не попалось мне на глаза? Или вещало по-эстонски? И много, много разных если бы есть... Но было так, как было, и значит, что иначе не могло. Готовься к чуду или хотя бы событию в любой из серых, надоевших будних дней.

Александр Гинзбург -- известный диссидент и правозащитник, редактор самиздатовских сборников, журналист и политзэк со стажем -- вот уже больше года находился под следствием в тюрьме по делу о Фонде помощи советским политзаключенным и по обвинению в создании группы по наблюдению за соблюдением Хельсинкского соглашения между ведущими странами мира. Соглашение это включало и так называемую «третью корзину», как неуклюже и стыдливо называли права человека советские пропагандисты. Советский Союз был одним из подписантов этого документа, хотя и не собирался никогда изначально соблюдать эти так надоевшие ему западные ценности, права человека. На несоответствие между внешними декларациями СССР и его внутренней политикой и указывала эта наблюдательная группа, что приводило Софью Васильевну в еще большее негодование и вело к еще более очевидным нарушениям тех самых прав человека, о защите которых приходилось подписывать самые разные международные документы.

Для меня же Александр Гинзбург был прежде всего дядей Аликом, давнишним другом семьи, в чьем доме в Тарусе прошли не одни мои школьные каникулы. С детьми его, Санькой и

Алешкой, много нянчилась моя мама, вот и сейчас на время суда они были отправлены к нам в Горький вместе с приемным сыном Арины и Алика Сережкой Шибаевым. Родители мои, однако, желая отстранить меня от пристального внимания КГБ, не сообщили мне ничего об этом на мой далекий эстонский хутор.

Года за полтора до этого, когда я оканчивал школу, Алика, как все называли его в диссидентской семье, арестовали. В Москве его сильно не хватало, хотя его жена Арина и продолжала держать диссидентскую штаб-квартиру с накуренной кухней, кучей народа в прихожей и страстными разговорами. Разговоры эти велись с помощью многоразовых стирающихся блокнотов, чтобы не уловили микрофоны.

Я, конечно, сопереживал Алику, как и всем политзэкам. Как в свое время сильно переживал за отца, который провел семь лет за решеткой. Но жизнь так затянула меня в свой водоворот, что эти полтора года, включившие в себя и окончание школы, и поступление в университет, и путешествия по стране от Горького до Архангельска, от Питера до Москвы. Были в эти годы и драки с последующей госпитализацией, и небольшой срок в тюрьме, устроенный мне тартуским КГБ, чтобы не допустить меня в храм Юликоли. Эти и другие личные переживания и увлечения заслонили от меня судьбу моего друга Алика, который всегда держался со мной наравне, чем заслужил мое еще мальчишеское уважение.

Так же недавним открытием для меня был этот мир страсти и ночного колдовства и перевоплощения, мир, в который я нырнул, как в омут, ну и, конечно, вторая попытка поступления в Тартуский универ, — так что всей этой суетой несущейся мимо меня жизни я временно устранился от прошлого. И тем сильнее внезапно услышанное по радио сообщение разбудило во мне воспоминания, а вместе с ними и воображение.

Я вдруг представил, как он стоит один в суде, а зал наполнен злобой чекистских сволочей: как его, бритого, вохра выводит из суда в воронок, который увозит его на долгие годы скитаний по тюрьмам и лагерям. И в этот миг — однажды вырвавшись на волю, воображение мое уже парило — вдруг из-за спин всего этого быдла и врунов-подонков рукою чьей-то брошенный цветок (моей, моей, конечно же, рукою) летит к нему, сильнее всех решеток, оков, ключей, запретных зон и черных воронков.

Увидев эту картину, я влюбился. Соединив в себе общественное и личное, летящий цветок настолько прельстил меня, что я начал немедленно собираться, а вскоре, закрыв дом, уже шагал к дороге с сумкой, пятью рублями в кармане и с легкостью полета при ходьбе.

Выйдя к шоссе, я положил сумку у ног и поднял руку с загнутым вверх большим пальцем. Обычно именно на этом месте я голосовал, когда ехал в Тарту. «Каске Тарту сий тат те?» — моя самая-самая первая фраза по-эстонски, выученная и закрепленная повторениями, была моим паролем и пропуском на дорогах этой небольшой, но страшно привлекательной страны, где не просили и не брали денег за подвоз, что было весьма удобно бедному абитуриенту.

Однако, на удивление, прошло около часа, но ни одна машина не остановилась. Такого со мной еще не случалось: обычно минут пятнадцать–двадцать, и я уже мчался вперед с новым попутчиком, а тут вот что-то не складывалось. Хотя моя решительность и не была поколеблена таким началом, мысль о близости дома, о мягкой кровати, о картошке с салом пролезла в дальний уголок сознания, мелькнув мгновенно, как светлячок в ночи, осталась там, сначала незваным гостем у дверей, а закрепившись, стала набирать силу. Особенно мысль о доме укрепилась с наступлением сумерек, вместе с которыми появился и дождик, сперва слегка накрапывавший, но постепенно, по мере наступления темноты, переходивший в настоящий ливень. Машины шли все реже и реже. Становилось очевидным, что я сегодня никуда не уеду, и даже появилась маленькая радость, что дом так близко, что не уехал уже километров за пять, что вот он, дом, стоит, ждет, внутри сухой и уютный.

Вот и еще один автомобиль пронесся мимо, прошипев по лужам, не сбросив даже скорость для приличия. «Наверное, они меня даже не заметили в темноте», — уныло подумал я, провожая его взглядом и одновременно понимая, что пора, наверное, собираться до дому. Но — о, чудо! — сначала вспыхнули огни тормозов, а потом и фары заднего хода. Схватив сумку, я побежал к машине. Увидев на переднем сиденье пассажира, я приоткрыл заднюю дверь, уже выпаливая им мой пароль, «Каске...» — но застыл, наткнувшись на улыбку... сына моего хозяина, Юлло, сидевшего в салоне с супругой. «Садись скорее», — сказал он, принимая в салон мою сумку. Я вдруг, к стыду своему и к радости одновременно, вспомнил о позабытом ключе от дома, лежавшем в кармане брюк, который я должен был ему передать. Сказав им, что еду к другу, попавшему в беду в Калуге, я протянул ему этот самый ключ.

Пока я доставал его из кармана, он жег меня словно живой красный уголек, напоминание о преступной забывчивости. Отдав его, я вдруг преисполнился чувством благодарности к судьбе за... проехавшие мимо меня машины, за Юлло и его жену, которым поднаскучило в гостях, и они решили вернуться домой на день раньше; ко всем событиям и причинам, сложившимися уже в причудливую цепь событий, позволившим мне выйти в дорогу чистым, свободным от невыполненных обещаний. Как будто некто своей большой невидимой рукой, посетовав, наверное, слегка на мой порывистый забывчивый характер, слегка подправил изначальные условия, чуть-чуть смочил дождем в дорогу и пустил в плавание.

Юлло молча, как будто так и надо, взял ключ и продолжил путь. С наступлением ночи дождь припустил вовсю, "дворники" работали на полную мощность, разгоняя водные струи. Перекинувшись парой слов с супругой, Юлло сообщил мне, что они решили подвезти меня до прямой дороги на Нарву. Так и ехали где-то около часа, все дальше и дальше от их дома, все ближе и ближе к моей цели. Когда совсем уже стемнело, они высадили меня на маленькой автобусной остановке, под навесом, пожелали счастливого пути и укатили в ночь, в тепло, в цивилизацию. Правда, перед тем как высадить меня, уже прощаясь, жена Юлло, так и не сказавшая мне ни слова за всю дорогу, вдруг протянула мне плащ, дождевик-клеенку, протянула и снова отвернулась.

И вот уже лишь мутные очертания будки и стук ливня над головой отделяли меня от полной темноты. Постояв, поеживаясь, под навесом, я, накинул плащ на голову и спину и побрел вперед по слабо видимой дороге, нащупывая путь ногами, изредка поскальзываясь на обочине. Минут через пятнадцать из темноты нарисовалась машина, осветив мне слегка дорогу вперед. Однако через приоткрытое окно ни о чем я с эстонкой, сидевшей за рулем, так и не сумел договориться: то ли дождь помешал, то ли мое незнание эстонского, но она не захотела меня везти, может, ей не по дороге было, может, просто не понравился. Слегка обескураженный отказом, я продолжал свой путь, уже не прячась от дождя, так как промок до нитки, только сумку свою обмотал плащом покрепче. Время куда-то пропало, остались только дождь и тьма, и — вперед, вперед, вперед.

Из состояния прострации меня вывели звуки гудка едущей рядом машины. «А мы тебе уже третий раз гудим», — полуобернувшись ко мне с переднего сиденья, говорил пожилой русский мужчина после того, как, потеснив слегка женщину с ребенком, я устроился на заднем сиденье. Извинившись за мокрый свой наряд, я сразу объяснил, что денег у меня нет и что еду в Калугу на помощь другу. В ответ услышал, что едут они до Нарвы, денег не надо, а вот поесть и согреться мне не мешает. И чаем горячим угостили, и бутерброд дали, а потом как-то забыли обо мне: женщина с ребенком снова уснули, а пожилой глава семейства тихо переговаривался то ли с сыном, то ли с зятем, сидевшим за рулем, учил его переключать вовремя дальний свет на ближний.

Мы неслись по ночному мокрому шоссе, барабанивший по крыше дождь стирал все звуки, машина шла мягко и убаюкивающе потрясывалась на неровностях дороги. Согреваясь и погружаясь в дрему, я думал о том, что впереди дорога дальняя, а вот люди мне просто помогли, за что, почему — не знаю. Что не умерло у нас, русских, еще чувство локтя, заставившее этих людей разделить с мокрым ночным неизвестным им путником свою дорогу, невзирая на некоторые неудобства. А может, это близость к цивилизованным эстонцам их такими сделала, а вообще все будет хорошо и жизнь впереди полна приключений, находок и радостей...

Они разбудили и высадили меня в Нарве, пожелав хорошей дороги. Дождь к тому времени уже закончился, только клочья тумана еще висели над дорогой в предрассветных сумерках, когда я перешел в Россию, в Иван-город.

Мимо пропыхтел «пазик», обдав меня парами выхлопных газов, и — остановился, подобрал меня и покатил дальше. Шофер и единственный пассажир, сидевший у передней двери, рядом с шофером, молчали, но как-то тяжело, было впечатление прерванного разговора.

-- Я вообще-то в Ленинград, — нарушив молчание, полувопросительно сказал я.

-- Я вообще-то тоже, — ответил шофер, пристально вглядываясь в сумеречную мглу впереди.

-- Коль заплатишь, так доедешь, — пришел на помощь пассажир. Довольный собой, он хлопнул себя по коленям и спросил, обращаясь к шоферу:

-- Правда ведь?

Мой вопрос насчет того, не хватит ли рубля, был встречен неодобрительным молчанием. Молча я протянул еще рубль, прошел вглубь автобуса и завалился спать на задние сиденья. Так под бурчание пассажира и шофера, под покачивание дороги, под поток мыслей о покинутой Эстонии, где даже русские денег не берут, я и продремал всю дорогу. Слез на Московском шоссе напротив громадного здания мясокомбината, уже утром, поправил сумку и с поднятой рукой потопал в сторону Москвы в полудреме, пока не был орошен слегка поливальной машиной, поорал на ее шофера и окончательно не проснулся.

В самом своем начале дорога широкая, в несколько полос, останавливаться грузовикам и машинам очень удобно. Они и останавливались, чуть ли не каждая вторая. Но, услышав мое предупреждение, что я автостоплю, то есть еду без денег, катили дальше без меня. Я продолжал топать на Москву, словно надеясь, что разгоню дорогу ногами, и она ускорится под колесами.

Но вот после километров десяти ходьбы старенький грузовичок не ускорился после моего сообщения об отсутствии денег, а, чихнув на старте, забрал меня с собой. Водитель, под стать машине, был пожилым и оказался очень разговорчивым: шутил всю дорогу, рассказывал мне о своей жизни, о стройках и войне, о первой и второй женах, о детях и внуках. Прикорнуть не удалось — он настойчиво делился своим жизненным опытом, ничего у меня не расспрашивая, только лишь улыбнулся в ответ на мою легенду, продолжая рассказ про форсирование Днепра.

Высаживаясь, я поблагодарил его за теплоту, за дорогу, за то, что удалось встретить просто хорошего человека. И вот, улыбнувшись напоследок и что-то прокричав сквозь рев мотора, он укатил в сторону.

День, сменивший солнечное утро, заворошил все небо облаками и начал тихо плакать мелким дождиком. Машины неслись мимо, даже не останавливаясь. Но вот, -- о, чудо, а любая остановившаяся машина для автостопщика — всегда маленькое чудо, — скрипнув тормозами, рядом остановился огромный КамАЗ. Когда я полез в кабину, произнося дежурную фразу про отсутствие денег, то вдруг нарвался на злобный ответ:

-- Куда же ты, падла, лезешь без денег? — и водитель так рванул с места, что я едва успел спрыгнуть с подножки.

Дождь усилился, а я, наоборот, загрустил и ослаб. Опустил голову, накинул на себя плащ и зашагал, с трудом переступая ногами, вдоль дороги, даже не поднимая руки для сигнала. Вскоре подошел к указателю поворота на Новгород. Поля и мелкий лесок в стороне не вызывали во мне никаких чувств. Все было серо и неуютно, словно мое внутреннее недовольство выплеснулось наружу, на серое небо, на никудышные домишки, видневшиеся неподалеку, на грустный и скучный пейзаж.

А ведь дорога-то ведет в тот самый Новгород Великий, который дал имя и моему, Нижнему, вспомнилось мне, а вот и мимо пройдешь, и даже сердце не вздрогнет, не отзовется в нем ни одна струна. Так, отметишь про себя унылую даже летом природу, сморщенные лица местных и даже не вспомнишь, не поклонишься. И вспомнилось что-то из Лермонтова про Новгород и про колыбель воинственных славян: «...ужель их больше нет, и Волхов твой не Волхов прежних лет?..»

Я шел и плакал, не стыдясь своих слез, сливавшихся со струями дождя, шел и рыдал, оставляя поворот позади себя. Что мне осталось от вольности того Новгорода? Лишь имя и легенды про вечевой колокол, про Марфу Посадницу, заточенную, по преданию, в монастыре в Нижнем Новгороде, в том самом монастыре, попечителем которого был мой прапрадед, пропавший в вихрях революций и потрясений. Что мне с того, когда б не имя, когда бы не легенда о свободе? Ведь были же и мы когда-то не рабами! А впрочем, впрочем, впрочем — все слова... Над скособоченным зданием ветер и дождь полоскали кровавое пятно очередного советского плаката про очередную пятилетку. Вот оно что, встрепенулся я, дождик-то закончился, видать, наплакался со мной досыта.

И я потопал дальше по дороге, улыбаясь выглянувшему из-за облаков солнцу. Как все-таки здорово идти по окраине поля, слушать пение птиц, вдыхать запахи трав -- как хорошо все это, такое родное и знакомое. Вон тракторист где-то вдалеке отдыхает, а там пацаны рыбу ловят. Как сладко и хорошо... Я растворился в этом благолепии и полностью забыл себя и время -- забрел в сторону от дороги и чуть было не лег в траву прикорнуть часочек-другой. Но трава была мокрой от недавних дождей, да и солнышко вдруг снова скрылось за тучами.

Настроение опять ухудшилось. И снова грянул дождь, словно торопился наверстать упущенное. Промокнув, я с ненавистью глядел на проезжающие мимо меня машины. Мой тихий уголок на эстонской ферме с его запасами картошки, мягкой постелью и письменным столом вдруг вспомнился мне райской обителью. Иронически усмехаясь, я стал отвешивать шуршащим мимо машинам благодарственные поклоны, а потом, вынув из сумки специально припасенную картонку, нарисовал на ней крупными буквами СПАСИБО и выставил перед собой, пока она не размокла в руках.

Я присел на край дороги и снова загрустил, усталый, голодный, немытый, — кто же возьмет меня теперь? Да никто, никто, так и останусь я здесь, умру под кустом, и никто не узнает, где могилка его. Дорога, лес, машины — все преломлялось в каплях дождя на линзах очков, и я поплыл... И вот уже не дорога, а река с плывущими по ней острогами и кораблями лежала предо мною, а сам я, на берегу, — одинокий охотник, вышедший из леса на продажу заготовленных за зиму шкур. Вот только нет рядом моего верного друга Гектора, верного пса, погибшего, спасая меня от раненого медведя, пока я перезаряжал свой мушкет.

Шедший мимо меня буксир вдруг замедлил свой и без того неторопливый ход и причалил к берегу. Усталый капитан не сказал мне ни слова в ответ на мое оповещение об отсутствии денег, лишь кивнул и продолжил путь на своем судне. Внутри кабины было жарко и пахло маслом и топливом, как в машинном отделении, подумалось мне, начавшему выходить из ступора, еще не до конца верящему в свою удачу быть подобранным на дороге.

От тепла и сухости меня вдруг пробила дрожь, да так сильно, что, казалось, закачалась, задрожала бы вся кабина, если бы это не был могучий КрАЗ. Слегка придя в себя, я поинтересовался, куда держит путь уважаемый водитель. «Я — до Москвы, а ты — пока место для "платного" пассажира не понадобится», — пробурчал он в ответ. Услышав заветное слово Москва, я внутренне возликовал и, прикинув в уме, что для цветов мне и мелочи хватит, предложил ему оставшийся рубль в обмен за дорогу до Белокаменной.

-- Ладно уж, сиди, только вот потесниться придется, — ответил он и тут же притормозил рядом со стоящей у дороги колхозницей, рядом с которой был еще и мешок с картошкой, который я ей и помог затащить в кабину и бросить нам с ней под ноги.

Так мы и ехали, подвозя людей за копейку с километра. КрАЗ шел на удивление медленно, никогда не превышая скорость 50 км в час, прямо как буксир из моей дремы. Хочешь не хочешь, приходилось созерцать природу и придорожные окрестности. О, лето в среднерусской полосе! Запахи врывались в кабину, будоражили, манили, звали... а буксир наш двигался так медленно, что хотелось спрыгнуть и бежать. Вскоре мы вышли из полосы дождя окончательно, и природа зазеленела, засверкала на солнце своими лугами, манила оврагами и буераками, обещала, зазывала... Между Калининым и Клином дорога долго проходила по тополиной аллее, величавые деревья склонялись к центру по обеим сторонам дороги, почти соединяясь над нами своими шапками, укрывали от солнца...

Разговорить моего водителя так и не удалось ни мне, ни подвозимым нами пассажиркам с их незатейливыми грузами. Я наблюдал за машинами, грузовиками и мотоциклами, обгоняющими нас. Особенно мне нравились иностранные машины, легко скользившие по полотну дороги, вызывающе не наши, свободные и красивые, сразу наделявшиеся мною качествами, на которые способна только мечта. И еще мотоциклы с колясками, укрытыми плащом или плащ-палатками: в них было что-то такое открытое ветру, нараспашку душой, что хотелось мне прыгнуть на этих боевых коней дороги и скакать, скакать, скакать...

Где-то под Клином на остановке водитель угостил меня луком, салом и черным хлебом, напомнив мне слова моего деда о том, что ничего вкуснее ржаного хлеба он в своей жизни не едал. Пища вдруг привела меня в прекрасное настроение, я приободрился и повеселел. Мне нравилось решительно все: и мрачноватый шофер, и старый огромный грузовик, и сама идея поездки, — вот оно, торжество дороги, свежесть впечатлений, улыбка судьбы. «...Как мало в этой жизни надо...» — вдруг вспомнилось из Блока, из одного из тех стихотворений, которые я заучил в лет в шесть от роду и которые остались со мною на всю жизнь.

Поздно вечером, на окраине Москвы, недалеко от станции метро, водитель высадил меня, так и не сказав почти ни слова, не взяв и денег, так и расстались, в ответ на «спасибо» он пробурчал что-то вроде «давай»...

Москва встретила меня отсутствием всех моих знакомых. Ни Арины Гинзбург, ни Иры Орловой — никого не было дома. Я позвонил, позвонил, потоптался у закрытых дверей и отправился на Киевский вокзал, откуда шли поезда на Калугу, надеясь утром вскочить на электричку в правильном направлении. Вокзал был полон представителей всех времен и народов. Удушливый, спертый воздух вдруг накатил на меня, а дикая усталость и голод заволокли глаза. Я шел, подыскивая себе местечко, где бы приткнуться, с трудом ступая вдруг ставшими ватными ногами. На скамьях, на полу, во всех возможных и невозможных позах сидели и лежали люди. Осторожно переступая через массу рук, ног, голов и непонятных частей тел, я обошел весь вокзал в тщетной попытке найти себе место. Получив много укоров, попреков и даже толчков от потревоженных мною спящих, я выбрался к выходу, предварительно узнав, что движение в калужском направлении начнется только утром.

Постояв у выхода с вокзала и немного отдышавшись, я прошелся по ночной Москве, но далеко уходить не хотелось, дорога звала меня, и если уж уходить, то идти надо было бы на Калугу, но электричка представлялась самым надежным способом транспорта, особенно учитывая мои усталость и голод. Я снова вошел в недра вокзала с решительным настроем найти все-таки свое место, где-нибудь приложить усталую голову до утра и снова был ошарашен всей атмосферой преисподней, царящей там, как вдруг мой взгляд уткнулся в красные буквы МЕДПУНКТ, тускло горящие на засиженной мухами вывеске. Резко рванул туда, снова сопровождаемый шипением и упреками.

-- Я не спал два дня и просто с ног валюсь, — сказал я без притворства какой-то женщине, устало поднявшей на меня свое лицо. О, сила слова и мольбы, обращенные к русской женщине, — не в том ли миге понимания и заключается чудо, что до сих пор согревает сердце и позволяет теплиться надежде. Медсестра, женщина средних лет, уже потертая судьбиной, лишь покачала головой и молча указала мне на стол то ли перевязочный, то ли операционный, куда я без лишних разговоров и взгромоздился, положив под голову сумку. Я сразу провалился в сон и спал без сновидений.

Проснулся я от нежного, но твердого прикосновения медсестры:

-- Ну, хоть часок покемарил. Вставай, милый, стол нужен.

Да я и сам уже заметил: прямо рядом со мной, придерживаемый двумя милиционерами, еле стоял мужик, пол-лица которого было похоже на кровавую массу, с которой капала кровь. «Как фарш», — подумал я и, с трудом удерживая позывы рвоты, выбежал наружу, даже не поблагодарив медсестру, впрочем, ей было совсем не до меня.

Часок -- не часок, но короткий сон прибавил мне бодрости и любопытства. Еще раз убедившись, что до утра на Калугу не уехать, я направился в тоннель, ведущий в метро. Метро было закрыто, а вот тележка мороженицы, стоявшая у выхода, оказалась очень удобна в качестве кровати. Подсунув себе под голову сумку, я растянулся на тележке и снова заснул, думая про "зайцев" на калужском направлении, вспоминая уже проделанный путь и относительную цель путешествия, думал и об Алике, которого не видел уже почти два года, представляя, как он будет рад неожиданной встрече, и о прошлых и будущих дорогах с дурманящим запахом полей и лугов. И как всегда, уже лет с двенадцати, когда я впервые прочитал Джека Лондона, мне снились собаки, упряжка, винтовка, костер... А вот золото почему-то было у меня на втором плане.

Я проснулся от переливов и журчания девичьего смеха, но глаза открыл не сразу, пытаясь продлить то ли сон, то ли дрему, то ли в рай уже попал...

Смех смолк, перейдя на шуршание шепота, и вдруг снова зазвенел, взорвался, заплескался по коридорам переходов метро. Открыв глаза, я увидел несколько смеющихся девчоночьих лиц, склонившихся надо мною, причем факт поднятия мною ресниц привел их в состояние неудержимого восторга. Смех их был таким чистым, таким детским, что и я — сначала робкой улыбкой спросонья, а потом и во весь рот, не стесняясь, — присоединился к ним, и мы стали хохотать все вместе, пока мне это все не надоело и я слез с тележки, понимая, что смеются-то все надо мной.

-- Какие же вы хорошие! — с укором воскликнул я, проталкиваясь сквозь них, одним плечом их раздвигая, придерживая сумку на другом. Но не тут-то было. Девчонки окружили меня плотной толпой, не давали уйти, загораживали мне дорогу своими... вполне аппетитными частями своих молоденьких, по-летнему легко одетых фигур. На меня посыпались вопросы, они хотели знать все и сразу: и кто я такой, и зачем я притворился мороженым, и куда я путь держу и откуда, — все-все-все, от начала до конца, а то им скучно целую ночь в Москве ждать.

Пришлось сдаваться. Конечно, я чувствовал себя слегка помятым и грязноватым после всех путешествий, но их энергия и любопытство были столь заразительны, что вскоре уже я пересказал им все мое приключение, прибавив и кое-что из разных других. Правда, о причине особенно не распространялся, но и врать не стал, сказал, что у друга суд в Калуге, вот и еду поддержать, а на вопрос, за что друга судят, сказал, что за свободу. Сказал и тут же пожалел, что проболтался, но их реакция не была негативной -- ни отчуждения, ни поскучневших вдруг лиц я не заметил. Наоборот, вскоре я уже был ими и накормлен, и напоен кофе из термоса, а парочка из них успела сгонять наверх и торжественно сообщила, что их поезд на Кишинев утром делает остановку в Калуге, и я просто должен, как они все решили, сесть с ними в поезд и сойти в Калуге. Они уговорили меня пойти с ними наверх, познакомили меня со своим учителем. Рассказали, что они — школьная экскурсия из Кишинева, а вскоре я уже читал им Пушкина и Есенина, Мандельштама и Цветаеву, сидя в центре целой группы, выходил курить с их руководителем на улицу, приглашал их в Горький и Тарту, узнавал о жизни в Молдавии и Кишиневе.

Войдя в составе группы в вагон, я был рад и дальше ехать с ними в компании, но вдруг почувствовал, что их интерес ко мне стал стремительно улетучиваться. Они устраивались поудобнее, думы их уже приближались к конечной остановке... А я? А что я? Всего лишь развлечение на последней остановке в Москве и уже перестал их занимать. Руководитель же явно смотрел на меня как на некую помеху, да еще и грозящую ему неопределенными неприятностями, если вдруг окажется, что он провел меня, безбилетника, с собой в поезд. Слегка обескураженный собственным резким превращением из героя-путешественника в неудобного попутчика, я, даже не попрощавшись, побрел по вагонам.

Один из вагонов, куда я пришел, казался совсем пустым, я заскочил в купе, закрыл за собой дверь, поставил сумку между ног и стал изо всех сил вглядываться в пейзаж за окном, надеясь, что меня не заметят, стараясь быть невидимым. Однако проводница не заставила себя долго ждать, вошла и села напротив. Она была еще молодой, даже по моим юношеским меркам, но с усталым и помятым лицом невыспавшегося человека.

— Билет, — спросила она, даже не поднимая на меня глаз.
— Девушка, — взмолился я, — послушайте. И рассказал ей уже известную историю про друга в беде и про Калугу. А под конец добавил:
— Если вы найдете нужным, я слезу на первой же остановке.
— Ладно уж, сиди, — неожиданно смилостивилась она. И объяснила: — На твое счастье, первая остановка этого поезда — Калуга, а останавливать поезд ради тебя никто не собирается. Так что давай, спи, устал ведь, наверное, а я тебя перед Калугой разбужу.

И ушла, уже совсем не такая помятая и равнодушная, какой казалась лишь мгновения назад.

— Ой, спасибо, — совсем по-детски воскликнул я, все еще не веря своему счастью, и полез зачем-то на верхнюю полку спать. Одно только огорчает меня до сих пор: залезая на полку, я встал на столик у окна, и он, так его растак, сломался. Сказать ей об этом я не осмелился — положение мое было и так шатким, а денег заплатить за ущерб у меня не было. Представляю, как она огорчилась, обнаружив поломку, и очень надеюсь, что она меня простила. По крайней мере, мне бы этого очень хотелось: и не раз в жизни с тех пор я прощал многих и многое в память о ее доброте и моей неблагодарности. Столик же я, как мог, поправил, но не починил, увы.

Проводница разбудила меня, когда поезд уже притормаживал, предупредила, чтобы я поторопился, так как стоим всего минуту.

Протерев глаза и поблагодарив, выпрыгнул на землю и зажмурился от яркого солнца. Из дверей соседнего вагона зазвенел девичий смех — не забыли меня кишиневские девчонки. Помахав им и моей проводнице, я сделал глубокий вздох и окончательно проснулся. Ну вот, я наконец-то в Калуге, «с чувством глубокого удовлетворения» отметил я про себя.

Это потом я стану более осторожным в жизни, по крайней мере, буду остерегаться праздновать победу за шаг до нее, зная, что последнее движение до финишной черты может оказаться дольше всех предыдущих миль и километров долгого пути, и что именно в последний момент и надо ожидать подвоха, прежде всего от самого себя. Короче, «не говори "гоп", пока не переехал Чоп», как шутили в семидесятые евреи, умудренные многотысячелетним опытом путешествий. Но тогда, стоя и улыбаясь солнцу и Калуге, я ощущал себя великим путешественником и первопроходцем, которому покоряются дороги и города, забыв на время и о причине моего прибытия в этот пока незнакомый мне город, и о том, что еще по-настоящему я до цели не добрался.

Поезд Москва — Кишинев был транзитным, потому и стоял-то всего минутку, да и то на станции Калуга-2, которая была неким перевалочным пунктом для дальних поездов и находилась в нескольких километрах от центра города, до которого еще надо было добираться на автобусах через окраины. Однако всего этого я тогда не знал, а стоял на земле, слегка покрытой кое-где не затоптанной травкой, считая, что это уже центр Калуги, такой малюсенькой деревни в лугах, которой предстоит быть осчастливленной моим появлением. Стоял и жмурился, как кот у банки сметаны.

Между мной и вокзалом, на первом пути, стоял еще какой-то поезд дальнего следования. Немногочисленные попутчики, сошедшие со мной, уже направились его обходить в самый конец, идти им было вагонов десять. Что-то было в их сгорбленных спинах и покорстве такое печально-рабское, что мне никак не хотелось к ним присоединяться, да и к тому же они меня уже сильно обогнали, пока я стоял и жмурился, а плестись за кем-то в хвосте мне было не по нраву. Так что обходить поезд я не хотел, а ждать, пока он пройдет, -- тем более. К тому же по долгому опыту общения с поездами я знал, что перед тем, как тронуться, поезд всегда издает громкий стук на сцепе вагонов после первого рывка локомотива и только затем начинает движение. Поскольку поезд стоял спокойно, а никаких звуков я, пока щурился и жмурился от солнца, не слыхал, то я решил пролезть под поездом к вокзалу, на первый путь, по которому шли ноги незнакомых мне людей.

Решил — сделал, и вот я уже под поездом. Не успел я оказаться под вагоном, как вдруг с ужасом заметил, что колеса медленно, но крутятся. Вопрос, что делать, почти заставил меня оцепенеть, и все дальнейшее происходило со мной словно в замедленном темпе, вернее, решения и движения я делал так быстро, что время вокруг меня словно остановилось, я наблюдал все как будто со стороны. Вот — первый удар страха, решение залечь между рельсами, краем глаза замеченное нечто на дне вагона, медленно надвигающееся на меня, перевод взгляда на просвет между колесами, оценка скорости их движения, решение — прорвемся, успею. Бросок вперед под поездом, чтобы пролезть в начале просвета, и — перекат из-под вагона, и наезжающее колесо на только что покинутое мною место, и — вытягивание сумки, остановленной этим колесом, на удивление не рвущим ремень, по которому оно прокатилось, и — освобожденная сумка, в моих руках, и я — лежащий весь в поту под калужским небом, наблюдая, как рядом стучат колеса набирающего скорость поезда и... ноги людей из толпы.

Я встал, слегка ошарашенный неожиданным приключением, и слегка покачиваясь от вдруг навалившегося на меня запоздавшего страха. Вместе со страхом пришла усталость, досада за собственную глупость, ощущение близости промелькнувшей мимо пропасти.

Вместе с остатками пассажиров я побрел по перрону к зданию вокзала. У входа на вокзал стоял толстый мент и буравил всех колючим взглядом. Вообще-то я почти никогда не обращался за помощью к официальным представителям власти, особенно к милиции, но тут на меня словно нашло некое затмение, временное помутнение рассудка, что ли, или просто от раздерганности и дезориентации моей после выползания из-под поезда стал я слаб и податлив, но факт остается фактом: я сам подошел к менту и спросил у него, очень вежливо и интеллигентно, как бы мне добраться до областного суда.

Едва начав произносить эту вроде бы безобидную фразу, я понял, что делаю что-то очень глупое, однако остановиться на полуслове, затолкать эти слова себе обратно в горло я не мог, как бы этого и ни желал (Ну кто тебя тянул за язык?!!!? — взорвалось внутри обвинение маминым голосом), и попытался закончить фразу по возможности беспечно, так, словно спрашивал, сколько сейчас времени, не подскажете. И мимо, мимо, на ходу уже ловя ответ в спину, удрученно покачивая в ответ в знак того, что услышал и оценил, ой, время как летит, но, увы, — по жадно блеснувшему огоньку в глазах жирного ментяры я понял, что беспечность мне не удалась, а если бы и удалась, то уже и не помогла бы: я, словно маленький веселый игривый щенок, весело помахивая хвостом, прибежал к живодерам.

Конечно же, вся милиция, а особенно железнодорожная, в Калуге и окрестностях была предупреждена о паломничестве диссидентов и иностранцев в их славный город -- на всевозможных пятиминутках и ориентировках им вдалбливали в голову, чтобы зорко смотрели и врагов не пускали. А тут — здравствуйте, сам пришел, любезный, к бдительному нашему, пусть и слегка ленивому ментяре. Понимание это возникло у меня вместе с изменением выражения физиономии представителя власти, словно бы нашедшего чужой бумажник с купюрами. Да и весь он подобрался, живот втянул и из стареющего, начинающего расплываться дядьки стал на глазах превращаться в симбиоз Карацупы и Штирлица.

— Пойдем, ща покажу, — охватив меня цепким взглядом, мент пошел рядом, не выпуская меня из поля зрения. Я поплелся за ним, все еще пытаясь сохранять на лице видимость беззаботности, все еще цепляясь за роль любопытного туриста или просто парня из области. Однако настроение мое резко упало, когда мент завел меня в привокзальный участок через дверь, ведущую туда прямо с перрона. Открыл дверь маленькой служебной комнаты и, усадив меня на стул, сам сел напротив и, уже сбросив маску безучастия, вдруг нагло рявкнул:

— Документы давай!

Странно, но агрессивность вопроса возвратила меня к действительности. Поняв по тону, что объясняться, качать права, взывать к справедливости, указывать на то, что я всего-то лишь спросил о местоположении суда, что никак нельзя считать противоправным поступком, и, скорее всего, это он в данный момент нарушает если не закон, то некое общечеловеческое понятие морали... Так вот, поняв, что все мои взывания к чести, совести и справедливости будут напрасны, я посмотрел ему в глаза и ответил просто и искренне:

— А иха нетути у меня. Я же затем и до суда подался, шобы их восстановить.

Ложь лилась легко и спокойно: ситуация прояснилась, оформилась в знакомые рамки — передо мной сидел враг, и ему надо было противостоять, а не сожалеть о собственной глупости, не томиться попытками достижения справедливости. Хоть я и знал, что, не имея при себе документов, я нарушаю паспортный режим, но я также понимал, что, отдав документы в руки ментов, окажусь в их руках. И хотя паспорт мой лежал в кармане и найти его при обыске не составило бы труда, что-то внутри заставило меня соврать, уже на грани провала, но все еще балансируя с надеждой на что-то.

Ну, а простонародная речь у меня, бывает, вырывается в минуты опасности и риска, уж даже не знаю, как енто и откудова прет, видатя, кровя бурлит, кады приспичит. Я даже не уверен в ее правильности и аутентичности, но факт остается фактом — я вдруг начинаю говорить на некоем странном наречии, приводя в недоумение и себя, и окружающих.

Грозно сдвинув брови и нависнув над столом, словно был готов ринуться на меня, толстый ментяра бурил меня взглядом, что-то пережевывая по-коровьи, придавая этим значительность мысленному процессу. Достигнув апогея в своем умозаключении, он громко хмыкнул, со значением еще раз глянул на меня, словно ему все стало понятно, и крикнул:

-- Сиди здесь, жди! -- после чего резко вышел, хлопнув дверью.

А я остался сидеть. Снова один. Только вокруг меня были не поля и рощицы Новгородчины, не тополиные аллеи под Клином и даже не вокзальная вонючая суматоха или холодный ночной эстонский ливень, а серые стены провинциальной ментовки. И впереди светил мне не красивый жест поддержки друга и героя, вставшего на борьбу с монстром за доблесть и права человека, а несколько суток в местном КПЗ, возможно, еще и с кучей тумаков и провокаций и прочими мерзостями временного рабства. «Вляпался, как щенок», — внутренне рявкнул я на себя и даже подпрыгнул от досады, ответил на упрек внутренним рыком и аж задрожал от ярости.

Надо что-то делать, но что? Окно имело решетку, дверь была надежно закрыта, решил я, но все-таки проверил машинально, и — о, сюрприз! — здрастье, я ваша тетя — дверь оказалась незапертой. Так, наверно, торопился — за замком не уследил, подумал вроде я, но уже было не до этого. Я осторожно выглянул в коридор.

С одной стороны находилась дверь, ведущая на перрон, через которую мы только что вошли, и была она закрыта. С другой стороны коридора дверь была открыта, и за ней виднелась привокзальная площадь, а за ней — лес. Правда, проход был загорожен двумя ментами, стоявшими ко мне спиной. Один из них, мой толстяк, что-то оживленно докладывал курившему офицеру, а тот молча слушал, никуда не торопился, не оглядывался. А если бы оглянулся, то увидел, как весь дрожа от бешеного прилива энергии, намотав на руку ремень от сумки, я, мягко ступая по коридору, шел к ним, ускоряясь по мере приближения. И снова мир вокруг замедлился. Помню полуоборот толстяка на мое приближение, помню его поднятые руки в попытке меня удержать, помню отброшенные тела обоих, помню скрип тормозов разворачивающегося на площади автобуса. Меня там уже не было, я летел вперед, ничего не ощущая, кроме ветра — ветра свободы — сквозь ментов, сквозь площадь с людом, сквозь кусты, сквозь лес. «Стоять, стрелять буду-у-у!» — догнал меня крик вместе с резким взрывом заводящегося мотоцикла, и был мне словно ударом ветра в полные тугие паруса...

О, как я бежал, летел — сквозь заросли, буераки, полянки, как пролетал над буреломом, как, словно нож сквозь масло, врезался в кустарник, оставлял его за собой, — все вдруг слилось в один огненный ком: и первая мысль о поездке из Кяркну, и смешливые молдаванки на вокзале, и дядя Алик в Тарусе и в тюрьме, и отец, и мать, все мои свободные и бешеные предки, и неразговорчивый шофер под Новгородом, и — как я летел, бежал, несся, не ощущая ничего, кроме самого бега и огня моего дыхания.

Давно затихли за спиной звуки мотоцикла и крики растерянных ментов, да и куда им — по лесной-то чаще, через коряги и буераки. Ведь они не знали, что попали в поле моей мечты, где им уготована лишь роль статистов, декораций, зеркал моей глупости и ярости... и удачи...

Где-то, наверное, через полчаса дикого бега я упал. И не смог встать. Поначалу я слышал только стук своего сердца, который, казалось, раздавался по всему лесу, и хрип врывающегося в легкие воздуха, но вскоре мир стал возвращаться ко мне — запахами мха и грибов, ягод и травы, щебетанием птиц и хрустом веток. Треск веток! Я глубже вжался в землю и прислушался. Треск шел ко мне спереди, с противоположной от вокзала стороны. Уже окружили! — резануло сознание, и снова бросило в движение — ползком, ползком, с сумкой в руке, вжимаясь в землю, я дополз до какой-то ямы, свалился в нее и затаился. Шум продолжался. Затаив дыхание, я выглянул из своего укрытия в сторону трескающихся веток.

Старушка в платочке, с корзинкой в руке, медленно передвигалась по лесу. Держа палку в другой руке, она разгребала ею траву и листву, приглядывалась к найденному, и, вздыхая, шла дальше. Я осторожно следил за ней, предполагая в ней замаскированного мента или чекиста. Но бабушка, при всей моей подозрительности, не походила на представителя органов. Тем не менее я решил не привлекать к себе ее внимания и тихонечко ушел в сторону, а вскоре уже и вовсе успокоился, отряхнулся и продолжил свой путь.

Через некоторое время я вышел на опушку. Впереди находился песчаный карьер, к которому вела дорога, вдоль леса, из которого я выглядывал, не решаясь выйти на открытую местность. Но вот из карьера показался огромный ревущий самосвал. Была -- не была — решился я и, выйдя из леса, поднял руку. Самосвал затормозил, не останавливаясь, шофер махнул мне рукой — залезай, мол, и вскоре я, взлетев по лестнице в кабину огромного ревущего чудовища, уже сидел рядом с шофером.

— Ты куда?! — повернувшись ко мне, крикнул он.
— До центра, — стараясь перекричать рев мотора, ответил я. Он кивнул и улыбнулся, крепко держа огромный руль, гуляющий у него в руках на ухабистой дороге. Молодой веселый парень в грязной майке, да и сам весь бурый от пыли и грязи, он весело щерился мне, что-то неразборчиво крича, сверкая белоснежным

оскалом, в котором не хватало пары зубов, я тоже что-то орал в ответ и тоже улыбался, светило солнце, на зубах хрустел песок, в кабине нас бросало из стороны в сторону, как будто в рубке корабля в штормящем море, мотор ревел, как будто мы летели...

При выезде на асфальтированную дорогу грузовик пошел ровнее и тише. Мы пожали друг другу руки, перекинулись парой слов. Оказалось, он тоже едет в центр, на стройку.

— Ты только пригнись, когда мимо ментов проезжать будем, — подмигнул он мне по товарищески. — А то начнут, собаки, придираться... Нам ведь нельзя пассажиров с собой возить.

Он снова улыбнулся, мол, врешь, не возьмешь. Так мы и проехали мимо двух ментовских засад по дороге в Калугу на рычащем самосвале.

— Все, проехали, — крикнул он мне, — теперь уже все, в город въезжаем. Чего-то засуетились-то, сволочи, ловят, что ли, кого?

Чувство удачи от встречи с таким парнем, который провез меня мимо ментовских застав, заставило вынуть из кармана последний рубль и протянуть ему:

— Спасибо тебе!

— Да ты чо? — возмутился он. — Пошел ты на ... со своим рублем! Я тебе не барыга, братан!

Я пристально посмотрел на него, оценивая, и — рассказал ему в двух словах и про мои приключения, и про суд, и кого там судят. Он слушал с интересом, поглядывая на меня сначала с недоверием, а потом с изумлением.

— Ну ты даешь! — воскликнул он под конец моего рассказа. — Вот оно выходит что... — и затих, покачивая головой в так своим думам. А вскоре мы уже и приехали.

— Вот тут как раз рынок для твоих цветочков, — улыбнулся он мне на прощание. — Пусть один из них и от меня будет, значит.

Он снова подмигнул мне, крепко пожал руку и уехал, взревев мотором самосвала.

Распрощавшись со своим укрытием от ментов, я, словно танкист вне танка, снова почувствовал себя открытым всем ветрам и врагам. Цветочки я приобрел на рынке быстро: купил какой-то фиолетовый пучок за сорок копеек, оставив себе остальные на жизнь и дорогу, и остановился, слегка озадаченный ситуацией.

Уж если менты на вокзалах ловили, то вокруг суда наверняка кордоны стоят -- и в форме, и переодетые, рассуждал я, нарезая круги вокруг рынка, выискивая в толпе стопроцентно не чекистские лица. В самой толпе вопросов задавать я не собирался, предполагая, что уши врагов развешаны повсюду, вместо этого провожая приглянувшийся мне объект за рынок и следуя за ней (да, да — только представителям, вернее, представительницам прекрасной половины решил я довериться со своим вопросом) по улицам и улочкам Калуги, пока мы не оставались наедине, где я и спрашивал, как мне найти областной суд. Девушки не знали, не ведали. Отвечали с недоумением и даже иногда с опаской — то ли мой небритый и потрепанный вид их смущал, то ли ожидали других вопросов, но так я гулял довольно долго, пока вдруг во время очередного вопроса не был услышан проходящей мимо дамой, которая сказала, что знает, и не только покажет, но и проводит меня туда.

К этому времени, признаться, я уже устал бродить за девушками по улочкам и переулкам, в непосредственной близости от цели и в то же время — так далеко.

Единственное, что скрашивало время — сама Калуга: смесь села, деревни и города, колонки с водой во дворах, летние запахи, распахнутые окна, белье на веревках, темное, древнее дерево еще дореволюционных срубов домов, обрывки детских криков и чьих-то разговоров, милая провинциальность русской средней полосы, что так прелестна при поверхностном рассмотрении. Но, как бы ни мила была Калуга сердцу моему в тот летний теплый славный день, желание добраться до суда с уже начавшим увядать пучком цветов уже так меня переполнило, что я согласился с предложением, хотя и не без опаски.

Дело в том, что дама сия была воплощением законченного советского образа, такая Нонна Мордюкова — управдом, самоуверенная и официально одетая в юбочный костюм со значком на лацкане. Значок я разглядеть не успел, оглядывался по сторонам, представляя возможные пути отхода, если дама ведет в ловушку, да приглядывался к ней самой. Она шла быстро, уверенно, отмахивая рукой, как при строевой ходьбе. Иногда она с интересом бросала на меня быстрый взгляд. Так в молчании и прошагали несколько минут.

— Ну вот и пришли почти, — остановилась дама и вытянув руку, указала мне дорогу. — Иди прямо, там всех и увидишь, мимо не проскочишь.

Она постояла еще чуток, посмотрела на меня оценивающе, хотела что-то сказать, но промолчала.

— Спасибо вам большое, — сказал я ей на прощание, уже в ее уходящую спину. Она повернулась и улыбнулась в ответ:

— А я ведь там работаю.

Но я ее словам не придал никакого значения, уже спеша к зданию суда.

Это потом, через пару дней, увидев ее в толпе «представителей общественности», допущенных по особым пропускам на «открытый» суд, я пойму значение ее поступка, ее «руку», протянутую мне через пропасть, разделяющую нас, ведь знала она, знала, кого ведет к суду.

От того места, где мы расстались с дамой, до суда оказалось метров двести, которые я сначала преодолел чуть ли не вприпрыжку, но по мере приближения к цели шаг свой замедлил, а потом и вообще прошагал мимо, изображая вроде бы случайного прохожего, предварительно спрятав мои погрустневшие цветы в сумку.

Дело в том, что перед зданием суда толпилось так много народа, такая там стояла и бурлила катавасия, что я просто был отброшен, не допущен энергетическим полем толпы к себе, так что сделал отсутствующее выражение на морде лица и протопал мимо котом, гуляющим сам по себе. А бурлило там так: в маленьком парке у входа в суд стояли диссиденты, человек пятьдесят, окруженные непонятными людьми, мрачно глядевшими на отщепенцев. Толпа эта была внушительна, человек двести-триста, и как-то неоднородна -- от бомжей до костюмов. И через нее надо было протиснуться чтобы попасть в центр, но я сначала прошагал мимо, по другой стороне улицы, и скоро вышел к парку, прилегающему к зданию суда.

Парк, больше напоминающий заброшенный пустырь, был тоже заполнен народом, который стоял у столов и пил, и закусывал. Я прошагал и мимо них, отметив про себя ящик водки и непритязательность закуси, состоявшей из хлеба и огурцов. Тем не менее павловский рефлекс напомнил о пустом желудке, и, пройдя еще немного, я развернулся и пошел искать магазин. Купив полбуханки черного, вернулся к суду и сначала пристроился к внешней толпе. Как я уже отметил, она была неоднородна, состояла из прилично одетых молодых людей и бомжеватого вида народца, вроде бы и не имеющих друг к другу отношения, но стоявших тем не менее вместе и даже переговаривающихся между собой.

— А бить их можно будет? — подобострастно глядя в глаза прилично одетому, спрашивал уже, видимо, не в первый раз грязного вида мужичок с синяком под глазом.

Брезгливо морщась, его адресат даже не потрудился ответить, вместо этого оценивающе оглядывая меня.

— А чо тутова за очередь? — спросил я, включив простачка.

Мне никто не ответил, лишь по взглядам я понял, что за своего меня тут не признали, но запомнили. Делать тут было уже нечего, и я протиснулся между ними и вошел в круг диссидентов. Тут было весело и накалено до кипения. Громко возмущалась Наташа Владимова, жена одного из моих любимых писателей, Георгия Владимова, кто-то незнакомый пытался с ней заговорить, а она приняла его за провокатора. Остальные стояли кучками, переговаривались, посматривали на окружавшую нас толпу, обсуждали что-то, но при моем приближении замолкали. Вскоре и за своей спиной я услышал громкий шепот: «Осторожнее с ним, еще один провокатор здесь». Оглянувшись, я обжегся о колючие взгляды уже своих. Стало грустно. Я отошел от них в сторону и направился к входу в суд.

-- Пропуск, — потребовал некий гражданин с повязкой, стоявший на входе, уставившись на мой непритязательный, почти сморщившийся букетик в руках.

-- Нет, я просто так, без пропуска. Нельзя, что ли? — осведомился я, но он отвернулся, потеряв ко мне интерес.

-- Иди, иди, парень, — посоветовал мне кто-то сбоку, но я все стоял, не зная, что же делать дальше.

Решительность моя прямо сдулась в самый последний момент намеченного пути, что не могло не огорчать, да ко всему еще и упреки в провокаторстве, которые, конечно, можно было разрушить очень легко, ведь я уже заметил в толпе знакомые лица, даже поздоровался с Мальвой Ландой.

Но входить сразу к диссидентам тоже не входило в мои планы, потому что понижало мои шансы проникнуть в суд незамеченным. Так что я снова отошел от толпы и уже было отправился вокруг квартала искать другие подходы, но тут двери суда открылись и из них вышла Арина Гинзбург, которую сразу же окружили единомышленники и иностранные корреспонденты. Оказалось, что ее только что удалили из зала суда за высказанную вслух любовь к своему мужу, о чем она нам всем и поведала.

Тут она увидела меня в толпе, кивнула, а когда корреспонденты отошли, поприветствовала, рассказала, что дети у нас в Горьком на Волге, и сразу познакомила с несколькими друзьями. Так в тот день мне и не удалось подарить Алику цветы.

И все же я кинул букет через три дня, в последний день процесса. К этому времени я уже совсем обжился в Калуге. Первую ночь провел в компании активиста рабочего движения у какой-то тетеньки из Обнинска на даче. Позавтракали хлебом с луком, толпа наша уже была дружелюбна, и я даже отсекал попытки разных людей к нам присоединиться, что сделать было не так уж и трудно — помогало различие и в наших лексиконах, и в понятийных системах... Впрочем, это не помешало мне познакомиться и даже завязать дружбу со многими посторонними, пришедшими сюда по зову сердца и любопытства.

Потом Арина познакомила меня с Аликом Бабенышевым, и последующие несколько дней я провел у него в гостях в Москве, на Беляево, а в Калугу я каждое утро приезжал на электричке.

Да и толпа мне уже стала знакома, со всеми ее прослойками, островками и волнами. В день приговора все сгустилось и сконцентрировалось. По-прежнему в центре, но и слегка в стороне, стояли полдюжины западных корреспондентов, так же не допущенных в зал суда. Для диссидентов они были чем-то вроде охранной грамоты — при них власти особенно беспредельничать не решались, однако и сами они с нами общаться не особенно стремились, выслушивая только заявления Арины и официальных лиц. Не желали они влезать во все местные передряги и особенно -- в мелочи грязного свиного быта, читалось на их лицах.

А мелочей было хоть отбавляй — от снимающих на фотоаппарат всех и вся в этом садике до избиений отдельных диссидентов, отставших от основной группы при переходе на вокзал и с вокзала или просто решивших побродить отдельно по Калуге, до водочных столов с блеклой закуской для калужских «суточников», которых выпускали как группу поддержки чекистов, окружавших нас. Гэбэшники-чекисты состояли в основном из молодых ребят -- то ли курсантов, то ли просто первогодков, часть из них была в одинаковых синих костюмах, а другая -- самая, пожалуй, многочисленная -- в обычной летней одежке, джинсах или светлых штанах, рубашках или ковбойках, так что отличались они в основном своим местонахождением и выражением глаз и лиц, если эти маски можно было назвать лицами.

Поскольку некоторые из по-летнему одетых часто к нам подходили, пытались участвовать в разговорах, у меня была возможность понаблюдать их вплотную и со стороны. Лица их определялись выражением (вернее, его отсутствием) словно они уже давно умерли, но продолжали дышать, а еще у них было такое внутреннее презрение ко всему живому, такая ненависть струилась из их глазниц и такая при этом скука, что эту мертвечину не могла скрыть никакая маска.

Все это я и мои приятели пытались объяснить единственному иностранцу, который не боялся с нами общаться -- Николя Милетичу, французу сербского происхождения, корреспонденту Франс Пресс, совсем недавно прибывшему в Россию и с интересом и удивлением осматривающемуся в новой стране. Для меня он был первым иностранцем, с которым я близко познакомился и имел возможность общаться, так что подозреваю, что я его немножко утомил своими разговорами и расспросами. Николя вообще-то совсем недавно прибыл в СССР, был молод, приветлив и очень симпатичен, стал сразу «своим» среди нашего круга, чуть ли не почетным диссидентом.

Он все время вертел головой, старался понять, кто есть кто: активист запрещенных профсоюзов или провокатор? баптист-отказник или просто чиконашка? народ, простой, пьяненький, агрессивный, сам сюда пришел? откуда узнал? а что думает по этому поводу? а кто его водкой в парке угощает? Все эти вопросы волновали его, он метался от одной группы к другой, то расспрашивал о чем-то еврейских активистов-отказников (не путать с баптистами, которые отказываются принимать воинскую присягу, в то время как евреям государство отказывало в праве выезда из СССР), то беседовал с учеными, то с нами, а то и с сомнительными типами, но недалеко от общей толпы.

У нас организовалась своя группа молодых околодиссидентствующих: Саша Орлов, Володя Нейгауз, Андрей Бесов и другие приятели, знакомые. Из более солидных диссидентов, но помоложе, к нам подходили: Юра Ярым-Агаев, Алик Бабенышев, еще кто-то. Поодиночке мы старались не ходить. Стояли с краю, по внешнему кругу, общались с враждебной толпой, кроме чекистов, как я уже говорил, состоящей из «народа», готового за угощения и свободу выслужиться перед хозяевами, что-то все время рычащей и тявкающей, впрочем, сдерживаемой гэбэшниками. Тем не менее атмосфера была душная, напряженная, как перед грозой.

Хотя за последние три дня мы слегка расслабились, даже стали узнавать чекистов в лицо, во время походов в город за едой или питьем, бывало, даже кивали знакомым из них.

А один раз в городе я даже встретил Аркадия Градобоева, художника из дома отдыха в Тарусе, где трудился подсобным рабочим Алик Гинзбург в перерыве между своими сроками. Поскольку я провел в Тарусе не одни свои каникулы, Аркадия я знал довольно хорошо, помнил его рисунки и плакаты, из личных — в основном на тему наркотиков: типа рука со шприцем в ней, и подпись «Мак Бирмы через вены в сердце» или что-то в этом роде.

Этого Аркадия, тоже сидевшего, то ли еще до его знакомства с Гинзбургом завербовали, то ли в процессе уголовного дела, но факт остается фактом — он был одним из немногих личных знакомых Алика, кто свидетельствовал против него. Вот Градобоева я и встретил, пока гулял по Калуге с Сашей Орловым. Мы неожиданно вылетели друг на друга, Градобоев меня узнал и поздоровался, а я... прошел словно мимо пустого места, с перехваченным дыханием. Потом объяснил Сашке, кого мы тут увидели, и Сашка даже хотел вернуться и посмотреть на него, но я убедил не делать этого.

Была у меня здесь и еще одна знаковая встреча — с Андреем Дмитриевичем Сахаровым. Кто-то, кажется, Арина, представила ему меня. Его мне до этого уже показали со стороны, да и фото его было мне известно. В диссидентской тусовке возле суда он особенно не выступал, стоял по большей мере где-то в сторонке, даже если и не в стороне, то все равно вне бурления нашего котла. С людьми разговаривал мало, чего не скажешь о его супруге, чей громкий голос трубно звучал над захолустной калужской площадью, то зовя, то клеймя, то возмущаясь. А он, слегка сутулясь, с сеткою в руках, умел оставаться вроде бы и с нами, но в то же время и несколько вне.

Когда меня представили Сахарову, я выразил глубокое почтение и тут же рассказал о нашем обществе, готовом на все ради свободы и борьбы за нее. Он печально и с некоторым сожалением посмотрел на меня и, посоветовав учиться, отвернулся. Я остался несколько обескураженным такой встречей и недовольным самим собой. Зачем я рассказывал об обществе, которого, по сути, и не существовало, так — друзья-товарищи-собеседники-собутыльники! Зачем было важно надуваться и строить из себя того, кем я не был, — организатора и вождя? И это при общении с самим Сахаровым? Я некоторое время погрустил по этому поводу, но, втянувшись снова в разговоры, знакомства, обсуждения, скоро позабыл о своем досадно упущенном шансе послушать умного человека, вместо того чтобы слушать собственные фантазии.

Но вот настал последний день суда, последний день в Калуге, день, расставивший многое на свои места. Уже в утренней электричке на Калугу вдруг было неожиданно многолюдно, тут и там мелькали лица знакомых, диссидентов, отказников, знакомых стукачей с процесса. Столы в парке ломились от водяры и хлеба, курсанты КГБ в синих костюмах уже были на месте, заседателей с пропусками привезли в специальном автобусе — процесс был открытым, вот только мест хватало строго на людей с пропусками.

В последний день хотелось многое сказать. И нам, и им. Мы — это единицы, принявшие решение выразить свое отношение к суду и к Алику. Нас мало, не больше нескольких десятков, но мы пришли сюда по собственному решению, сознавая опасность такого поступка. У нас нет ни власти, ни закона, ничего, кроме нашего отношения к происходящему, и... непередаваемого ощущения свободы и парения, ответа на вопрос «что я, букашка или право имею?»

И они — погромщики-алкаши, чекисты-комсомольцы и другие обладатели презрительно-свинцовых взглядов, полных цинизма и самодовольства. Их много, они практически контролируют ситуацию, вон один одергивает раскрасневшегося бомжа, в очередной раз вопрошающего, можно ли бить будет. Заглядывает просительно-вопросительно свинцовому в глаза. Свинцовый презрительно щурится, молчит, не отвечая. Алкаш громко сожалеет о том, что бить нельзя, а то бы он, как Гитлер, всех их одной очередью... Заходится он в экстазе, держа воображаемый автомат, дает очередь по стоящим напротив людям. По этим людям, пришедшим сюда неспроста. Стоящим с цветами у тюремных ворот. Стоящим напротив злобной, орущей, готовой к убийству толпы. С цветами в руках. По нам.

Готовы ли мы были к бою? Не скажу о других, а у меня адреналин зашкаливал, я аж трясся от возбуждения и напряжения. Подставлять другую щеку не собирался, а только прикидывал, кого успею разорвать, если их и в самом деле спустят с невидимых цепей, если толпе будет дана команда «фас».

Так мы и стояли у железных ворот, несколько десятков диссидентов с цветами по одну сторону дороги и несколько сотен чекистов, стукачей, провокаторов, люмпенов — по другую. Уже прошла информация, что дали семь строгого и пять ссылки, после чего все наши «ангелы-хранители», представители западной прессы, улетучились со «сцены» у калужского суда, что явно прибавило хамства и наглости нашим врагам. Уже ушли из здания толпы специально допущенных, пропускных «представителей народа», среди которых я увидел и ту самую тетеньку, которая показала мне дорогу сюда. А машины с Аликом все не было.

Я стоял в нескольких шагах от Андрея Дмитриевича, рядом с Сашей Орловым, с цветами в руках. Вдруг пронзительно вспомнился последний шофер: неужели и он среди них, подумалось, но тут же отлегло — показалось. Внезапно ворота отворились, и вырвался воронок с надрывным гудком клаксона и, набирая скорость, поехал мимо нас. Но не тут-то было — цветы накрыли и кабину, и ветровое стекло, водитель сбросил скорость, а мы уже кричали и стучали по борту машины, заглушая всех и вся: «Алик! До встречи! Мы с тобой!» — ведь он сидел там, внутри и уезжал на... навсегда, на двенадцать лет, на...

Проехав всего метров десять, машина остановилась. Из кабины вылез пассажир в узнаваемом синем костюме и, едва сдерживая улыбку, открыл задние двери воронка. Толпа затаила дыхание, объединив на краткий миг всех. И почти мгновенно разразилась жеребячьим диким смехом — воронок был полон ящиками с пустыми бутылками из-под кефира.

Толпа просто ревела от восторга! Хохотали и «суточники», и костюмносиние и менты! «Вот вам ваш Алик!», «Вот вам и цветочки!», «Алик — буль, буль, буль!»

Я слегка опешил от этой картины: цветы на асфальте, помятые колесами фуры с кефирной тарой, но пребывал в замершем состоянии недолго, ведь Андрей Дмитриевич Сахаров, нобелевский лауреат и академик, сразу же шагнул с тротуара на дорогу и стал, слегка присев, собирать цветы — словно не было буквально в двух шагах гогочущей толпы и не стоял рядом вонючий воронок со стеклотарой. Я быстро присоединился к нему, а вскоре и все цветы были подобраны, и снова мы стояли с цветами, взявшись за руки, и ждали. Рука Сахарова в моей руке была спокойной, сухой и мягкой. Вся дрожь из меня ушла, я спокойно глядел на превосходящие силы напротив, на кривляющуюся массу злобы и ненависти и был горд, что стою, пожалуй, с лучшим человеком страны, вот так, просто взявшись за руку, с мятыми цветами, которые он так скромно и спокойно поднял с земли, возвратил нам, и...

...Ворота снова открылись, и вслед за легковой с мигалкой выехал и воронок, и снова на скорости. И были цветы и крики, слова поддержки и пожелания «Мы с тобой, Алик!», в этом самом вонючем воронке, с попками-ментами, вахтами, коридорами, камерами, тюрьмами, лагерями, — мы с тобой, Алик!

Уехал воронок, и садик опустел... Плотным отрядом, окруженные врагами в осажденном городе, мы уходили из Калуги. Вдруг, словно подчиняясь неслышной команде, чекисты взяли с места полу-рысью и скрылись, рассосались, растворились. Оставшаяся без хозяев шпана тоже приутихла и шла за нами, провожая уже почти беззлобно и уменьшаясь на глазах.

Прощай, Калуга,
Что тебе сказать?
Три дня мы провели небесполезно...

По дороге в Москву вспоминал проводницу (прости мою неаккуратность), поезд, медленно катившийся надо мной, ментов и со спины, и за спиной, — и парня, вывезшего меня из облавы, суд, воронок, цветы... Калуга, место неправедного суда, Калуга, там я нашел друзей и порвал еще одну нить с Родиной.

Калуга осталась позади грязных окон электрички, а судьбы только набирали обороты. Меня ждали Тарту, знакомство, участие в революционном студенческом подполье, тюрьма в Ленинграде и эмиграция.

Алика Гинзбурга в апреле следующего, 1979 года, обменяют на советских шпионов, и с ним уедет Арина с сынишками, но без моего друга Сережки Шибаева, которого замучают в России. Андрею Сахарову предстояло стать совестью мира, когда СССР вошел в Афганистан. Он немедленно заявил решительный протест против советской оккупации, и власть сослала его в Горький в многолетнюю изоляцию, в город, где я родился и вырос.

Мой отец, много лет помогавший Сахарову в ссылке в нашем городе — надо же оказывать гостеприимство, пусть и из Джерси-Сити, — встретит его в Москве, в здании парламента в 1988-м. Советский Союз уйдет из Афганистана, а потом и вовсе развалится. Горький, где давным-давно погибла героиня борьбы за новгородскую свободу Марфа Посадница, облагородится присутствием Сахарова и снова станет Нижним Новгородом.

И вот за то, что именно на твоей земле я с поломанными цветами держал за руку человека, способного двигать тектонические пласты истории, — за это, Калуга, я благодарю тебя.

Моя революция

С Левкой Кучаем меня познакомил Гастев в августе 1978-го. Ему, как и мне, было восемнадцать. Левка был его племянником через жену, Галю Гастеву. Худой, угловатый, молодой, но уже слегка помятый парень с кругами под глазами, с иронической улыбкой, и какой-то вселенской грустью в глазах, он мне сразу понравился. Я вообще-то любил таких, столичных жителей, слегка подпорченных цинизмом, но уж зато без провинциальной тупости. В лучших московских интеллигентских традициях семидесятых, мы сразу же озаботились необходимостью выпить. И вот уже без Гастева, мы целеустремленно шагали широкими московскими улицами в поисках портвейна. Ну, а за бутылочкой Агдама и про поэзию с политикой говорилось легче.

Тем летом, в августе, уже второй раз непринятый в Тартуский универ, где отказ прозвучал прямо из уст ректора Коопа, я приавтостопил с Анкой в Москву, и поселился у Бабенышевых. Слегка бесцеремонно, не ощущая никакого неудобства, занял у них кабинет, временно переделанный под спальню, в трехкомнатной квартире на улице Волгина в Беляеве. Страстно отдохнув на диване после сурового двухдневного автостопа с Анкой и вдоволь наевшись блинов Марины Анатольевны, выспавшийся и отдохнувший, я понял, что пора действовать.

К тому времени я уже считал себя серьезным революционером. Слово "диссидент" мне несколько претило той вялостью и нерешительностью действий, которую оно подразумевало. Все эти коллективные письма, апелляции к мировому закону, ооновской хартии прав человека, сидения по тюрьмам и лагерям не давали никаких ощутимых результатов -- скорее, они отдавали какой-то слабостью. Был враг -- репрессивное государство с его приспешниками и запретами, объявившее войну обществу, и с ним надо бороться: свободой чтения, творчества, издания, передвижения, и т. д.

В июне того же 1978-го я успел мотануться с эстонского хутора, где тогда скрывался от серости будней, готовясь к поступлению в университет, автостопом в Калугу, на суд Алика Гинзбурга, одного из столпов диссидентства, издателя Белой книги, учредителя Хельсинкской группы, распорядителя Фонда Солженицына и очень близкого друга. Во время путешествия я сумел убежать из милицейского участка на станции Калуга-2, очаровать туристическую группу молдавских девчонок, проведших меня на поезд Москва-Кишинев, постоять, взявшись за руку, с Андреем Дмитриевичем Сахаровым в карауле у здания суда в Калуге, где несколько десятков диссидентов противостояли паре сотен чекистско-уголовной агрессивной толпы, познакомиться с Бабенышевыми, Сашей Орловым, Андреем Бесовым, Нейгаузом и другими.

Вернувшись в Эстонию, готовился к экзаменам, дождался Анку, уезжавшую на лето в Кривой Рог к маме и дочке, познакомился с парой ребят-абитуриентов, Сашей и Вовой, одного из которых подозревал в том, что он агент, так как подошел он ко мне в центре Тарту, представившись другом Пети Винса из Киева и сказав, что помнит меня по суду в Калуге пару месяцев назад, в чем я ему не поверил, но потом решил, что если это и так, то я смогу его использовать в моих играх с "охранкой". К тому же он слушал все мои пассионарные речи, перемешанные с историческими референциями и философией Гельвеция (единственный философ, которого я успел дочитать и даже законспектировать в своем "университете одного", пока мне пьяному не сломал нос Ара "на паперти", мстя за то что я ему один раз не дал ограбить Олежку из 9В, неудачливого фарцовщика, попросившего меня о помощи. После больницы я к философии не вернулся, так как прочел "Три минуты молчания" Владимова, и срочно уехал в Архангельск работать моряком-рыболовом. Но прочитанными Гельвецием и немножко Кантом, бахвалиться потом любил, пусть и с некоторой долей самоиронии, но тем не менее).

И вот, доехав в Москву, и насытившись плотскими утехами, я созвал съезд оппозиции. Дело в том, что в Тарту Анка представила меня Аркаше Цуркову. Жаркий июнь 1978-го, высокий терпкий пахучий травяной луг, маленькая железнодорожная станция, солнце и Анка с Аркашей. Аркашу я видел в университете и до этого, но представлены мы не были.

Аркаша был одним из издателей журнала "Перспективы" (Журнал Левой Оппозиции) и дал мне почитать второй номер журнала. Машинописный: пять копий, картонная обложка. Первая статья -- Аркашина, про импотенцию демократического движения. И -- черным по белому -- обещание автора: "Когда за мной придут, надеюсь посмотреть на них через прицел…" (Какой прицел, Аркаша! Было ли у тебя ружье-то вообще? Умел ли ты тогда вставлять патрон в патронник? Высокий, нескладный, смешно ковыляющий, полуслепой городской еврейский мамин сыночек?) Это было сурово. Я его сразу зауважал. Вторая статья представляла собой нечто теоретически-марксистское, но не советско-марксистское, а прогрессивное, по Маркузе, про неототалитаризм. Там, помню, шло рассуждение про марксизм и классовую борьбу в современном постиндустриальном обществе, где революционным классом являются студенты и люмпены, а режим совейский был определен, как государственный империализм. Саша Скобов был автором, он и сейчас пишет, встречаю его статьи на "Грани.ру". Но самым главным в журнале было не это, а два документальных свидетельства о беспорядках в Ленинграде 4 июля 1978-го, когда хиппи и рокенрольщики восстали из-за отмененного концерта Карлоса Сантаны, Джоан Баэз, и других. Концерт был заявлен в ленинградской вечерке в начале года, в духе "разрядки" и предполагал съемки фильма, концерт, массовку. Но потом власти предержащие спохватились, и концерт отменили. Однако с отменой опоздали, на Дворцовой площади с утра тусовались сотни поклонников западной музыки. Беспорядки длились два дня: подключились ребята с рабочих окраин, были схватки с ментами, прорывы ментовских цепей на Исаакиевской площади. Хватало и многих других героических подробностей. Одним из авторов репортажа был Алеша Хавин, другого не знаю.

Говоря вкратце, журнал "Перспективы" не только давал теорию в своей первой части, но и подтверждал ее практикой восстания, слиянием студентов и люмпенов, а кроме того, призывал к действию. Чем я именно и занялся в Москве. Но, как говорится, скоро сказка сказывается, да не скоро дело делается. Я успел съездить в Горький, поступить там на вечернее отделение физического факультета Университета, так как отец сумел договориться с КГБ, что на вечерний меня примут. Это, кстати, подтвердилось на экзаменах, где я едва сдал физику, а сочинение -- с опозданием: препод принимать его после звонка не хотел, вредничал, я наговорил ему кучу гадостей, поставив под вопрос смысл его патетически бессмысленного существования, сам отнес сочинение в комиссию, помимо него, да еще и сочинение было о свободолюбивом Пушкине, с заключением о том, что именно диссиденты Орлов, Сахаров и Гинзбург являются сегодня продолжателями традиций Свободы: "... Ты не поник главой послушной перед позором наших лет..." и т. д. И все равно приняли. Странно это было. Не прав оказался партийная шестерка Кооп -- часть высшего образования я все-таки в СССР получил.

Свой первый съезд оппозиции мне удалось провести только в начале осени 78-го. Туда из Таллинна, куда она переехала работать после окончания университета, прибыла Анка, с незнакомым парнем Юрой, русским таллинским программистом, просьба не путать с ее мужем Юрой, который тоже жил в Таллине и тоже был программистом. Из Ленинграда прибыли Андрей Резников с женой Иркой Федоровой (Ирка была такая своя, что назвать ее Ирой или Ириной язык не поворачивается даже по прошествии почти сорока лет). Из Горького я был в единственном числе. Зато в Москве я постарался. Собирались мы у Тани Огородниковой, удивительной москвички, машинистки-печатницы Мандельштама и других самиздатовских авторов для Алика Бабенышева. Увидев ее как-то раз на кухне на Волгина у Марины Анатольевны, я ее сразу сагитировал, не смотря на недовольные взгляды Анки. Помимо прочих, я пригласил туда Андрюшу Бесова, с которым познакомился на суде в Калуге за пару месяцев до этого, да еще -- Левку и Сашу Орлова. Саша не пришел, зато Левка был мною соблазнен предстоящей выпивкой и красавицей-хозяйкой.

Было мило. Много не пили. Гуляли в московских двориках и в парках Москвы. Я читал стихи -- Бернса и Соснору -- но поскольку алкоголя было мало, не пел. Любовались Таней: одно ее присутствие оправдывало все. Танцевали, пили чай, расходились.

С Андреем Резниковым говорили о создании подпольной типографии. Мне было слегка неудобно. Анка, Юра, Таня, Левка явно не тянули на политику. Андрей Бесов, московский интеллектуал, приятель Нейгауза, немало времени провел в психушках из-за чтения и популяризации Библии в его коммунальной квартире. Он был политически подкован, но воспринимал нас несколько саркастически. Когда гуляли по парку, рядом слонялись какие-то подозрительные личности и даже, кажется, нас фотографировали. Я было пошел на конфликт, уже был готов кому-нибудь звездануть (как говорил Игорь, мой дядя, -- "сначала врежь, извиниться всегда успеешь"), но они испарились из зоны видения, которая была у меня, надо сознаться, ориентирована на Таню.

Договорились о встрече в октябре в Питере, возле Ленина на Финляндском вокзале. Там намечался сбор для турпохода с палатками в область, с привлечением новых ленинградских знакомых, с которыми начали общаться в полицейских участках и воронках после разгона восстания 4 июля.

На следующее утро я узнал, что в метро к Андреям и Ирке пристали менты. Андрею Бесову даже слегка попало. Но потом отпустили. А нам с Левкой -- никакого внимания. Мы поехали к нему, пили много "Агдама", к нам присоединился Сережа Евдокимов: поехали к нему, к его маме, пели песни в метро. А наутро я уехал… Учить аналитическую геометрию и матанализ. Бродить по Свердловке. Работать дворником по утрам. Пудрить бедным девушкам мозги. Читать стихи всем, кто слушал. Искать Ару. Враждовать с бандой Гавроша. Тусоваться с Рихтером. Ждать октября. И, конечно, разговаривать с отцом.

Я очень любил эти разговоры-прогулки. Дома нас прослушивали (мой дядя Игорь еще в 1969-м нашел микрофоны на чердаке), так что если надо было поговорить, то выходили на улицу. Конечно, могли прослушивать и на улице, но, по слухам, аппаратура для этого нужна была очень уж дорогая и продвинутая, а мы себя оценивали достаточно реалистично и были уверены, что такой техники на нас пожалеют. Так что -- вперед, на улицу. По-сократовски, как древнегреческие академики, шли мы по Пискунова, Ульянова, Минина, на Откос, где над Волгой и Стрелкой парили наши взгляды на десятки километров -- туда, туда, где в Керженских лесах, и дальше, дальше -- на Ветлуге, и за ней -- в лесах и топях, жила свобода. Пусть лишь в идеале, в истории, но была она там. Ведь именно там строили скиты несдавшиеся староверы, раскольники. Потом, на Аляске, посещая староверческие деревни Николай и Кочемак Село и представляясь "кержаком", я встречал понимание и узнавание.

Разговор наш шел в основном про наше положение, диссидентское движение, будущее и возможность на него повлиять. Тезис отца состоял в том, что система висит на историческом волоске, и со смертью Брежнева должны начаться реформы. Я в это не верил, будучи полностью убежденным в "победном шествии коммунизма по планете". Однако и эмиграцию как вариант для нас, отец не отрицал. Подробной дискуссии подвергались и мои политические действия, а также рассказы о его деле, о его сроке, о Владимирском централе, о лагерях Мордовии и Перми.

К тому времени в "Горьковской правде" уже были опубликованы две статьи про нашу семью ("Король-то голый" и "Люди, будьте бдительны"), с нашим домашним телефоном, уже была начата и интенсивно продолжалась телефонная кампания травли нас анонимными звонками в любое время дня и ночи, уже шли потоками незнакомые люди, доморощенные диссиденты, психи, нормальные люди, стукачи, и др. Так что мне было о чем поговорить с отцом. И сейчас, когда я вспоминаю это время, именно эти разговоры, именно эти прогулки оказываются для меня самыми дорогими и важными. Отец к тому времени уже был свободным от надзора (в первый год после тюрьмы он был обязан быть дома с 20:00). И часто ездил -- и в Москву, и в область, и к друзьям по тюрьме, оказавшимся в ссылке. К Суперфину в Казахстан. Из Москвы он приезжал полный новостей, впечатлений и анализа ситуации.

Уезжали друзья -- Валентин Турчин с супругой Татьяной, например.

К Алику и Арине Гинзбург, диссидентам верхнего уровня "раскрученности", отец как-то сразу не проникся особой симпатией. Мама моя в тот момент переживала период дружбы с Ариной, как нашим главным диссидентским другом в Москве, после эмиграции сначала Вероники Штейн, а следом за ней и отъездом Миши, маминого брата. Алик в 1977 году был арестован, и до эмиграции находился в тюрьме, пока не был обменян на двух советских шпионов, вместе с "самолетчиками" Дымшицем и Кузнецовым, а так же с украинским националистом Морозом и баптистским проповедником Винсом, в апреле 1979-го года . Алик Гинзбург, несомненно, занимал одну из важных позиций в диссидентском движении, а, отец признавал только собственные иерархии и вписываться в разные структуры просто так не собирался.

Диссидентом отец изначально себя не считал и становиться им тем более не собирался. Но "нашла коса на камень", и в результате диалектического развития истории, единства и борьбы противоположностей, он послужил воплощением смыслов, заложенных в его имени.

Первая трансформация произошла уже при рождении -- из Владлена, имени, склеенного из первых слогов имени (да и имени то ненастоящего) первого коммунистического лидера России, уже неживому ко времени рождения маленького мальчика, но тем не менее все растущим и растущим, заполняющим своей мертвячиной все вокруг. И вдруг -- из этого ада лжи, предательства, убийства -- Воля! Кто первый сказал? Кто переварил всю мертвячину, заключенную в этом имени? И оживил свободой? И вложил силу воли?

Бабушкино ласковое дыхание? Материнская нежность? Внутренняя логика языка?

Полная свобода, вольница, вольный и воля, сила воли, желание, воплощенное в действие. Как сочлись, как соединились они в одном слове?

Любопытно, что до некоторого времени, жизнь Владлена шла по более-менее обычному пути для советского интеллигента из провинции, представителя второго поколения интеллигентов, плотно вошедшего в систему, в образовательную систему, кстати, то есть в одну из самых успешных отраслей советской жизни. Семья, кстати, занимала одну из сильнейших позиций в этой системе, с отцом Владлена в кресле заведующего Гороно, а затем и Облоно, а мать -- преподаватель марксизма-ленинизма в Медицинском институте города.

Да и город-то сам был особенным. Вроде и провинция, но самый большой город провинции на тот исторический период. Центр военной промышленности. Центр высшего образования. Центр науки.

Учеба, работа, военная служба в Германии, на границах Империи, возвращение, работа на руководящей должности директором школы, потом -- уход в преподаватели истории в техникуме.

Женитьба, получение (и завоевание) квартиры, сын, красавица жена -- преподаватель университета.

Зимой -- еженедельные, а то и чаще, лыжные походы на природу (Рекшено, Щелковский Хутор, Зеленый Город), преферанс с друзьями, маленькие радости жизни, застолья, любящие студенты…

Летом, спасибо учительским длинным отпускам, жизнь в Луговом Борке, чудесной деревне на берегу Нюжмы, притока

Волги. Дивная природа, с одной стороны -- заливные луга, озера, рыбная ловля, с другой -- дремучий лес, сосновый бор, грибы, лесная Нюжма, хутора... А сама-то деревня -- поселение свободных людей, ремесленников, волгарей-плотников, сплавляющих лодки до Астрахани по весне, а потом идущих рабочей артелью обратно вверх по Волге. И крепостного права здесь не было, и колхоз тоже отсутствовал.

Так что жизнь была себе вполне комфортна, и обеспечена по советским стандартам. Конечно, всегда не хватало денег, и часто перехватывали взаймы у тети Нюры, уборщицы школы, где директорствовал одно время Владлен. Она жила в одном с нами подъезде, и часто сидела со мной, когда родители работали, или были заняты еще чем-либо.

О, тетя Нюра! Влюбленная в отца, как впрочем и все старушки уборщицы из школы, куда он прибыл прямо из Дрездена, в европейской одежде, всегда безукоризненно одетый, брюки с иголочки, сверкающие ботинки, шевелюра волос, и -- вежливость, заботливость, благородность поведения. И искренность. Еще бы не влюбится. Я же помню ее, как строгую, но справедливую сиделку. Она меня любила, сама-то бездетная, беженка из голодающей деревни. Всегда помнила мой день рождения, и всегда ловила меня в подъезде, и совала в руку конфеты и деньги. А на Пасху и на Новый Год -- коржики и лепешки. Ни одного дня не пропустила. Ловила меня, наверное, по слуху -- я летел по лестнице с четвертого этажа, даже не подозревая ни о чьем существовании, а она, стоя в темном коридоре своей коммунальной квартиры, вслушивалась, наверное, в мой топот, ждала... А я-то думал каждый раз, что этот день мой, что все на свете для меня и сделано, и подарки ее принимал легко и свободно, словно так и надо.

Рассматривая жизнь отца до тех событий, когда зажглась роковая спичка в здании КГБ, я пытаюсь рассмотреть и распознать намеки, ключи к пониманию того, что произошло, и как это стало возможным (мой сын Воля, американец, погрязший в своих заботах, иногда, бывает, упрекает своего дедушку в эгоизме за те решения, которые тот принял в своей жизни, приведшие, через полвека, на данный момент, к моему сидению здесь, в кафе Гарвард Сквэр, в двух минутах ходьбы от Винтроп Сквэр, места, где в 1630 году заложила свое успешное начало англоязычная культура Америки).

Дневник. Нож в руку, как метод сватовства. Штурм квартиры.

Некоторые эпизоды из жизни отца до роковой спички в здании КГБ являются весьма характерными, чтобы объяснить его поведение.

Например, его дневник, который он вел с юности, в течении десятка лет. Это упорство, способность сосредоточить усилие на протяженности многих лет потом, несомненно, пригодилась ему в долгие тюремные и лагерные годы.

Альбом советской прессы времен Великой Отечественной, со вклеенными в них вырезаными из газет статьями и карикатурами, был не только документом эпохи, но и демонстрацией организации и доведения проекта до победного конца.

Кстати, военная медаль за помощь фронту, была дана ему за ударный двухсменный труд в колхозе во время войны, когда дети помогали фронту на сельхозработах, за что еще и получил мешок гороха.

Следующий показательный эпизод -- начало семейной жизни. Вернее будет -- период сватовства. Когда отказ невесты на мосту был нивелирован ударом ножа себе в руку и ... завоеванием моей матери, и моего, тогда еще будущего, рождения.

Еще один раз, когда его воля возобладала над реальностью, был процесс заселения в квартиру. На Ульянова 12.

О, советская квартира! Как много в этом слове для сердца русского слилось! Ее, квартиру, ждали годами, лелеяли надежду, мечтали о ней, вожделенной, как о великом счастье.

Родители мои сначала снимали одну комнатку во дворе школы, где отец был директором. Уже несколько лет во дворе школы строилось четырехэтажное здание, для жильцов района, чьи квартиры были снесены для строительства школы и здания. Квартир было всего двенадцать, по три на этаж. Две из этих трех были обычными, двухкомнатными, а одна -- коммунальная. Очередь на эти квартиры постоянно менялась, сортировалась, в органы, ответственные за распределения шли депеши, доносы, интриги. Дом строился долго, и интенсивность борьбы за квартиры возрастала по мере приближения срока сдачи дома.

В конце концов, в результате интриг, нашей семье досталась квартира на первом этаже, с окнами, выходящими прямо к угольной куче, которая всегда возвышалась перед котельной. Это было недопустимо для отца. Дело в том, что его двухлетний сын болел часто -- то воспалением легких, то чем-то бронхитом, то -- воспалением среднего уха. Угольная пыль из окон -- нет, это не то, на что отец мог согласиться.

Вечером, за пару дней до торжественного заселения дома, отец, вместе с младшим братом Игорем и еще парой приятелей, прошли в дом через школьные коридоры на четвертом этаже (в коммунальной квартире, соединенной со школьным зданием, проживала старушка уборщица из школы, уже получившая в то время ключи), и, взломав дверь(!), проникли в квартиру номер двенадцать, и заселили нас туда!

Скандал, произошедший после этого события, был бурным и непредсказуемым. Вызывались милиция, администрация, орали соседи, к буче подключились местные партийные и административные органы. Но -- наглость города берет! -- сошло. Нежелание ли скандала, политический ли вес деда (хотя тот в этом не участвовал ни словом, ни делом, ни советом), -- но отступились. Конечно, семья, претендующая на квартиру, ненавидела нас всю последующую совместную соседскую жизнь, и я часто получал по башке от их сына, который был на пару лет меня старше, пока я не подрос и не стал в состоянии не только дать сдачи, но и покалечить, чего, правда, никогда не сделал.

В какой-то момент служба директором школы рабочей молодежи отцу надоела. Слишком много времени уходила на административную и другую работу, вплоть до ремонтов, уборок, и т.д. Он перешел к преподаванию истории в техникуме, что позволило ему посвятить больше времени своему основному занятию -- созданию труда по экономике Советского Союза.

Я помню это время как некий идеал. Конечно, у меня у самого уже обозначились проблемы к тому времени -- я начал свое долголетнее противостояние с местной шпаной. Дело в том, что школа в которой я учился, была физико-математической, с усиленным изучением этих предметов, оставаясь в то же время и общеобразовательной, то есть давала обучение и местным пацанам с Ковалихи и Ошары -- двум самым криминогенным районам нашей части города. То есть, отличников, очкариков, "ботаников" там совмещали с местной шпаной из семей алкоголиков и дебоширов.

Так что первый свой учебный год я провел в основном по больницам, институтам восстановительной хирургии, и дома, так как уже в сентябре был подкараулен группой шпаны, и заработал сложный закрытый перелом правого локтя, который потом сросся неправильно, врачи его снова ломали (без наркоза), и т.д. и т.п. Хочу лишь отметить здесь, что после перелома я перестрадал урок, чтобы на следующей перемене, с одной рукой в повязке, возглавить атаку нашего класса на вражеский, с летающими стульями, перевернутыми партами, и бегущим противником, молящим о пощаде.

Папа за рабочим столом, со справочниками и тетрадями, мама на кухне с домашними заданиями студентов, частые прогулки с отцом, во время которых я наизусть заучивал стихи, которые не забыл и сейчас, через пятьдесят лет ("Замечали, по городу ходит прохожий?...", "Жили-были несчастливые волшебники...", "Жил кораблик, веселый и стройный...", "Ты помнишь, в нашей бухте сонной..." и т.д.) Лыжи по-выходным зимой, осенний запах костров дачников, прогулки-пробежки до дедовской квартиры по городу, гости…

Тем не менее, столкновение с системой неумолимо приближалось. Даже не смотря на то, что этого конфликта он не только не искал, но и старательно избегал. Вот и студентам-аспирантам советовал не прибегать к публичным акциям. Самиздат осторожно прятал, читать давал только близким и проверенным. Писал себе в стол свои мысли, наблюдения, заметки, короче, жил-не-тужил. Как многие тогда жили. Иногда нам удавалось взять у друзей магнитофон, и тогда нам пели Визбор, Кукин, Окуджава, Клячкин, Галич, Высоцкий.

Первое знакомство с КГБ. Миша.

Первое знакомство с КГБ состоялось осенью 1967-го года. Младший брат матери -- Миша, был в то время студентом Медицинского Института в Горьком, и проживал у нас в квартире.

Вообще-то, еще во время знакомства отца с матерью, она предупредила его, что ее родители -- "враги народа". Эта информация, к удивлению матери, совсем не повлияла на отношение моего будущего отца к моей будущей матери, что, несомненно, тоже свидетельствовало об его, отца, независимости в суждениях.

"Врагами народа" родители моей мамы стали в результате недонесения. Дед мой, Борис Викторович Герасимов, дружил с одним человеком по имени Сергей Павлович Невский. Тот был слегка болтлив, любил шутки и анекдоты. Они расстались в Казани поздним летом 1941 года, куда мой дед, начальник эвакуационного эшелона лошадей Московского Ипподрома, доставил состав с лошадьми. В тот же эшелон он сумел устроить на работу и товарища Невского. После доставки эшелона по месту назначения их пути разошлись.

Сергей Павлович, однако, не бросил свою привычку рассказывать анекдоты. Где-то через пару лет на него донесли. Взяли. Поговорили. Убедили вспомнить всех, кому он эти анекдоты рассказывал. Наверное, хорошо убеждали. Он вспомнил аж шестнадцать человек. (Ах, память, память, почему ты не сбоИла? не выключилась вдруг на вираже? Правда, сообщая такое количество имен, он, кажется, надеялся, что органы разберутся.) Даже жену свою вспомнил. Семнадцать человек прошли по делу о недонесение о факте произнесения анекдота.

Весной 44-го моих деда с бабкой арестовали, а детей их, мою маму и ее брата, 9 и 14 лет, соответственно, оставили одних. Выживать. Вымирать. Выкарабкиваться. Дали в помощь звание "дети врагов народа", чтобы не скучно было, и -- вперед! Дед погиб в Магадане, бабушка -- прошла через лагеря, ссылки, и вернулась в Европейскую часть уже после реабилитации в 1961 году, когда и ее и дедушку признали (сюрприз, сюрприз!!!) невиновными.

Миша родился у бабушки в лагере в ноябре 1948 году, три года жил в больничке, где бабушка работала нянечкой, а потом, вместе с ней, поехал жить в ссылку, в красноярский край, где его и встретила моя мама, дочь, приехавшая навестить свою мать в ссылке. Первый раз это было в 1955-м году.

Длинная дорога в поезде до Канска, потом -- после встречи на перроне со старушкой, которая еще недавно, десять лет назад, была молодой матерью с мужем и детьми, -- сначала до Долгого Моста на такси, а потом -- долгий путь в кузове грузовика по таежным дорогам до Вознесенки, с выворачивающими наизнанку колдобины, и вот -- встреча с маленьким мальчиком, братишкой.

Жизнь у мальчика была, конечно, не позавидуешь. Сначала -- прятаться, вернее -- быть спрятанным в больничке пару-тройку лет, с ежеминутной готовностью быть найденным (конечно, его прятали, но и сам он, наверняка, сознавал свое особое положение, ведь дети они такие, чувствительные) потом, по достижению размера и возраста, при которых прятать ребенка стало уже невозможным, -- переезд в Рузаевку, к подруге мамы тете Мусе, где он и жил до тех пор, пока его мать не освободилась из лагеря, и не переехала в Красноярский край, в деревню Вознесенка.

Именно там они и встретились, брат и сестра. Лишенная семьи в раннем возрасте, мама моя приняла Мишу как братика, как ребенка, приняла в семью. Сама студенткой еще голодала, а все копила копеечку братику на посылку, игрушки там, или конфеты.

В 1956 году Мишин отец -- новый муж бабушки Михаил Михайлович Панкратов,, был реабилитирован, и семья переехала в Жигулевск, маленький городишко на Волге, построенный на месте деревни для рабочих новопостроенной Куйбышевской ГЭС.

После того как я родился, отец нашел вниз по Волге, на ее левом берегу, напротив Работок, "в лесах" (Мельников-Печерский) деревню Луговой Борок, где наша семья жила каждое лето, и куда часто брали Мишу на каникулы. Деревенские принимали его за моего старшего брата.
Закончив школу в Жигулевске, Миша поступил в Медицинский в Горьком, и жил у нас, в квартире на Ульянова.

Именно он, в 1968 году, и познакомил КГБ с нашей семьей. В тот учебный год Миша уже не жил с нами, поскольку получил место в институтском общежитии. Но к нам частенько захаживал. Как член семьи. Были у него привилегии такие, семейные, включавшие в себя и обладание ключом от квартиры. Правда, в отличии от заезженной цитаты из Двенадцати Стульев, лежали в той квартире не деньги, а нечто совсем противоположное, опасное, несущее трагедии, испытания, пытки, психушки, зоны, тюрьмы, смерть -- свободное слово, то есть -- Самиздат.

(О, Самиздат, дано ли мне воспеть,
хвалу тебе, достойную ночей,
машинописных, стук другого плана,
бей, палец, бей,
и дробью барабана, самодостаточность
свободную разлей --
мечты, стихи, проклятия тирану,
и смех давно убитых, соль на рану,
"Свободы сеятель" -- так сей же, сей же, бей!)

Самиздат -- слово волшебное. Тут и опасность, а значит и доверие, когда передается или создается нечто не совсем легальное, и, возможно, противозаконное: закрытый такой круг своих получается, с тайной и риском. В нем же и сила -- смелость и способность создавать, творить, печатать. "Тля я дрожащая, или право имею?"

Самоусиление такое, вот что есть ваш и наш Самиздат! Я решаю, я рискую, самоутверждаюсь, без надзора со стороны старших. Сам буду решать, что читать, о чем говорить, что распространять! И не просто протестный крик души, а конструктивный, созидательный труд на благо общества в его противостоянии с государством.

Государство отвечает на поругание своей монополии страшными словами: "создание, хранение, распространение", и т.д. Пытается добавить -- "...в составе преступной группы...". А ты такой, непростой, с билетом в официально непризнанный и недоступный мир, общаешься с избранными полу-намеками, экивоками, весь такой таинственный, избранный. Билет в совсем другую жизнь, вот что это такое, твой самиздат. А ночи? В табачно-дымовой завесе, когда так густо в воздухе, что вешай хоть топор. И вычитка? И запах от копирки? И клавиша застрявшая? И текст? О, ведь главное-то мы и не упомянули -- текст!

О, там были разные тексты! И "Раковый Корпус" Солженицына, и Открытое Письмо Раскольникова Сталину (потом только узнал о переписке Курбского и Грозного, и "кольнуло в груди под рубахой" -- оказывается, жанр сей -- обращение к власть предержащему -- непреходящ и популярен), и, конечно, стихи, стихи, стихи -- Цветаева, Мандельштам, свои, друзей, чужие, -- он клокотал, и создавался по ночам, он трепетал от посторонних звуков, он брал в себя и спОлна возвращал -- надежды, горе, и … ночные стуки…

Да, текстов было много, и причастность к суб-секретной культуре повышала статус участника. Вот на этом-то тщеславии и попался наш Миша, которого мать затащила своей непомерной любовью в наш дом, в нашу семью, а отец доверил ему, как взрослому, тайны книжных полок. Миша и сам перепечатывал, и хранил Самиздат, коллекционируя. А потом ошибся -- вошел в конфиденциальный контакт с другим студентом, открылся ему, и даже дал тому почитать "кое-что", кажется, Раковый Корпус. Тот, не мудрствуя лукаво, снес все это "куда надо", и "полетело понеслось". Миша приехал к нам, рассказал обо всем моему отцу, который сказал, что надо бы весь Самиздат принести к нам, но Миша заверил отца, что материалы находятся у таких надежных девчонок, что КГБ им никогда их не найти.

А вскоре КГБ пришло к нам в квартиру. С обыском. Девчонки-то, конечно, были верные и надежные, но Мишу сдали быстро. КГБ так и не нашло у нас никакого Самиздата, хотя он был. Отец умел прятать, просто, но эффективно. А вот Мишу из института исключили, и он уехал в Жигулевск на время. А КГБ и наша семья познакомились.

Время-то начиналось сложное, гайки снова завинчивались, Кремль все дрожал за свои восточно-европейские колонии, а срывал все это, как всегда, на своих собственных гражданах, заталкивая их снова в "подданных". По всему Союзу гремели политические процессы. Не обошли они и наш город. Горький. Нижний. Горький.

Если смотреть на это с общеполитической точки зрения, то этот суд был предопределен поворотом на дальнейшее ужесточение репрессий против диссидентов в рамках взаимодействия между властью и обществом, вызванное, несомненно, событиями Пражской Весны 1968 года. Напомню, что процесс ослабления тотального контроля просоветской партии в Чехословакии, выразившийся в демонстрациях, повлекших за собой смещении наиболее одиозных фигур государственного Олимпа в Праге, и в возникновении свободной неподцензурной прессы, был остановлен и впоследствии уничтожен танками стран Варшавского договора,

Интересно, что Пономарев с Жильцовым и с Капрановым, предвосхитили вторжение советских танков, и в своей листовке выражали поддержку реформам Чехословакии, и выступали против ужесточения советской официальной позиции по ситуации.

Отец был против листовок, и против публичных акций, предпочитая политику малых дел, свободной жизни человека в данной реальности, где оценки и мысли переводятся на бумагу и на суд свободного общества, читающего Самиздат.

Мне это отсутствие близости между отцом и Аликом показалось несколько странным, поскольку верность диссиденству предполагала симпатию к его лидерам, да и Алика с Ариной я знал давно, они были нашими друзьями семьи, и я много пару каникул, летних и зимних, провел в Тарусе, у них в доме. Дети же его, мальчишки Сашка и Алешка, бывали гостями у нас в Горьком. Алик Гинзбург, автор Белой Книги, был человеком добрым и общительным, но весьма уповал на защиту из-за рубежа. Он в то время был распорядителем Солженицинского Фонда помощи политзэкам и их семьям, куда втянул и мою маму, как регионального распорядителя. Он, бывало, раз отсиживался у нас в Горьком, когда московские власти требовали его отсутствия в столице на время проведения важных событий, вроде съездов коммунистической партии. Я же, в свою очередь, несколько раз бывал у него в Тарусе, на зимние и летние каникулы. Его главным пристрастием был алкоголь, но не в больших количествах. Пил, как говориться, по западному -- всегда немножко под шафе, но в норме. Когда отец только-что вернулся из Владимирского Централа, Алик сразу же прибыл к нам для "разговоров" о диссидентской жизни. Он был явным сторонником "шума" и публичности, нашедшую свою форму в популярном в то время "подписанстве" -- составлении и публикации коллективных писем протеста по разным поводам и темам. Письма эти потом распространялись в Самиздате, и получали поддержку Тамиздата, то есть публиковались в эмиграции, а самые веские письма еще и удостаивались публикаций в западной прессе.

Вот именно в этот процесс Алик и пытался вовлечь отца, словно мерилом успеха своей деятельности он видел вовлечение все большего и большего количества людей в процесс публичного противостояния "Софье Васильевне" (одно из названий советской власти в те времена). Я-то, признаться, его очень любил и уважал, как, впрочем, и некоторых других московских диссидентов, за их яркость, свободу, и отсутствию комплексного разграничения тем по-возрасту. Москва была свободной по сравнению с мрачным Горьким, там были иностранцы, диссиденты (в Горьком именно наша, единственная в своем роде квартира была открытой и политически независимой квартирой, нечто вроде политического салона) ощущение гражданского общества, с независимой культурой, с разными политическими течениями, с внутренним диалогом, со своими бардами и писателями.

Но что-то не состыковалось в отношениях отца с Гинзбургами. Сближенные необходимостью взаимовыручки и подстраховки на случай ареста, оставленные без мощной скрепы давлеющего домоклова меча занесенного над ними КГБ, отношения в эмиграции, под натиском реалий существования на Западе, зашли в тупик. Вернее, не просто зашли в тупик, а преобразовались.

Одна из главных причин такого охлаждения -- судьба Сережи Шибаева, история, которая началась еще задолго до нашей общей эмиграции. История пацана из неблагополучной семьи, который вошел в семью Гинзбургов, был верным помощником и другом, а потом, когда Алика и Арину выслали из страны, был ими же там и оставлен и брошен.

А вот с Иофами из Питера отец подружился. Вениамин Иофе был одним из "колокольчиков", участников ленинградского дела "Колокол". Кроме этого, к нам часто приезжали отцовские знакомые по зоне, "семейники" и не только. Жора Давиденко, Николай Викторович Иванов, литовцы, и др. Ну и, конечно, многие бывшие ученики и студенты.

Да и мои друзья не оставляли нас вниманием, хотя, конечно, и тут были подозрения -- кто стучит, на кого наезжают, кто приходит по своей инициативе, а кто по чужой. И девчонки из Тарту делегациями ездили, влюблялись в отца при встрече, и школьные приятели тусовались все время - поэт Андрюха Беляков, двоюродные братья, сокурсники из университета, одноклассники и др. Мишка Фридман вот был. Как потом божился ставший религиозным полуеврей Андрюшка Беляков, "стукач Миша Фридман, стукач"... Из Питера приезжали Андрей с Ириной, мы их потом познакомили с Иофами. И все это, вся эта активность фонтана личной и общественной жизни, приправлялась острым вкусом опасности, висевшей в воздухе.

Впрочем, эту историю я начал писать, чтобы вспомнить об одном грузине, вынырнувшем вдруг из кладовых памяти в разговорах с Глашей Топорищем из Питера. (Питерская шутка с достоевщинкой -- "Гражданин, у вас топор? -- Ну? -- Кровь капает? -- Ну? -- Что случилось-то? -- Старуху грохнул... -- Ой, ужас! И много взяли? -- Двадцать копеек... Ой, такой грех, такой грех на душу взять -- за двадцать копеек всего?!!! -- Не скажи, пять старушек -- рупь!")

Так что пропущу я здесь остаток 1978-го, автостоп в Питер, Ленина на Финском вокзале, уход по проходным дворам от слежки, сжигание моей программной речи в арке, Московский вокзал, драку с чекистами и ментом, арест, два дня с Андреем в привокзальном ментовском участке, десять суток на Каляева, 6, допросы, кличку "студент", феномен тюремной камеры, как временного универа, с благодарными слушателями, аресты Аркаши и Скобова и многое другое - вроде дифференциальных уравнений и преобразований Лапласа. А также книгу отца, его же единую теорию поля и элементарных частиц, мамино уголовное дело за работу в Солженицынском фонде, драки со шпаной, Петю Старчика с его Цветаевскими юбилеями в Теплом Стане, Сережку Шибаева, наметившееся охлаждение отношений с Ариной Гинзбург, зарождавшуюся дружбу с Бабенышевыми и многое другое.

Остановимся пока в понимании и осознании того, что каждая из строчек, каждое из имен -- лишь ниточка из громадного клубка воспоминаний, ассоциаций, жизней. И за каждой стоит целая история, если не книга, то уж точно рассказ… (Я расскажу тебе о том, чего ты до сих пор не знала, приподнимая покрывало, над тем, что было вечным сном, казалось, навсегда покрыто -- а оказалось, не забыто, оно живет, и мы поем…) Одно лишь я хочу отметить, как мало я ценил самое главное тогда -- свое время с отцом и как благодарен за все те минуты, часы и дни совместного времяпрепровождения, подаренные мне судьбой.

...Про то, что суд над Аркашей и Ленинграде назначен на 3 апреля, я узнал в конце марта.

Звонила Ирка. Голос декабристки.
Беременной -- уже восьмая
Луна без крови. Животом вперед
Ее толкнули, но она сумела
Упасть чуть набок, чтобы плод не повредить.

Андрея били -- повалили и пинали,
Потом забрали -- дали десять суток.
Но с нею все нормально. Суд назначен
На третье апреля, на Фонтанке...

В городском суде мы встречаемся?
Задорный голос был у Ирки. Полон жизни,
И злости, когда все на одного, а ты стоишь
один, или одна, и ты готова … да на все что будет --

Волосы по ветру, погоны в ларчике,
И -- белый взмах платка! Дочь генеральская!
За истину на плаху! Ночь петербургская!
В канале тусклый отблеск фонаря…

Да, на Ирку на восьмом месяце беременности, идущую вместе с супругом, напали, повалили, мужа избили (Андрюх, но ты хоть одного зацепил? -- с надеждой спрашивал я потом), ее толкнули так, что она упала, но все нормально, плод не ударился, а Андрея забрали, дали десять суток за хулиганство, так что ментовская-судебно-чекистская связка работает против диссидентов, чтобы там не говорили про их внутреннюю межведомственную конкуренцию. Или, быть может, конкуренция сама по себе, а общая борьба против смутьянов-студентов -- сама по себе, дело общее, хорошее? Не из-за диссидентов грызлись до смерти Щелоков с Андроповым, наверное.

И да, Ирка Федорова -- генеральская дочь, ушедшая в оппозицию, была куда симпатичней Софьи Перовской.

Я опустил телефон и рассказал обо всем родителям. Мама посмотрела на меня в немом укоре, осознавая бесполезность попыток отговорить от поездки. "Пошли сынуля", -- отец усмехнулся и стал одеваться. На улице он еще раз обосновал свою программу: не уезжать, пока не будет смертей "вождей" и предполагаемых после-похоронных реформ, если это возможно. Но если уезжать, то этим тоже послужить делу чести и свободы: "Понимаешь, есть много людей в городе, среди интеллигенции, которые знают о нас. И они смотрят, следят. И видят, что если идешь за правду, то страдаешь. А ты им еще и жизнь в капстранах, о которых они даже грезить боятся, в конец уравнения. Выстраиваешь смысловой ряд -- правда, честь, тюрьма, свобода. Это как предложение на рынке судеб." "Я в Европу не поеду!" -- вдруг, переходя на крик, заявил я, несколько недоумевая от собственной значимости. Отверг Европу, так сказать. Прохожие оглянулись. Чего я и добивался.

Ну давай, сынок, будь. Мама обиженно молчала, понимая. Ну не мог я не поехать на суд к друзьям. Пусть он и по журналу, к которому я пока никакого отношения не имел. Но ведь уже собирался статью в новый номер дать, хотя она все еще находилась в концептуальной разработке. Тезисы ужо написал? Да, да, да... К тому же -- а кто если не ты?

Именно это я втолковывал Левке из телефона-автомата Ленинградского вокзала. Утром я приехал в Москву на автобусе, по совету отца. Мы даже пустили дезу по телефону и в кухонных разговорах, что я поеду на поезде. А на самом деле, поздно ночью, я вышел и прогулялся часок по ночному Горькому до автовокзала. Сел на ранний автобус до Москвы и прибыл утром на Щелковскую. Нашел Гастева, который там жил в тот момент, получил от него в подарок пачку "Ротманса" и поехал в центр, на Комсомольскую, на Площадь Трех Вокзалов. Оттуда и позвонил Левке. Разбудил беднягу.

Левка ехать не хотел, "да ну его все", но я сумел его переубедить с позиции гражданского и личного долга. И вот его субтильная неуклюжая фигура уже выламывается из автобуса, а вскоре мы уже сидим в поезде, который мчит нас в город-герой Ленинград.

К Питеру мы подъезжали уже к вечеру. Последние пару часов до прибытия с нами в тамбуре пытаются плотно пообщаться несколько сомнительных личностей. Словно ждут они нас в тамбуре, куда мы периодически выходим покурить. Нескольких мы отшили, но один из них был уж очень прилипчивым. И говорил на хипповском сленге, и офигел от "Ротманса", которым я его угостил, просто задрожал от удовольствия и начал нас приглашать ехать к нему, на какую-то клевую хату, где все свои и все есть. Такой сладкий, приветливый.
"Все Левка, на вокзале нас примут. Надо уходить", -- прошептал я Левке, когда мы вернулись в вагон. И мы пошли по тамбурам от нашего нового прилипчивого друга в другой конец поезда.

А тут и поезд вдруг замедлился, и остановился... на Сортировочной, что ли, в Купчино ли, не уверен. Помню, открывали двери в тамбуре, прыгали на землю, бежали ночью вдоль поезда, перелезали на другой путь, выбирались на дорогу, куда-то шли весь вечер, добрались к Ирке с Андреем на Жуковского, но Ирки не было. На лестнице у ее квартиры встретились с Алексеем Хавиным и еще с парнем каким-то и девчонкой. Они тоже Ирку ждали. Но разговора не получилось: Хавин корчил из себя очень продвинутого, предлагал покурить косяк, нам это показалось подозрительным, и мы ушли. Потом ехали на ночном автобусе, пока не добрались наконец к какому-то Левкиному другу, где и провели ночь на кухне с хозяином за разговорами о пользе и бесполезности нашей деятельности. Выпили бутылку портвейна, всю ночь не спали, так как в одной комнате спали жена и ребенок нашего хозяина, а в другой -- соседка. Досидели до рассвета, попили кофе и отправились на суд.

В семь были уже на Фонтанке у здания городского суда. Сумрачное ленинградское утро, то ли дождик, то ли моросит. Все закрыто. Ладно, проверили адрес, пошли дальше, садик тут какой-то рядом, а с другой стороны Невский. Да и по каналам хорошо пошляндать. Купили полбуханки хлеба в магазине, Левке уже ходить надоело. Вернулись обратно уже после девяти. А там -- толпа! Народу-то, народу. Левка зачем-то в гардеробе пальто сдал, а я, как был в куртке, так в ней и прошел.

А тут и Ирка по коридору летит, животом вперед, деловая такая. А с ней еще подружка и Алеша Хавин, вчерашний сильно кривлявшийся молодой человек. Но в этот раз не кривлялся, размышлял по-деловому. Диспозиция такая -- заседание в зале на втором этаже, но туда не пускают. И вчера не пускали (первый день мы с Левкой пропустили), и сегодня тоже нет. На суд пришло человек сто-двести чекистов-курсантов, в зал пускают только по предварительно выданным пропускам, все коридоры и подходы к залу окружены молодыми чекистами, даже увидеть Аркашу нельзя. "А давай через третий этаж, через переходы?" -- предложил Хавин.

Сегодня он был уже другим. То ли присутствие Ирки и другой, неизвестной мне девчонки, изменило его, то ли утро суда, предстоящая встреча с Аркашей, но сейчас это был веселый, боевой парень. Сегодня ему еще предстояло выступать на суде свидетелем, кажется даже, свидетелем обвинения. Вот так мы и носились по зданию суда, пытались пробраться к двери зала. Но не то что в зал, к площадке перед залом было не пробиться.

Толпа молодых чекистов была полностью уверена в своей правоте и безнаказанности. Даже бравировали этим, толкаясь и тут же жалуясь одинокому менту у дверей. "Товарищ милиционер, они толкаются!" -- нарочито-жалобно кричал один из них, после того как сам толкнул Левку. Я пытался сквозь них продраться к двери, но не удалось.

Тогда я поднялся по ступеням пролета, и смотрел уже на них свысока. А еще выше меня стояли Левка и Ирка. Нам главное было Аркашу увидеть. Аркаша к тому времени уже больше пяти месяцев находился в тюрьме, под следствием.

Я смотрел на толпы молодых чекистов, и сердце мое ненавистью заполнялось. Ненавистью и презрением. Были они все одеты как на подбор - в синие пиджаки и белые рубашки. Рожи у них были откормленные, спортивные. Глаза их были наполнены веселым цинизмом людей, готовых на все -- подлость, вранье, унижение. Да, порой я ловил на себе взгляды вопросительные, непонятливые, но только вскользь, по касательной.

Так мы и тусовались в суде за политику, непонятные даже себе.

По толпам гэбэшным вдруг волны пошли, расступились они, и вот, прямо под нами, окруженный конвоем, шел Аркаша. Шел он медленно, шаркая, ссутуленный... Я аж оцепенел от этого превращения молодого серьезного ученого в полукалеку, молчал. Как, впрочем, и все. "Его держали в темной камере, а очки разбились, а новые следователь не давал, если не подпишет", -- почему-то полушепотом сказала Ирка. И тут, с самого верха пролета вдруг: "Привет из Москвы, Аркаша! Мы с тобой!" -- неожиданно голос Левки в клочья порвал тишину. И как сорвалось.

"Аркаша, привет из Горького!" -- закричал и я, толпа чекистов-курсантов загудела, заорала что-то тоже, а Аркаша разогнулся, прищуриваясь и моргая, поднял руку со сжатым кулаком и прокричал "Да здравствует демократическое движение!" И тут же, под гул и свист толпы, получил толчок в спину, от которого споткнулся, но не упал, наткнулся на спину конвойного, идущего спереди, и... пропал за дверью, которая немедленно закрылась. Ирка с трясущимся животом, с Левкой, рванула наверх, а я, переглянувшись с Хавиным, прорвался через курсантов в коридор, спустился к выходной двери, там встретился с Левкой и Иркой, сказал, что мы с ней еще встретимся, не уточняя, когда и как, а сейчас уходим. Все это время вокруг нас были курсанты и мужчины помоложе, которые кому-то приказывали позвать ментов. Короче, вырвался на улицу, ждал у дверей, а Левка задерживался, потом тоже вырвался, сказал, что у гардероба на него напали, хотели задержать, но он сумел отбиться, хотя и получил пару тумаков по башке и в живот.

Все это он говорил мне, пока мы быстрым шагом шли к Невскому. Из дверей суда вдруг вылезло несколько человек и стали орать нам, чтобы мы стояли. "Бежим", -- закричал я, и мы понеслись. Сначала расстояние между нами сокращалось, но потом погоня остановилась. Мы убежали.
    - Левка, ну и что все это было? Они нас, что, брать собираются? Давай-давай скорей отсюда, пока они нас не поймали.

Мы решили спрятаться в первой же арке, которая оказалась местом входа в какой-то кинотеатр, на что мы были согласны, но -- билеты продавались в кассе, выходящей на Невский, так что мы снова засветились на Невском, и перед тем, как спрятаться опять в подворотне, были остановлены уже знакомыми нам персонажами из здания суда.

Я метнулся в толпу. О, то была плотная утренняя толпа на Невском. Сотни людей, куда-то шагающих, с пространством между ними. Мне наперерез бросилась пара чекистов, но я уже ушел от них по касательной от стены, как вдруг услышал "Меня поймали!" О, то была хорошая толпа! Веселая, живая, с пузырьками, как квас, как пиво, где бактерии живут, и булькала! Совсем не так как в октябре, когда толпа остановилась у дверей, и было не пробраться, не протиснуться, отнюдь. И взяли меня тогда в толпе, три кагебиста и один ментяра, потом он оказался неплохим.

Услышав Левку, я остановился. Ведь затащил его во все вот в это -- я. И сразу налетели эти двое, которых я оставил позади. Спокойно, сам иду, я отряхнул их и пошел навстречу Левке. В машину сели, в "волгу" тех времен. На горьковских колесах едем,

Левка, я приглашал его предаться приключению. Но Левке было в тот момент не до того. Переживая, сильно он грустил.

Нас привезли, и снова в подворотню, прям сразу в отделение милиции номер пять. Там было мрачно, грязно, и камера в подвале. Большой настил, и больше ничего. Тут Левка загрустил уже не на шутку. За сутки, что мы были вместе взаперти, он был всем очень недоволен и не разделял моего энтузиазма, ведь мы "шли по тюрьмам", встречали в лоб свою судьбу. Чем больше срок, тем больше уваженье, как говорится.

К моему изумлению и глубокому внутреннему разочарованию, Левка не спешил поддержать меня в стремлении положить свою жизнь за правое дело. Он хотел домой, к портвейну "Агдам", задымленным кухням, красивым девчонкам, которым можно читать стихи и признаваться в том, что жизнь не удалась. Я, конечно, тоже все это любил, но в моей библиотеке были Грин с Гиляровским и Джек Лондон со Стивенсоном, меня манили дальние страны, битвы, бродяжничество и дорога, к тому же с детских лет моими героями были люди, вставшие на защиту свободы против целого государства с жителями-рабами, а уж поездки в лагеря "на свидание" были неотъемлемой частью моего детства, а Левка был московским мальчиком из интеллигентной семьи, избравшим себе роль молодого горького пьяницы и поэта-кухонника.

Для меня это уже был третий арест, а для Левки -- первый, и все происходящее ему очень и очень не нравилось. Трое соседей по камере были какими-то скучными, двое тихо лежали по углам, и только один пытался с нами общаться, угостив бычком, но как-то быстро определившись, мы замолчали. Политических кроме нас не было. Сигареты у нас забрали при обыске перед тем, как пустить в камеру, бычки закончились, в камере повис хмурняк.

Вдруг мы услышали какие-то громкие крики снаружи. Крики, ругань, мат-перемат сопровождались звуками борьбы и ударами. Дверь в камеру открылась, и трое ментов закинули к нам отчаянно сопротивляющегося парня. Он хватался за косяк, пинал ментов, короче -- воевал по полной. Но главное, не только сопротивлялся, но еще и дрался с ними, лупил их, а они его! В конце концов, его забросили в камеру и поторопились захлопнуть дверь. Менты скрылись! Убежали от парня.

Парень сначала бросился на дверь, но, убедившись, что она плотно закрыта, пнул ее, плюнул, выругался и начал ходить по камере: от двери до стены, от стены до двери. На нас даже не глядел сначала. Ругался, бил стену, ходил, аж подпрыгивал. Сгусток энергии. Разрушительной.

Хоть он на нас и не смотрел вначале, мы-то за ним наблюдали с интересом. С неподдельным. Еще бы, мы сами недавно сдались им в руки, а тут -- бой без правил, до конца.

Парень был крепыш, с длинными, слегка кудрявыми волосами. Его глаза горели яростью.

Но ведь и здороваться надо, подумал я, и, когда он слегка поутих, спросил его: "Привет, а ты кто -- армянин, что ли?"

Этот вопрос вызвал к жизни новый приступ гнева: "Да ты что, какой армянин?! Не видишь, что ли, грузин перед тобой!" Он сверкнул на меня глазами и встал посередине, готовый защищать свою национальность.

"А, гамарджоба, генацвале!" -- приветствовал я его, потратив почти полностью свой запас грузинских слов.

Парень неожиданно улыбнулся! -- "Гамарджоус!"

Он вдруг мгновенно вышел из состояния возбуждения и осмотрелся. Мы представились, он тоже. Остальные наши попутчики по камере что-то пробормотали, и он присоединился к нам с Левкой. Стало даже немного обидно за попутчиков: так легко он оставил их за бортом своего интереса.

"Сидим по беспределу чекистскому. Приехали к другу на суд, а взяли не пойми за что -- даже не говорят пока ничего."

Неожиданно он оказался внимательным слушателем. Присел на край нар, и замолчал. Трудно было поверить, что совсем недавно он рвал и метал, взрывался эмоциями и криком. Узнал про друга, про суд, про дела. В какой-то момент я даже насторожился: а что, если вся эта катавасия с дракой и сопротивлением есть всего лишь инсценировка? Для влезания в доверие? Разузнавания наших планов по демократическому преобразованию СССР?

Левка, кажется, придерживался именно этой версии, был немногословен и уклончив в ответах. Я же еще с детства придерживался совсем другой позиции. Советы взрослых про "вырастешь -- поймешь", "никому не говори", а также все эти намеки, экивоки и уж совсем непонятное вранье, на которое меня подталкивали все вокруг -- вроде "говори, что папа в командировке" (в то время, как я хотел орать повсюду, что отца несправедливо и незаконно арестовали!), -- все это всегда вызывало у меня чувство протеста. К тому же, я ничего так в жизни не любил, как поговорить, почитать стихи и самовыразиться. А все эти запреты напрямую противоречили моим пристрастиям. Конечно, я осознавал, что своими откровениями могу и навредить, поэтому всегда пытался говорить в основном о себе. Но тут был суд над Аркашей, и ему навредить я уже не мог, а то, что мы просто приехали к нему на суд и были за это арестованы, тоже не было секретом. Поэтому я не особенно сдерживался, хотя и был осторожен в своей речи, не называя никаких имен.

Парень задумался, а потом снова зашагал по камере. Вдруг, видно что-то решив про себя, опять подсел к нам и раскрылся. Его история была краткой и поражала своей откровенностью.

Взяли его прямо у Гостиного Двора, куда он пришел вместе с другом Фекой. Взяли со стволом в кармане. Так что теперь ему светил серьезный срок, если его не выкупят в течение пары часов, пока бумаги не ушли "наверх", откуда их уже будет не достать. В ближайшие два-три часа решается его жизнь. Все зависит теперь от оперативности его друзей. "Если выкупят, я вам зашлю на хату "Беломора" с начинкой", -- прибавил он.

Так вот почему его так ломало и бросало при ходьбе. Судьба висела на тонкой нитке и должна была вот-вот решиться. А он был выведен из игры, и вся его будущая жизнь решалась другими. Захочет и сможет ли Фека (известный авторитет Ленинграда Феоктистов) ему помочь? Успеет ли собрать необходимую сумму? Кто "заказал" его?

Вопросов по делу в камере задавать нельзя, это правило я точно знал, поэтому и молчал -- ждал, пока он сам чего расскажет. Сказать, что я был потрясен, значит, не сказать ничего. Какая-то абсолютно другая жизнь вдруг соприкоснулась с нами в подвале пятого отделения милиции города Ленинграда.

-- Короче, парни, как откинитесь, давайте-ка к нам, в ресторан "Баку". Спросите там Мишу, стол вам накроют, покажу настоящую жизнь. Даже если меня там не будет, примут вас хорошо. Расскажете про меня, про нашу встречу, -- говорил он.

-- Ладно, если тебя не выпустят, я приду. А если выпустят, то приходить не буду, ведь нас ГБ пасет: и тебе, и нам это не надо.

--Какой ГБ?! Да я их маму …! Для моих друзей мой стол всегда накрыт! Приходите обязательно!

И снова предупреждающие внутренние звоночки. Снова перехваченный косой взгляд Левки. Не бояться КГБ?! Такое, по нашему опыту, мог позволить себе только гэбэшник! Неужели подстава?

Ладно, особых действий и слов от нас не требовалось, а уж потом посмотрим. Время, наполненное жгучим ожиданием, текло медленно, по каплям. Миша снова вскочил и зашагал по камере. Левка лежал, уткнувшись лицом в стену. А я все смотрел и сомневался. Ну не мог я поверить, что можно ходить по Ленинграду с оружием, быть арестованным и надеяться на выкуп и освобождение без серьезной крыши. Да и вообще, вся история казалась мне какой-то настолько нереальной, начиная с его драки с ментами на моих глазах, до умопомрачительной истории с Фекой и стволом, что разум отказывался воспринимать все это всерьез. В то же время я видел человека, его походку, слышал его речь и не мог поверить, что он играет. Играет для нас?! Чтобы выпытать секреты наших взглядов на Камю и Оруэлла?

Я только и успел, как спросить его, откуда он из Грузии, и даже получить ответ, что -- из Кутаиси, как вдруг дверные замки заскрипели и Мишу позвали. Тот же самый мент, что забрасывал его недавно в камеру, с матом и дракой, пробурчал что-то умиротворяющее. И Миша ушел, как и вошел, резко.
-- Ну, и что же это было? -- спросил я.
-- И кто же это был?" -- спросил Левка.

Тут к нам на помощь пришел один из "мутных", стал рассказывать про Феку-Феоктистова. То ли он сам был с ним знаком, то ли друган его, но то, что есть такой авторитет, подтвердил. Левка и я молчали. Мы вообще уже перешли на режим молчания, чтобы не упрекать друг друга. Так проползли сутки, а наутро нас отвезли в суд, где назначили по пятнадцать суток. Левка на суде пытался оправдываться, говорил, что ни старушки никакой, в нападении на которую нас упрекали, он не знает и не видел, и что мы просто шли по улице, но это не произвело на судью никакого впечатления. Вторым к судье зашел я, и на предложение что-либо сказать, ответил ей, что ей уже сказали, что мне давать, так что не морочьте мне голову, ведь вы же -- никто, и звать вас -- никак.

Я вообще был подвержен пламенным высказываниям и всю свою ненависть к чекистам был всегда готов выплеснуть в соответствии с книжными образами Желябова и Перовской. Вообще-то, именно образ несмирившегося революционера перед лицом врагов был моим самым главным путеводителем. Джордано Бруно вместе с Яном Гусом, Рылеев и Радищев в одном лице. Чтобы не дрогнуть перед расстрелом, погибнуть, потом быть сосланным в Нерчинск, бежать, снова быть повешенным, никогда не сдаваться и бросать в лицо служак режима слова, жгущие их до переосознания своей жизненной позиции, перед примером высоты человеческого несломленного духа, заставляющие одного из конвойных бежать со мной на Аляску, чтобы снова вернуться и снова погибнуть, побеждая.

Нас с Левкой на Каляева, 6, привезли сразу после суда. В огромной пяти- или шести-этажной тюряге пахло по-своему, крики принимаемого суточного народа разносились на все здание через огромный колодец посередине. Нас постригли и отвели наверх, пешком по лестницам и коридорам, по внутреннему периметру здания нас поднимали все выше и выше, на пятый этаж. Там уже рассадили по одиночкам.

Я сразу же стал Левке кричать через дверь, мол, что да как. К нам неожиданно подключился еще один голос, Андрея Резникова, посаженного туда же на десять суток за четыре дня до начала суда. Это было здорово! Мы тут же оповестили его о событиях в суде, об Ирке, о том, как нас задержали!

Неожиданно форточка в двери открылась и меня подозвал надзиратель. "Иди сюда, чего скажу! - когда я нагнулся к окошечку, из него вылетел кулак и ударил меня в ухо. -- Будешь у меня тут еще болтать!" Удар был не совсем удар, скорее толчок, я даже попытался схватить его, но кулак тут же исчез, а окошечко захлопнулось. Это привело меня в ярость. "Иди сюда, подонок", -- взревел я, но в ответ получил только торжествующий хохот. Я начал пинать дверь ногами, а потом схватил свои очки и со злости разбил их об пол. "Ты мне очки разбил! -- заорал я. - Давай сюда прокурора!" Ответом мне было только молчание, и только Андрей и Левка кричали слова поддержки. "Все! Объявляю голодовку! Сухую!" -- заорал я,

Ребята сразу же поддержали меня с голодовкой. Однако через пару часов Андрей весьма резонно заметил, что ему всего три дня осталось, так что голодать ему вроде бы и незачем. А Левка сдался на второй день, сначала сказал, что попил немного, а потом, что уж если попил, то и есть начал. Я пережил этот откат от наших позиций, и голодовку держал. Ярость и злость были моими союзниками. Кстати, после этого скандала говорить через окошко нам никто не мешал.

Андрей вышел через три дня и сразу же позвонил моим родителям. Они с друзьями и с Игорем, были все в сборе, сидели, смеялись, но когда услышали о сухой голодовке, сразу же мобилизовались и выступили в мою защиту. Полетели телеграммы: Брежневу, Андропову, Косыгину, в ООН на имя Курта Вальдхайма, всем диссидентам и зарубежным радиостанциям. Отец немедленно тем же вечером выехал в Ленинград. Билетов на поезд не было, но он пошел к начальнику вокзала, и сказал ему, что сын в тюрьму попал, и тот выдал билет на тут же отходящий поезд.

На четвертый день голодовки у меня в камере появилась делегация -- начальник тюрьмы, главный врач, надзиратель, скромно стоявший у дверей, и прокурор.

-- Ну, вот, Виктор Владленович, что тут у вас происходит?" -- высокий, вальяжный, он обратился ко мне с улыбкой, протянул руку для пожатия. -- За семь лет работы, я, честно говоря, здесь впервые. К суточникам ни разу не ходил, да вот пришлось. Уж больно ваш отец энергичный.

"Значит, Андрюха вышел, отзвонился, и отец уже здесь!" -- понял я и обрадовался.

Я рассказал прокурору о незаконном аресте, об ударе надзирателя, потребовал наказания для него и новые очки.
--Разберемся, -- сказал прокурор, взял с собой мои очки, и пообещал провести расследование.

Голодовку я снял и остался досиживать свои пятнадцать суток.
За эти сутки ничего не происходило. Единственное, очки принесли. Я был полностью предоставлен сам себе, в камере, кроме нар ничего не было, только мое пальто, как одеяло, нары и все. Два раза в день давали еду. Я много ходил и читал сам себе стихи. Надзиратели меня не трогали, никаких тебе отбоев, даже на наши разговоры с Левкой не реагировали. Через пару дней после визита прокурора принесли очки. Раз в три дня, по ночам, ко мне под кормушку приходил беседовать здоровенный надзиратель со страшным испитым лицом, расспрашивал о жизни, угощал сигаретами "Прима". Был уважителен и доброжелателен. В последний вечер моего срока за мной пришли,

надзиратель передал меня гебэшнику, и мы отправились с ним в долгую прогулку по подземным коридорам, соединяющим, как я догадался, Каляева, 6, и Литейный, 4.

Я понял, что мы пришли в КГБ, когда коридоры стали светлыми и уютными, с мягкими ковровыми дорожками. Весь наш долгий путь меня подмывало дать идущему впереди меня чекисту хорошего пинка. ("Тебя бы сильно избили, возможно, даже, покалечили бы", -- сказал мне потом отец) Но я удержался. К тому же, ничего плохого мне этот чекист не делал, только шел с абсолютно нейтральным лицом и молчал.

То же самое продолжилось и в его просторном кабинете, куда мы, наконец-то, пришли. Объяснив мне, что я допрашиваюсь в качестве свидетеля по статье 70 УК РСФСР и так далее, он уселся за свой стол, не спеша раскрыл папку с бумагами, поерзал слегка на кресле, поудобнее в нем устраиваясь, и попросил меня подтвердить, что я приехал в Ленинград пятого апреля. Я долго ждал этого момента.

-- В соответствии с собственным пониманием истории, философии, и морали, а также учитывая пагубную и преступную роль, которую КГБ сыграл в истории, я считаю всякое сотрудничество и диалог с представителями КГБ противоречащими целям свободы и процветания моей родины.

Я откинулся на своем стуле и улыбнулся. Я долго готовился к этому разговору. С гэбэшниками мне раньше приходилось видется только при обысках в нашей квартире, когда мне было девять лет, и я и давал себе волю в выражении ненависти, презрения и злобы к ним, но был при этом еще ребенком, в присутствии матери. А вот так, напрямую, как здесь, в Горьком ко мне на контакт еще никто из их ведомства не выходил.

"...Про-ти-во-ре-ча-щи-ми..." -- по слогам, с озвучкой, старательно записывал мои слова гэбэшник, с полным беспристрастием, надо сказать. Был он какой-то непробиваемый, выжатый, без огонька. Было заметно, что ему все это неприятно, ниже его достоинства, но он несет свою вахту - по долгу службы и по приказу начальства.

Закончив записывать мой ответ, он задал второй вопрос о моем знакомстве с Аркадием Цурковым.

-- Смотрите ответ на предыдущий вопрос. Мне добавить нечего. -- я был Оводом, Желябовым, и Андреем Шенье одновременно.

"Твой стих хлестал по их главам, ты звал на них, ты славил Немезиду!" -- пылали строчки Пушкина в голове.

Получив еще один похожий ответ на третий вопрос, безымянный чекист закрыл свою папку, куда-то позвонил, дождался смены и вышел. Человек, пришедший вместо него, сразу стал ворчать и бурчать, а потом и разорался:
-- Встать, тут тебе не детсад. И не таких ломали. Встать, я сказал. Да как ты смеешь?! ВСТАТЬ!

"Главное -- не отвечать. Молчи, скрывайся, и таи…" -- уговаривал я себя, полностью игнорируя и его, и его крики. А он уже вошел в истерику и даже устремился ко мне. Навис над моим стулом и орал мне в ухо. Но я продолжал сидеть, не обращая на него внимания.

-- Ну погоди у меня, - прошипел он и ушел на свое место за столом. Стал читать мой протокол, и возмущаться. - Да что ты понимаешь!? Вырастешь -- поймешь, да поздно будет. И не таких ломали. Да кто ты такой?!

Так прошло около часа. Вскоре вернулся мой изначальный гэбист. Второй стал на меня жаловаться. Я посмотрел на первого и посочувствовал:

-- Вам не позавидуешь, когда в коллегах такая тупая истеричка.

Едва заметный намек на улыбку был мне ответом, среди нового потока громкого возмущения "плохого" следователя. Хотя, может быть, улыбался он чему-то своему, и тот факт, что я уже "записал" его в свои соратники, в схеме "плохой/хороший" посчиталось им за успех.

Наверное, ментов сюда, на Литейный, не пускали. Мы снова шли длиннющими коридорами, пока не пришли в знакомую вонючую тюрьму. Мой сопроводитель едва заметно морщился, передавая ментам, до камеры не провожал, слов на прощанье не произносил.

-- На допрос в КГБ водили, -- громко заявил я Левке в коридор.
-- Сегодня уже выпустить должны, -- еле слышно откликнулся он из.

И я понял, что полночь уже наступила, и Левка, как и я, перешел со счета дней на часы, оставшиеся нам.

Я завалился спать на свою перину из досок, в который раз разглядывая "шубу" тюремной стены. Там было все -- и горы, и моря, и остров с шапкой облаков, и парус, и капитан на мостике с пистОлем, и джунгли. Реки, девушки-лианы, короче -- все, что только может сделать младой мечтатель на стене тюремной, сквозь силу своего воображения, когда под ним людское море, на окне -- решетка, а за окном -- апрель...

Наутро каждое движение, каждый звук в тюрьме ощущалось мною всеми фибрами моего существа. Утренняя кормежка. Лязги затворов. Шум машин. Рядом томился Левка. Да еще и хмарь какая-то нашла, дрожь в теле, температура, озноб. Говорить было не о чем, оставалось ждать. Ну вот вроде, голоса отпускаемых... Но снова тишина на нашем этаже. Минуты длились часами. Неужели нас пропустят? Забыли? Я слышал, как Левка не вытерпел, и обратился с вопросом о сроках грядущего освобождения к надзирателю. "Левка, не проси, не спрашивай ничего!" -- внутренне закричал я, но конфронтации с властями в последний час срока не хотелось ни для себя, ни для Левки. Поэтому я промолчал.

Я прощался с тюрьмой, со своей камерой, где столько намечтал, надумал, навоображал. Именно здесь я понял, что не зря учил "La voyage" Бодлера -- и больше всего в мире обожаю движение. "Устал я жить в родном краю..." -- вторил мне Есенин. "Никогда не сдавайся..." -- вдруг встрял в мой мысленный поток толстый Черчилль с сигарой: без рифмы, но с четким запоминающимся текстом. А ведь что и есть поэзия, как ни текст, который можно легко воспроизвести? -- задал я себе задачку, которую мне предстояло решать всю жизнь на разных языках, но додумать мысль не смог -- меня позвали.

О, скрип ключей в замочной скважине! О, открывающаяся дверь!

На этот раз мы шли не так далеко, остались в тюрьме, пожаловали прямо в кабинет к начальнику тюрьмы. Там же сидела и врач. Я их узнал, с тех пор, как они приходили ко мне с прокурором. Рожи у них были мрачные и злобные. "Расставаться не хотят," -- пошутил я про себя. И оказался прав.

Мне неожиданно объявили, что они меня задерживают еще на пятнадцать суток за нарушение внутреннего порядка, так как я оклеветал их надзирателя.

"Вот это да, - подумал я. - Идешь себе на свободу, а тебе сюрпризом из ниоткуда вдруг такие пироги". Хорошо, что я никогда не расслаблялся с ними, продолжая всех держать за врагов. Тут я им все и выложил: и про клятву Гиппократа -- "а я такую не давала, у нас своя клятва советского врача!" -- и про их страшную, подлую, не только бессмысленную, а наоборот - злую и вредную -- жизнь. И про то, как они враги рода человеческого, свободы, и как дети и внуки будут их стыдиться.

Ярость просто плескалась в моем мозгу, дробила виски, рвалась наружу самыми обидными словами и пожеланиями. Я ненавидел эту тюрьму, я ненавидел их, держащих меня в этой тюрьме и считающих себя вправе задержать еще на пятнадцать суток. Я наговорил им еще кучу всего, а потом мне все это надоело, и я гордо замолчал. Обливать врагов презрением и молчанием меня, как и многих моих одноклассников, научили еще в школе, где мы иногда "устраивали бойкот" провинившимся ученикам, по научению учителя еще в младших классах, а уж потом, когда это устраивали мне. Так что не получилось у нас разговора.

На обратном пути в камеру я громко заорал на весь коридор:
-- Левка! Меня еще на пятнадцать суток оставляют по внутреннему приговору тюрьмы!

Конвойный заорал, что не положено, Левка ответил, что услышал, и вот я уже в другой камере, на этот раз -- в какой-то грязной, мрачной, и холодной, так как окошко разбито, и снаружи дует холодный ветерок. Злоба и ненависть настолько раззудили меня, что я начал собираться вешаться, чтобы хоть как-то им отомстить. Потом решил, что попрошусь на допрос, и там уже на них нападу, кого смогу -- достану, ну хоть горло кому перегрызу. Решив, что именно так и поступлю, я начал отжиматься, биться с тенью и приседать, так как холодрыга в камере стояла будьте-нате, а технику удара надо было улучшать. Через некоторое время я согрелся, но и подустал слегка. Я слышал, как уводили Левку, но кричать не стал, ведь он сам не начинал со мною разговора с того самого времени, как он прекратил голодовку. Снова начал бить озноб, видимо, я заболевал. "Ненавижу", -- шептал я сам себе и снова начинал упражнения. Силы, однако, скоро совсем иссякли, и я снова занялся воображаемым отмщением. Свернулся калачиком на досках, лежал, дрожал и ненавидел. И тут меня позвали.

Как-то я не удосужился запомнить лица надзирателей, кроме того, что угощал меня сигаретами. Поэтому, кроме него, для меня они все были на одно лицо, и все были врагами, тюремщиками. Но этого узнал: он меня всего лишь как пару часов назад водил на новый приговор к начальнику тюрьмы.
-- Ну, а сейчас куда? - спросил я.
-- Куда надо, - последовал ответ.

Мы шли недалеко, как оказалось -- в кабинет замначальника тюрьмы, который был любезно предоставлен прокурору самим хозяином, поскольку у них тут пока своего кабинета нет. Прокурор просто светился от добродушия, улыбался, как хорошему знакомому, приветствовал по имени-отчеству.

А я застыл от рая и благодати на пороге, пронзенный солнечным зайчиком и будучи обуян запахами весны из открытого окна, шуршащего тополиными и липовыми ароматами. Весна пришла, а я и не заметил, окна решетка упиралась в стену.

-- Да вы присаживайтесь, пожалуйста. Вот, прощаемся мы с Вами, хотел попрощаться и поговорить. Я ведь из-за Вас впервые за семь лет в данном заведении побывал. Так что, спасибо.

Присев на стул, я стал с ним лицо в лицо, радость от весны поубавилась. Но не пропала.

-- Я не могу с Вами разговаривать, пока не будет решена проблема с моим незаконным задержанием здесь еще на пятнадцать суток!

Я замолчал и уставился ему в глаза. Из угла манило окно. А я-то думал, что уже вечер. А там плескалось солнце. Прокурор что-то говорил, но я просто смотрел ему в глаза.

-- Да дайте сначала о вашей дальнейшей судьбе. Ну, давайте просто предположим, что Вы сейчас выходите. Что вы собираетесь делать? Из университета Вас, конечно, отчислят, -- он сделал паузу, но не добившись ответа, продолжил, -- Ну что вот Вы мне не верите? Ну разве я не решил проблему с очками? Были у Вас еще жалобы на сотрудников?

Я повторил свое заявление. Он развел руками в непонимании и набрал начальника тюрьмы. Переговорили.

-- Вот, только что говорил с Сергей Петровичем, и мне подтвердили, что Вас сегодня выпускают.

-- Так что же это было тогда со мной два часа назад, когда померкло небо и захлопнулись запоры?

-- Ну, ничего не знаю, Вы же слышали, ни о чем таком мне не говорили, все по плану, а давайте-ка по существу: вот уедете Вы за границу, а там враги, ведь Вы же к нам во враги не пойдете, вот подпишите, пожалуйста, что претензий не имеете, это вот последняя формальность, а там и домой.

Я был в некоей растерянности. Ведь еще часа два-три назад мне говорили одно, а тут, если верить прокурору, тот же начальник тюрьмы говорил совсем другое. Тема моего выхода на свободу была настолько острощипательной, что я боялся сглазить и спугнуть удачу и оптимизм, вновь воспрянувшие от уверений прокурора. Но любопытство взяло верх.

-- Если Вам верить, а не верить Вам я причин не имею, то начальник тюрьмы за два часа радикально поменял свою позицию, высказанную им в присутствии двух свидетелей, советского врача и надзирателя. Вы же не подвергаете сомнению мою историю?

-- А Вы в Европу или за океан планируете? -- спросил он меня, полностью игнорируя мой вопрос.

Потом совал какие-то бумажки, за очки расписаться, за отсутствие претензий, за оповещение, что со мной проведена беседа, и т.д.

Я обещал ему не врать, и не быть врагом Родине, как я ее понимаю, но ставить свою подпись отказался.

На прощание прокурор пожелал мне всего хорошего, а я ему -- торжества закона, который он вынужден защищать.

Прокурор не соврал, через час меня выпустили. Поскольку дело было к вечеру, меня никто не ждал. Хорошо хоть до Жуковского было недалеко. У Андрея с Иркой я застал Левку на раскладушке с температурой. Среди друзей и соратников было тепло и радостно. Позвонили родителям, отменили тревогу. А потом я упал на другую раскладушку и отрубился. Проснулся весь в жару, как и Левка рядом. Уж не знаю, подмешивали ли они нам чего в еду, или сами организмы так отреагировали на свободу, но температура у обоих была за тридцать девять.

На следующее утро пришли менты.

Мы все еще валялись на раскладушках, больные. А я, как дурак, поддался на их крики у двери и сам открыл им входную дверь. Ни соседка не открыла, ни Левка, прячущийся в ванной комнате. А я сначала подошел к двери и спросил, кто там, а потом уже, поддавшись уговорам и угрозам, открыл им дверь. Идиот.

Тут уже на меня обиделся Левка. И он был прав. Нас взяли сразу, даже не дали куртки захватить. Нас вели в кальсонах и рубашках по Невскому в то же самое пятое отделение. Моросил дождичек. Мы, наверное, представляли собой жалкое зрелище: больные, непричесанные, неодетые, кеды на босу ногу, шли, шатались и кашляли.

В этот раз, однако, нас поместили в отстойник, прямо на первом этаже. В отстойнике было мерзко. Какая-то пьяная пожилая баба кричала, что покажет свои прелести. В углу блеванул мужичок, и завоняло. Три парня с красными рожами, задержанные за драку, мрачно курили, сжимая окурки в кулаках. Блеванувший мужик вдруг закричал, что все знает. Мент открыл решетку и позвал с собой незаметную женщину, которая вернулась со шваброй и с ведром и помыла блевотину. Левка сидел и дрожал. Чуть не плакал. Я всем стал раздавать телефоны друзей. Парни взяли, но, как выяснилось потом, не позвонили. Когда нас вызвали и сказали, что мы нарушаем прописку, и нам надо сегодня же вечером выехать из Ленинграда, Левка чуть не взвыл от радости. Улыбка впервые появилась на его лице.

Нас выпустили. Снова мы шли по Невскому, опять одетые не по погоде, но -- какая же это радость -- быть свободными. Мы вернулись, оделись, попрощались с ребятами и заспешили на вокзал. И хотя все еще кашляли, скоро уже снова стояли в тамбуре и курили.

В Москве мы как-то сразу разошлись: я поехал к своим, он -- к своим. Сошлись пару дней спустя в центре. Гуляли по городу вместе с Сашкой Орловым, сыном Юрия Федоровича. Левка убеждал, что надо ехать. Читал стихи про наше заключение.

Наверху, совсем одни,
Для совсем отпетых,
В камере считали дни
Трое диссидентов.

Один из них был пессимист,
Другой не мог быть подлецом,
А третий, правда, был марксист,
Но с человеческим лицом.

Они стучали, и кричали,
Сквозь стенки разные слова,
Словно друг друга привечая,
На трех соседних островах.

А на первом этаже волною,
За волной накатывал народ.
Он потел, работал, и иною
Жизнью жил, и все (имел) он в рот…

И ему было наплевать,
На тех троих, на верхних,
Ведь надо жить, и надо жрать,
Ведь надо пить, а всех их…

Интеллигентов! -- и опять
Все та же комбинация
И все как встарь, ну что сказать
Такая, может, нация?...

Лев Кучай, 1979

Сказал инспектор, что я склонен
К побегу -- вот так пироги!
Ну склонен, но ведь от погони
Поди, попробуй, убеги…

На каждой улочке хреновой
Стукач, и милиционер,
И или всегда, на все готовый,
Всегда готовый, пионер.

Он объяснит вам, и укажет,
Как похитрей и половчей,
Пойти, найти, схватить -- ну как же?!
Сбежишь от вас, от палачей…

Лев Кучай, 1979

(Стихи записаны по памяти)

Мы бродили с Левкой и Сашкой Орловым по Москве, мы болтали о нашей стране. Причина, по которой я оставался в Москве и не возвращался в Горький, -- разговор с отцом, когда он предупредил, что возвращаться пока рано, надо подождать результатов переговоров. Хотя о том, с кем шли переговоры, он не сказал, было понятно с кем.

Тут вдруг неожиданно приехали в Москву Ирка с Андреем. Сразу после нашего отъезда у них был обыск, а за ним потом еще второй, который был совсем коротким, и заключался в проходе к батарее отопления и нахождении за ней пакета с гашишем. Алеша Хавин на суде отказался от своих показаний против Аркаши, сказав, что дал их под давлением. Такого чекисты не прощали. Что не помешало им оставить в протоколе показания, данные на следствии, а показания в суде полностью проигнорировать. Алешу Хавина арестовали на выходе из здания суда, продержали сутки голого в камере в ментовке, а потом сообщили, что нашли в его одежде чуть ли не полкило гашиша. И закрыли по уголовке на много лет вперед.

Мы все поселились у Алика и Марины Бабенышевых на Волгина. Пытались встречаться с корреспондентами, но все они, кроме одного, дорожили своими отношениями с советской властью и становиться защитниками молодой группы революционеров особенно не хотели. Кроме одного. Николя Милетича. Потомка сербов из Франции. "Серб и молод", как звал его Гастев. Он не испугался ни "случайных" избиений на улице, ни доносов на него в "Франс пресс", ни угроз лишения аккредитации и давал информацию в свободный мир, вел себя, как свободный человек в несвободном обществе. Чего не сказать о большинстве американцев и других, более заботящихся о своей карьере, чем о правах человека, и взирающих на нас, как на туземцев.

Бедные Бабенышевы! Познакомившись с Аликом за год до этого на суде над Гинзбургом в Калуге, я сделал их квартиру штабом "Перспектив", "Левой оппозиции" и местом любовных утех с Анкой, моей знакомой из Тарту, которая к тому времени работала программистом в Таллинне и наведывалась ко мне. Через 38 лет я специально приеду в Нью-Йорк, чтобы спросить ее, не стучала ли она, не постукивала ли?

Мы встретились в кофейне у Гудзона и в процессе обмена информацией про детей, жен, мужей, любовниц и любовников, я втиснул этот вопрос, незаметно так, в очереди из многих других. Она автоматически согласилась: да, разговаривала с первым отделом, с кем, мол, не бывало. "Оппачки!" -- заорал я про себя и дальше решил не продолжать. Пока.

А Бабенышевы! Марина Анатольевна готовила нам целые тазики блинчиков, мы их пожирали под разговоры о будущем СССР, проводили в спорах целые утра, а потом шли встречаться с Николя и с Мишей Розановым, который жил в сторожке на краю Измайловского парка. Он пропагандировал теорию малых дел, создание горизонтальных связей, независимого общества, и, хотя все это звучало очень разумно, нам хотелось всего и сразу, восстания, революции, перемен, нам хотелось перемен. Но Миша, по просьбе Алика, очень нам помог, и устроил Андрея в какую-то геологическую экспедицию, куда с ним потащилась и очень беременная Ирка.

Так я и скитался по столице, жил по друзьям и знакомым, ощущая себя вполне заслуженным зэком, ветераном, собирал по гостям и салонам дивиденды "диссидента".

К любовнице Гастева, в квартиру, где она жила со своим престарелым мужем и симпатичными дочками, мы привели еще нескольких приятелей: корреспондента "Франс Пресс" Николя Милетича с его другом французом и еще пару диссидентов, чьи имена сейчас и не припомню. (Это Москва, детка! -- это в провинции они все были наперечет и напересчет, а в Москве их было так много, что всех не упомнишь).

И вот, в разгар веселья, разговоров и советов Гастева помнить названия французских вин, чтобы не забыть, вдруг по "вражескому голосу" (а он всегда был включен) передали, что Кузнецов и Гинзбург дают интервью в Нью-Йорке!. Пятерых диссидентов освободили в обмен на двух советских шпионов! Помню, бегали за водкой, пили на улице из горла, звонили в Горький. Отец сказал, что через пару дней уже можно будет возвращаться домой, и в голосе его я уловил, что грядут большие перемены.

Приехав домой, я обнаружил, что родители закончили переговоры с гэбэшниками и согласились уехать вместе со мной в эмиграцию, ради меня же. Что у "ленинградских товарищей" уже было на меня готово дело, и только просьбы "горьковского руководства" дали нам возможность сделать правильное решение. Сначала я был ошеломлен таким беспардонным решением моей судьбы без моего участия, и даже предложил им уехать, оставив мне квартиру, но, потом, во время прогулок и разговоров с отцом по нашим заповедным местам, Откосу, Александровскому садику, Кремлю, я понял и осознал.

Понял я, что отец был прав, говоря, что вся наша деятельность просто ведет к тюрьме и лагерю, причем меня будут проводить не через политическую статью, а через уголовную, и сидеть я буду долго и с обычным контингентом наших мест заключения. То, что они мне могут все это устроить, было продемонстрировано мне уже неоднократно и достаточно убедительно.

Осознал же я то, что тратить жизнь свою на сидение в тюрьме ради освобождения абстрактного "народа", который этого совершенно не желает, я тоже не хочу. Я еще в последней своей камере вдруг воспротивился Родине. Само существо мое, наполненное романтикой и ощущением собственной силы, вдруг явственно ощутило себя заключенным не только в камеру - четыре шага вдоль, поворот, еще четыре шага и т. д. - но и в понятие Родины. Да, я родился, рассуждал я, но не по своей воле, а по родительской. А вот где мне жить, что делать и на каком языке говорить, решать должен я сам. В данных мне условиях задачи, конечно, 1979 год, СССР и т. д., но уж точно без долгов Родине, ведь даже своим именем она напоминала мне о том, чего я сделать не мог по определению, сам родиться. И поэтому контракт, который мне теперь эта Родина навязывала, не мог мной быть признан двусторонним, так как я не принимал участия в данном соглашении. Следовательно, контракт этот, навязанный мне без моего участия, был мною же расторгаем без сожаления, а всех тех, кто мне пытался его навязать, я рассматривал как моих незаконных тюремщиков.

Так что не особенно я и противился решению родителей, и новые страны, океаны, реки, горы, люди, языки, уже ожидали меня. И не напрасно.

За предотъездные два месяца я так больше и не появился в Ленинграде, и, соответственно, не сходил в ресторан "Баку". Зато недавно, вспоминая о тех днях, решил поискать в интернете информацию о "замечательном" грузине и, кажется, нашел. Михаил М-или, друг Феоктистова, стал с тех пор одним из главных "авторитетов" Питера, его имя известно всем. Интересно, помнит ли он 5 апреля 1979 года, пятое отделение милиции, подвал? И еще одно: строя свой бизнес в "бандитском" Питере, где самая главная банда -- КГБ, не работал ли он уже тогда с этой славной организацией? Не для нас ли с Левкой был весь этот концерт, с дракой с надзирателями и пачкой "Беломора"?

Эмоциональная память говорит мне, что вряд ли, уж слишком правдиво он выглядел. Да и осознание собственной незначительной роли не располагает к тому, чтобы считать весь этот спектакль, сыгранным только для нас с Левкой. И все же -- фотографии Михаила с Путиным, которые я нашел в интернете, говорят о том, что он не пренебрегает связями с чекистами, да и не мог он ими пренебрегать, находясь в таком бизнесе в таком месте. Так вот до сих пор и не знаю -- он ли это был (хотя очень похож), правда ли была в его рассказе, и был ли он на самом деле свободным воином или смотрителем за Фекой, а также играл ли он роль в подвальной камере, или нет.

… Левка провожал меня до Бреста. Больше он к политике не приближался, а вот эмигрировать так и не смог. Сначала родители не пускали, потом сам уже был затянут в жизненный водоворот -- с женой и с любовницей, с пьянством, с путешествиями, с попыткой работать и писать. Два его стихотворения про наши пятнадцать суток я запомнил на всю жизнь. Оба -- незамысловаты по технике и ритму с рифмами, но мне запомнились, вошли в сотню текстов, что у меня всегда с собой. Оба -- пессимистичны в своих выводах. Одно кончается вопросом-утверждением про нацию в духе "страна рабов, страна господ" и "...паситесь мирные народы, вам недоступен чести клич, к чему стадам дары свободы, их нужно резать или стричь, наследство их из года в годы, -- ярмо с гремушками, да бич…"

Второе, уж совсем заунывное (унылое), "...сбежишь от вас, от сволочей.", признает их победу и, соответственно, свое поражение. Вот тут я с автором всегда был несогласен, хотя и оставлял за ним право на свое мнение. Ведь побег был всегда возможен, пусть и в теории, пусть лишь в мыслях. Но -- всегда возможен, а ты, как свободный человек, должен быть всегда к нему готов. Так что сбежишь, Левка, коль захочешь и сможешь, сбежишь.

В то же время он был таким несчастным, и в несчастности своей такой прозорливый и обаятельный, такой "забивший" на все житейские и прочие мелочи, что я попадал, бывало, под этот нигилистический шарм времени, так прекрасно выразившийся в "Москве-Петушки". Его худая фигура, выгнутая вопросом, с иронической усмешкой, нескладная, неудобная, как все вопросы, вызывала во мне одновременно жалость и улыбку.

...Мы встретились через десять лет в Нью-Йорке недалеко от Вашингтон-сквера. Я сидел на крыше своего "датсуна" B210, который мы с Троем пригнали из Аляски через весь континент за пять дней. Я держал хату в Кембридже и считал всю Америку своим родным домом, так как уже побывал во всех штатах, кроме Гавайев, проавтостопив от океана до океана, и вообще...

Ян, мой сосед по хате, друг и соратник, вот уже два года ездивший в Москву к невесте, к тому времени успевший подружиться с Левкой в Москве за год до этого, усмехался. Левка, бедный, рано постаревший Левка, появился дергающейся походкой, и сразу стал стремаlaghаться. Он опасался полицейских, пива в бутылках, и вообще считал, что надо держаться понеприметнее, чтобы нас не заметила и не поглотила нью-йоркская стихия.

Бруклин, где он остановился у тети, Гали Гастевой, был депрессивным, многоэтажным совком. Тут рассуждали о госпрограммах, субсидиях по медицине и жилью, сидя на кухнях многоквартирных домов, в кирпичных джунглях субсидированного жилья. Я Левку, конечно, забрал в Кембридж, где и поселил в русской комнате нашей квартиры на Гарвард-стрит.

Жил он там со мной, Вадимом и Виктором Катуниным. Очень полюбил пиво. Я изредка подбрасывал им работку. Грузили мебель, иногда чего-то красили или плотничали.

Потом я рассказал им про работу "подопытным кроликом" в медицинских учреждениях. Они сделали значительные успехи на этой стезе. Правда, Вадик выплевывал все таблетки, которые ему давали, а Левка сбегал по ночам из госпиталя в магазин - за пивом и обратно, но как-то они там держались.

У меня в это время шло активное семье-строительство с беременной невестой, и вскоре я съехал из Кембриджа в соседний Арлингтон.

За все это время нашего общения, наших прогонов из Нью-Йорка и обратно, наших ночей в общаге, которую я создал из квартиры на Гарвард, в памяти остался только один разговор, когда Левка, подогретый пивом, не пшикал, не сердился и не хорохорился, рассуждая о чем-то своем.

Он много и упорно пил с момента нашего расставания на Брестской границе. За несколько лет до приезда в Америку в Крыму, где он был в составе археологической экспедиции, ему сломал руку сосед по палатке. Сознательно и зло. И запугал еще до смерти. Рассказывая эту историю, Левка заплакал. Тут бы мне и помолчать, застыть, дать рассказать дальше. Но я, конечно, поинтересовался, когда он тому врагу отомстил. "Ты не понимаешь!" - заорал Левка, и мы перестали о личном. Политика его не интересовала, он считал что все дураки и идиоты, а как надо и что надо делать, ему было все равно. Про Ленинград, боевого грузина, одиночку, он предпочитал не вспоминать.

Потом у меня умер отец, а через двенадцать дней родился сын. Жизнь пошла по новому кругу, и я почти ни с кем из старых друзей не общался. Левка через пару месяцев вернулся обратно в Москву, решил здесь не оставаться. Через пару лет, когда мы с женой ездили в Россию сразу после августовского путча 1991 года, я встретился с Левкой в Москве, подарил ему какие-то шмотки для детей. Он сидел у моих родственников недалеко от Пушкинской площади, молчал и... молчал. С трудом удалось у него узнать, что он сейчас занимается какими-то госархивами.

Еще через год его не стало. Был найден задушенным в кустах, недалеко от собственного дома. На пути от жены к любовнице, как уверяла любовница Таня жену Яна Юльку. Я попытался разузнать побольше через Гастевых, но мне сказали, что мама Левки просит, чтобы ее оставили в покое. А вскоре, в октябре 1993 года, в Бостоне не стало и самого Гастева.

Ленинградцы: Аркаша Цурков, Алексей Хавин, Саша Скобов, Андрей и Ирка Резниковы.

Аркаша сидел трудно. Ему еще в лагере срок добавили. Отпустили его в 1986 году. Последнее, что я о нем знаю -- он был постдоком по математике в Бразилии, я написал ему письмо, а он не ответил.

Алексей Хавин. За то, что он отказался от показаний на Аркашу на суде, его арестовали прямо при выходе из здания суда. КГБ не прощал отказа от сотрудничества. Посадили в одиночку, раздели, держали голым. Потом сказали, что в одежде нашли гашиш. Шесть лет по уголовке. Через год на зоне был найден с проломленным черепом. Был в коме. Его отец сумел вывезти его в больницу в Ленинграде, но настаивал на полном прекращении общения с друзьями. Вот и все, что мне удалось узнать о нем. Он то ли погиб, то ли остался на всю жизнь инвалидом, объяснила мне Ирка Федорова в ноябре 1991 года в Питере.

Саша Скобов, которого до 1991 года я знал только понаслышке, отсидел свои несколько лет в психушке, а теперь стал вполне себе неплохим журналистом/обозревателем на страницах интернет-изданий. Я иногда встречаю его статьи в "Гранях".

С Андреем Резниковым и Иркой Федоровой я встречался последний раз в октябре 1991 года. Помню страшную убитую квартиру с остатками обоев на стене: "Пока дети маленькие, делать ремонт смысла не имеет," -- заявила Ирка, смахивая тараканов с разделываемого ею мяса на кухне. Пятеро детей в квартире, один на подходе в животе. Я бы и еще у них позависал, но со мной была американская беременная жена, которой было там неуютно, и мы уехали к другу в Гатчину, в тихий мещанский трехкомнатный рай. Так и не поговорили.

Пятнадцать суток порознь в клетках в "шубах", мы поделили много лет назад, теперь лишь слабые магнитные поля в моем мозгу, что памятью зовутся, остались, и еще все просятся наружу, тебе, тебе, читатель данных строк, про Левку, про тюрьму, про грузина боевого, про одиночку, про свободы вкус и запах. Плеск реки в каналах, о мрачный бок гранитный, о Питер, ты жесток, но временами так красив! Могучей воли всплеск, преобразившейся в великолепие формы… Холодный, мерзлячный туман над Балтикой, тяжелой поступью имперской сути, Италии и Франции намек в немецком обрамленье, и русская надежда на Европу, дуэли по утру, военное восстание, и петропавловский-убийца-равелин.

"В час вечерний, в час заката…"

Друзья сдадут,
Женщины убегут,
Дети проклянут,
Родители не поймут,

Будешь скоро один,
Стоять у мертвых руин,
Тело твое давно,
Лишь производит говно…

Дальше уже скорей,
Мимо твоих дверей,
Годы летят, летят,
Скоро уже и в Ад…

И на краю черты,
Падая через балкон,
Вспомнишь -- желал и ты,
А жизнь -- это только звон…
Страшный, кошмарный сон.

Драка

Или вот еще помню...

О, Колдфут, Холодная Нога, самая северная в мире стоянка грузовиков, постоянное население -- девять человек, да временных -- работников и работниц сферы питания, обслуги грузовиков, и прочих -- еще человек десять. Расположился Колдфут у дороги к Прудо-Бэй, что на Ледовитом Океане, где-то на середине пути туда от Фэйербанкс, километров в шестидесяти к северу от Полярного круга, в окружении последнего горного массива перед тундрой. Зимой два месяца подряд нет солнца, зато уж летом -- два месяца не сходит оно, родимое, с горизонта, кружится по небу, спать не дает. Зимовки длинные -- спи не хочу. Редкие сумерки, постоянная ночь и холод.

...Но когда, пересилив себя, и наконец-то одевшись, выходишь наружу (именно, что выходишь, приготовившись заранее, а не выбегаешь по нужде на несколько секунд, весь скрюченный от желания сохранить тепло), когда собаки, лежавшие до этого, свернувшись клубком в конуре на соломе, вдруг высовывают свои морды, и вот уже лаем и хрипом рвут тишину полярной ночи, взлетают в прыжках, чтобы упасть в полете, остановленные цепью. Следят за тем, как выводятся на дорогу санки, как расправляется упряжка, как натягивается главный трос уже пристегнутыми счастливчиками, и лают, орут до хрипоты -- "Возьми меня, возьми!" Когда проверяешь поводки, укладываешь в санки мешок, закрепляешь в них ружье, чувствуешь, как дергаются санки -- вот тогда уже не до сна.

Обычно брали в упряжку пятерых-шестерых. Старые псы, опытные полярники, пристегнутыми сидят спокойно, знают, что работа от них не убежит. Молодые же, которым невтерпеж, рвуться, падают, срезанные в прыжках уздечками, привязанными к основной линии упряжки, идущей от санок. Санки закреплены якорем на цепи за дерево -- ведь даже опытные собаки порой поддаются энтузиазму, идущему от порывов молодых, и тоже дергаются изо всех сил.

И вот подходит момент, когда встав на полозья, и, держась одной рукой за поручень, освобождаешь якорь, бросаешь его в сани, а сам хватаешься второй рукой за перекладину, и держишься изо всех сил. Собаки же, переходя в галоп, ускоряются, санки бросает из стороны в сторону, ноги давно слетели с полозьев, и только руки тебя спасают, мертвой хваткой -- за перекладину. Мимо летят опасные при такой скорости деревья, кусты, а ты держишься, и смотришь на якорь в санях -- не дай Бог, выскочит и зацепится за что-нибудь.

Но если выдержал первую стометровку, не сорвался, встал на полозья, держишься за спинку санок, значит -- хорошо дорога пошла, собаки тебя признали, успокоились, можно им и помочь иногда -- подтолкнуть упряжку на подъёме, особенно если она с грузом, да и самому хорошо пробежаться-согреться, как-никак, на дворе под минус тридцать-сорок. А зато какой двор -- обалдеешь! Посмотри хоть на небо -- все звезды твои, да такие крупные да яркие -- собирай в котомку. Кругом горы, снег да деревья. Днем -- зеленые пихты-елки, ночью -- черные, как пустые башни, или, припорошенные снегом, похожие на корабельные мачты с парусами. И тут же рядом -- собаки в клубах пара, скрип саней, морозный воздух со вкусом родниковой воды, и сам, сам ты -- как и мечталось когда-то в детстве, в Кузнечихинском овраге, где ты играл один весь вечер, когда, потрясенный прочитанным, вышел из квартиры и подъезда, впервые прочитав Джека Лондона. И вдруг -- оно, или она…

Нет, не то я говорю… Не вдруг, конечно. Ведь отсвечивали уже облака по бокам сиреневым цветом. Ведь вздрагивало уже небо, неслышно, незримо, но вздрагивало. Причем же здесь "вдруг", откуда оно сюда затесалось, уж не от торжественности ли момента, не от остроты ли восприятия и внезапности ощущения феномена, не от поглощения ли тебя самого этим? Не важно, впрочем. Не о внезапности тут речь, в конце-то концов, а о небе. Потому что небо вдруг ожило!

...Сначала по небу пробежала светлая тень, подсветив облака, словно след от снежной королевы, едва уловимая в свете звезд и луны полоса, похожая еще на след гигантского самолета-невидимки -- мелькнула и растаяла... И вдруг вздрогнуло и резким мазком зеленоватого цвета вспыхнуло небо, и сразу -- заполыхало, засветилось прозрачными лучами, пересекающими друг друга, дрожа, взрываясь, рассыпаясь непредсказуемым салютом оттенков синего, зеленого, красного.

Белый снег тоже ожил -- отражением неба. Тени деревьев понеслись по белому, все вокруг засветилось, засверкало, переливаясь, создавая ощущение волшебной воздушности, словно ты в центре вселенского хоровода, а вокруг полыхает многоцветное мироздание.

... Остановить упряжку, заякорить ее за дерево и любоваться на небесный спектакль сквозь облака своего дыхания... Услышать вой собак, снять винтовку, глотнуть жгучего виски из фляжки, пульнуть в звезду, и поздравить себя с исполнением детских желаний. Вспомнить и прикоснуться.

Начало семидесятых. Весенние каникулы. Мать уехала в Пермскую область, на очередное "часовое" свидание к отцу, сидевшему тогда на "строгой" 35-ой зоне на станции Всесвятской. "Часовые" свидания давали возможность встречи на короткий срок от двух до четырех часов, и на них меня мать не брала -- зачем ребенка таскать в Зауралье на короткую встречу. Я ездил на "часовые" только в Мордовию (пос. Озерный, зона 17а), и -- в конце уже -- во Владимирскую "крытку".

А в этот раз, на пару дней, я оказался в гостях у друга семьи Миши Мурашко, в Кузнечихе, -- новом на то время микрорайоне Горького. Утром Миша ушел на работу, посоветовав мне что-нибудь почитать. "Да вот, хоть Джека Лондона," -- сказал он, протягивая мне книгу, взятую с книжной полки. Его пожилая мама мирно звенела на кухне кастрюльками и тарелками, на оконном стекле мороз плел свои узоры, батарея грела, призывая сесть поближе к окну.

Книга оказалась одним из томов "лилового" собрания сочинений Лондона, и состояла из серии рассказов про Смока Белью, бухгалтера, который в возрасте "за тридцать" бросает свою устоявшуюся жизнь в Нью-Йорке, и едет в Аляску, "заболев" Золотой Лихорадкой... Я прочитал всю книгу за пару часов, не переводя дыхания. Проглотив последнюю строчку, я быстро оделся и и вышел на улицу. В душе, где-то внутри себя, я знал, что вышел на путь в Аляску, и отныне каждый мой шаг будет туда, в холод, к собакам, к самому себе...

Одной из самых главных достопримечательностью Кузнечихи был огромный овраг. Заснеженный зимой, он был местом, где катались на лыжах, и санках, под светом фонарей. Но в этот раз я пошел в его темное место, где снег был по пояс, и не было ни детей, ни людей. И только поздно вечером вернулся к М., застав их несколько обескураженных и взволнованных своим долгим отсутствием...

Слова Высоцкого "Север, Воля, Надежда, страна без границ, снег без грязи, как долгая жизнь без вранья...", всегда живущие где-то внутри меня, и воспоминание заснеженного Кузнечихинского оврага, и переход через перевал, совершенный Смоком Белью, и северные реки, и пар от собачьих упряжек, и свобода жить и умереть от голода и холода, и дикого зверя, и тепло огня -- все вдруг промелькнуло перед внутренним взором, когда я прочитал письмо от Яна. Оно сообщало, что зимовка остатков племени в Фэйербанксе, втором по величине городе Аляски, затянулась на всю весну, но вот закончилась, и Яшка уехал на золотые прииски в Заполярье, куда вскорости собирается и Ян, ради восстановления племенного братства, и новых впечатлений и приключений. Вперед, в тайгу, в район поселения Колдфут.

Я поднял глаза от письма и огляделся. Офис, в котором я работал, вмещал в себя с десяток инженеров. Они сидели за столами, мои коллеги, инженеры атомной станции Команчи Пик, что в ста километрах от Далласа. Они шуршали бумагами, болтали о ценах на бирже, спорте, а один, самый тихий, смотрел в чертежи. Станция, на которой мы работали, была запланирована к пуску уже лет десять назад, но до сих пор стояла недостроенной. Ее изначальный бюджет, два миллиарда, был давно израсходован, и теперь приближался к восьми. Дело в том, что проект разработали в конце 60-х, а строить начали в в начале 70-х, когда газетная шумиха, после двух аварий на разных станциях, вкупе с общественным мнением, так сильно повлияли на Конгресс, что он обязал Комиссию по атомному регулированию заново переписать множество стандартов по строительству и эксплуатации атомных станций.

Наша станция была последней. После нее в США не появилось ни одной. Она являлась кормушкой для всех инженеров и специалистов, карьеры которых после ее пуска, близились к тупику. Зато нам хорошо платили, мне, как молодому специалисту, по три тысячи в месяц, что для восьмидесятых было очень неплохо.

Вот уже шесть месяцев я ходил через по утрам через проходную в толпе рабочих, строителей и инженеров. Парковка для машин была огромна, как впрочем, и многое другое в Техасе. Утренняя поездка на работу, и переход по жаре -- а она была часто под сорок -- были самыми трудными событиями дня. Сама по себе работа была скучна и нудна. Мои коллеги по анализированию соответствия чертежей двадцатилетней давности всем поднакопившимся за это время новым установкам и критериям вызывали у меня богатый спектр эмоций -- от зевоты до блевоты, -- о чем я достаточно часто сообщал моим коллегам, прибавляя при этом, что именно я и являюсь настоящим американцем, несущим в себе энергию первооткрывателя. Тем не менее, я продолжал сидеть в своем кресле, не зная что дальше предпринять.

Письмо вызвало целый спектр эмоций, но вскорости одно чувство стало превалирующим. Это чувство было завистью. Оно вдруг обуяло меня с неожиданной силой, заклубило снежным бураном на вставшей на зиму заполярной речке, вспорхнуло стаей белых полярных куропаток, словно снегопад наоборот, лизнуло пламенем костра по закоченевшим от мороза пальцам. "Эй! -- крикнул я куда-то в пространство, -- это же моя мечта детства!"

И странно: все вдруг встало на свои места, обрело смысл, озарилось ярким солнечным светом, стало четким и понятным.

(Этого яркого света мы будем ждать потом два месяца нашей заполярной ночи, а дождавшись, устроим общий концерт из пятнадцати собачьих, и двух людских, глоток, с салютом из винтовок и пистолетов.) А ведь и вправду -- вот уже как семь лет я жил в Америке, и Аляска была вполне доступна, и я даже уже один раз там был.

Сразу после окончания института, через два дня после того, как я получил диплом из рук ректора на церемонии награждения, я и Ян рванули на Аляску. Там я два месяца бродил по югу Аляски, жил в палатке на Гомеровском Плевке (Homer Spit), общался со староверами, а потом приавтостопил через всю Канаду в Сиэтл. Но до приисков тогда так и не добрался. Правда, был я тогда с девушкой, часть пары, и когда ей понадобилось обратно в Бостон, я должен был доставить ее домой. Так в тот раз до приисков и не добрался.

Но есть же на свете, зачем-то, дай Бог ему здоровья, Яшка Погребинский, человек дремучий и свободный, добровольно тянущий лямку первопроходца…

"Зов души превыше для меня земных резонов," -- решив сразу расставить все по по местам, сказал я начальству в конце рабочего дня. Согласился подождать три недели и передать все мои наработки по новой методике, которую сам же и изобрел, лучшему специалисту компании, срочно приехавшему в Техас из бостонского офиса через пару дней.

Да, мне было жалко расставаться с Техасом, но зов души был неукротим. С собой в дорогу я позвал корейца Карла из Бостона, моего друга, и француженку Кэтрин из Вашингтона. И вот, в конце августа, после недельного путешествия, мы прибыли в Колдфут.

Несколько дней прошло в радостях общения, разговорах, походах в окрестностях. А потом настало время прощаний. Первым отбыл кореец Карл, ему еще надо было доучиваться один семестр. Потом уехала француженка. Перспектива превращения в мою "скво", после нашей достаточно обеспеченной и комфортабельной жизни в Техасе, и ее работы в Вашингтоне, почему-то ее не прельстила. Потом стали убывать остальные "братья" и "сестры", и вскоре я остался один, с дюжиной собак, в то время, как мой новый "партнер" Джед устроился на нефтяные прииски на Ледовитом океане, в Прудо Бэй. Он вернулся через пару месяцев, и был очень удивлен переменами. Наша миграция началась в июле с Яшкиного появления, потом к Яшке приехала жена Пэйдж, потом друг Ян, друзья Келли и Майк, потом я, с Карлом и Кэтрин, а, когда он, наконец, появился снова в Колдфуте, его там встретил лишь я один.

... Вот уже две недели, как мы копались в горе, врубались в замерзший грунт, растапливали и промывали его в кипятке, потом уже мыли рафинад в кабинке неподалеку... Однако, золотые хлопья уже слегка приелись, перестали вызывать дикую радость и ажиотаж, сопровождающие их первое появление, когда своим рыжим мутным блеском они осветили всю дорогу сюда. Радость от добычи толики запасов золота Аляски давно уже растворилась в клубах пара нашего дыхания, а надежда использовать знания местонахождения драгоценного метала во время летней страды, когда круглосуточное солнце отогреет ледяную землю, заползла в спальник, и высовываться оттуда отказывалась. То есть, кроме как в мешке на верхней полке, уже нигде и не мечталось. Потому что весь остальной мир вокруг заполнял колючий мороз.

Переслушав по многу раз все наши истории, Джеда -- про жизнь на Аляске, Новой Мексике, тюрьме, братьях, женах, и т.д., и мои -- про Горький, Сибирь, Италию, Вену, и т.д., трезвые и злые, мы успели изрядно друг другу надоесть. Да и не мудрено, уж слишком мы были разные и чужие. Джед уже было подумывал сваливать из Колдфута, ведь приехал он сюда пару лет назад с женой и двумя детьми, а теперь остался совсем один, жена уехала с детьми, самого его сначала арестовали по доносу жены, но потом отпустили. Вернувшись домой, он обнаружил в лесу Яшку, которого и пригласил к себе в гости. А сам уже думал об отъезде, о работе и т.д.

Но я сумел уговорить его продолжать пока мыть золото, и проводить зимнюю разведку для летнего сезона. Конечно, ему для этого приходилось вкалывать на нефтеразработках, а потом все деньги тратить на собак, и на еду для нас, но пока он держался. В совместном проживании был большой плюс -- через день, на утро, вставать и разжигать печку была очередь другого. За ночь избушка промерзала, и утреннее вставание/вылезание из спального мешка обжигало все тело. Вставший разжигал огонь в печке, ставил кофе, и второму вставать уже было более-менее комфортно.

Когда мы становились друг другу невмоготу, мы разъезжались. Кроме нашей дальней стоянки в горах, где мы копали, и нашего главного лагеря, милях в пяти от дороги, была еще у меня и третья избушка в лесу. Стояла она у опушки леса на высоком берегу золотоносной речушки Стратон Крик (Stratton Creek), и, когда я ее обнаружил, представляла из себя летнюю кабинку из кругляков, с большими щелями между бревнами. Я ее достроил, утеплил, и подготовил к зиме, заделал щели мохом, установил печку, нарубил дров, и т.д. Зная об одной из болезней Аляски -- Избушечной Лихорадке (Cabin Fever), когда во время зимовки люди тяготятся присутствием друг друга, и мелкие ссоры порой ведут к скандалам и, реже, перестрелкам, я подготовил для себя этот уголок, чтобы всегда рядом было место побыть пару дней одному. Ян, уезжая из Колдфута, оставил мне свою коллекцию английской литературы, и я с удовольствием, нерасторопно, смакуя, перечитывая по несколько раз любимые места, наслаждался Дикенсом, Во, Эмисом, Хаксли, и Орвелом.

Когда надоедало и одиночество, мы наносили друг другу визиты вежливости. Радость от общения иногда давала нам импульс продолжать социализацию, и мы вдруг решали -- пора к людям, в город. В городе Колдфут нас ждали -- круглосуточно открытое кафе, почта по вторникам и четвергам, дорога, и связь с цивилизацией…

И вот, взяв санки, и запрягши семерку собак, мы уже несемся в Колдфут. Джед в санках, а я -- позади, на лыжах, держась за веревку. Снег жужжит, веревка тянет, мчится упряжка, а я за ней, как на водных лыжах по снежным ухабам -- только держись! А порой подбрасывает вверх, и приземляешься в снег на бок... А то и сам, видя летящее на тебя дерево, отпускаешь веревку и валишься в ближайший сугроб.... Весело, здорово! Встаешь, проверяешь пистолет на боку -- не забился ли снег в дуло? -- и догоняешь Джеда с заякоренной упряжкой -- он стоит, покуривает, а над ним и собаками стоит облако пара. Снова берешь веревку -- уже становится полегче -- собаки слегка подустали и переходят на размеренный бег, и можно немного расслабится, взглянуть на горы, подкрашенные загоризонтным солнцем, на пихты, ели, сосны, проплывающими рядом со снежными шапками на ветвях, а то и перевести взгляд на придорожный снег, украшенный узорами заячьих и птичьих следов... И тут вдруг мелькнет след крупного зверя, лосиный или медвежий, и сразу вдруг охотничьих адреналин плеснет по нервам...

Но внимательно приглядется не успеваешь: санки сноровисто скользят по снегу, покалывает снежный ветерок, заносит лыжи на поворотах -- и вот уже собаки ускоряют бег, почуяв близость Колдфут. На аэродромную площадь влетаем на всех парах -- и летим по твердому насту к кафе-мотелю-почте в одном огромном срубе из бревен.

Весь Колдфут состоит из главного здания, огромного гаража для арктических грузовиков восемнадцати колесников, и, через площадь, где находится еще один мотель, с пристроенным к нему баром. Это -- для туристов, открыт только летом да осенью. Зимой же бар открывается только по праздникам, но и тех нескольких дней хватает для драк и мордобоев -- длинна и скучна арктическая ночь. А в сочетании с алкоголем, еще и взрывоопасна. Потому-то и закрыт бар на зиму, а и выпивки нигде не купить, только в три цены у обслуги, которая достает их у тракеров.

Огромная площадь размером с десяток футбольных полей являла собой центр "Самой Северной в Мире Стоянки Грузовиков", как было скромно написано на табличке у входа в здание -- расположена в пятьдесят с чем-то километров к северу от Полярного Круга. По ней гулял ветер, постоянно двигались туда-сюда грузовики-динозавры, а по краям стояло еще несколько домов: пара больших, для Дика Маки, хозяина стоянки, и его сына, Билла, и несколько других поменьше -- для постоянных сезонных работников. Временные же работники жили в мотеле рядом с кафе. Но самое главное в этом поле -- куда не посмотри, везде горы! И запахи! О, эти запахи леса, гор, ледников, свободы!

В 1898 волна Золотой Лихорадки, начавшись за два года до этого на Клондайке, докатилась по Юкону и его притоку Коюкуку до этих мест. В погоне за mother-load, главной залежью золота, от которой и идут все жилы по горам, ущельям, рекам и ручейкам. Первые старатели, поднявшись по великому Юкону, углубились на север по Коякуку, подойдя к последнему горному массиву перед тундрой и Океаном. Предание гласит, что, начав мыть золото, они не заметили, как нагрянула зима с ее снегами и морозами, и, остудив ноги (отсюда и название -- Колдфут, Холодная нога), зазимовали прямо здесь. А на следующий год те, кто выжил в первую зимовку, перебрались километров за пятнадцать в уютную долину с теплым микроклиматом, где и основали городишко Вайзман (Мудрец). Городок этот, домов в двадцать, стоит там до сих пор, живут там семей десять, но ни школы ни магазина там давно уже нет, а нежилые дома быстро поглощает Север с его вечным солнцем летом, и вечной ночью зимой. Колдфут же остался местом первой зимовки, остался лишь на картах, и здесь до недавнего времени никто и не жил.

Нефть на севере Аляски, в районе Прудо Бэй, была найдена где-то в шестидесятых годах двадцатого века, а в середине семидесятых через эти места проложили нефтепровод, и сделали дорогу до самого океана. По ней ходят-рычат траки с грузом для нефтяников, а в районе Колдфут открыли стоянку для грузовиков. Так Холодная Нога снова ожила.

Концессию на обслуживание стоянки выиграл Дик Маки, и, начав со старого автобуса, с которого он первую зиму продавал горячий кофе с хот-догами 24 часа в сутки, сам же в нем и жил. Но уже на следующий год сделал себе домик и маленькое кафе, но и на этом не остановился, и вот, через пару десяток лет, здесь уже стоял целый городишко, никогда не спящий -- дорога есть дорога.

Сам он, нынешний хозяин Холодной Ноги, Дик Маки, экс-чемпион Айдидарода (Ididarod), самой большой по участникам гонки собак в мире, создатель, строитель, авантюрист, отец двух сыновей, тоже известных погонщиков собак, Била и Рика, был одним из самых энергичных людей, мною когда-либо виденых. Лет под шестьдесят, очень невысокого роста, он, казалось, только заскакивал временно в Колдфут, куда-то спеша все время. Ежедневное руководство бизнесом осуществлялось его супругой Кати, начальницей почты и кафе.

С разочарованием обнаружив, что почты для нас не было, мы вышли на крыльцо. Щурясь на солнце (появившись в начале января, солнце увеличивало свое присутствие на небе с каждым днем, и к 17-му марта, дне, о котором идет речь, уже радовало нас парой часов в день), мы смотрели на несколько десятков ревущих траков на площади.

Собаки, привязанные у входа, подняли головы, оживились, готовые к бегу, но... Бар напротив был открыт! Снежный завал в Атигуне, последнем перевале перед тундрой, уже второй день подряд закрыл движение. И Дик открыл для тракеров бар. Об этом нам еще в кафе поведал Роджер, прибавив:

-- Дик, наверное, скоро закроет бар -- вчера там опять гуляли по-полной, громили все, перепившись. Опять Арт Фармер гуляет.

Про Арта Фармера мы все знали. Гигант тела, гора мяса и жира, он был легендарным тракером драчуном. Еще Яшка мне по приезде сообщил, что Арт дрался с местным старателем Риком, парнем суровым и серьезным, и этого старателя сильно побил. Хотели даже местного рэйнжера звать, но старатель сказал, что не надо. Вообще-то, противостояние старателей и тракеров было классическим примером людей конторы и свободных одиночек. Правда, происходило оно в основном в барах, куда огнестрел приносить запрещалось.

Денег у нас почти не осталось. Отсутствие почты не прибавило нам настроения. Солнце уходило за горы, и скоро начнет темнеть. Пора было ехать домой, в тайгу.

-- А, черт с ними, пойдем врежем по пиву перед дорогой, -- вдруг махнул головой Джед, и, окрыленный своим решением, зашагал, вприпрыжку от предвкушения бара, через площадь, полную урчащих траков.

Мне пришлось поспешать -- несмотря на свой маленький рост, мой партнер стремительно пронизывал пространство на пути к заветной двери. Впечатленный числом и мощью ревущих траков вокруг нас -- моторы на Аляске почти никогда не глушат -- лучше жечь дизель, чем стартовать заново при минус сорок, -- я, припрыгивая рядом с Джедом, пошутил: "Эй, Джеддер, а что если сегодня местные против тракеров опять махаться начнут?" Это была шутка, ясен пень, -- местных нигде не было видно, все сидели по берлогам, и о том, что открылся бар, попросту не знали. Джед усмехнулся: "Если так, то это будем только мы с тобой". Мысль эта была настолько несуразна и комична, что мы ее тут же и забыли. К тому же Джед уже тянул за ручку дверь бара.

О, это чудо -- внутренность бара, особенно на Аляске. Тепло, уют, сверкание витрин, бутылок, разные вкусные запахи, музыка на полную громкость, создающая интим -- слышно только непосредственных собеседников, и то только, если сдвинуть головы и кричать. А еще -- весы на стойке, и колокол над баром -- уже кровное аляскинское. Весы -- для тех, кто платит золотом, колокол -- что всем присутствующим покупается по выпивке тем, кто в этот колокол позвонил.

Бар был полон народа, все места у стойки были заняты. Но Джед углядел столик со знакомыми -- далеко в углу, прямо под телевизором, расположились местные рабочие -- повар Билл, и официантка Элма.

Тракеры уже гуляли по полной -- орали, хохотали, звонили в колокол, -- пропивали свои командировочные и снежно-заносные добавки к зарплате.

Рик, бармен (три месяца в Колдфуте), только успевал подносить пиво за наш стол. Джед сиял -- предчувствие не обмануло и вечер удался. Он, как всегда после пары пива, преобразился -- стал веселым, шутливым, и живо болтал с Биллом, постреливая глазами на Элму. Я же просто сидел, наслаждаясь теплом, слегка разомлев от музыки и людей вокруг. Даже думать особенно не хотелось -- так все вокруг было хорошо и весело.

Неожиданно музыка затихла, а телевизор был включен на полную громкость -- передавали последние новости Айдидарода. В этом году в гонке определились четыре фаворита, Сюзан Бучер, Джо Редингтон, Мартин Бусер, и Рик Свенсон. Пока камера застыла на финишной прямой, ожидая победителя, Билл поведал подробности самого большого ежегодного спортивного события Аляски -- гонки на собачьих упряжках через метели, ледяные заносы, замерзшие реки, и снежные торосы. Гонка шла с переменным успехом, с переменой лидерства, и только в последние два дня, кажется, начал определяться победитель. Сюзан рискнула поехать в метель, пока все ее соперники пережидали стихию, вырвалась вперед, и вскорости ожидалась на финише.

Джо Редингтон -- один из основателей, возродивший традицию гонки на собачьих упряжках в шестидесятых годах, суровый ветеран, Рик Свенсон, "Король Айдидарода", швейцарец Мартин Бусер, и Сюзан -- все они приезжие, кто откуда. Сюзан, например, родилась и выросла в Кэмбридже, центре Новой Англии, откуда и началось успешное продвижение англоязычной культуры в Новом Свете (не путать с Виргинией, где поселение Джэймстауна переставало временно существовать, хотя и было более ранним). Именно Кэмбридж стал и моим местом американского пребывания, здесь прошли мои ранние иммигрантские и студенческие годы, здесь я выучил английский, создал и держал коммуну/квартиру на Гарвард Стрит, отсюда и уехал в Техас. И вот -- упряжка Сюзан пересекает финишную ленту, оставив далеко позади своих конкурентов. Я вскочил на ноги, чуть не опрокинув стол, и громко захлопал.

Мои хлопки потонули в тишине вдруг замолкнувшего бара… Только от самой стойки меня поддержала пара жидких всплесков -- хлопала одна из редких тракеровских подруг. Все остальные молчали. Третий год подряд молодая женщина подрывала устои патриархального аляскинского уклада… А тут еще какой-то парень с акцентом радуется! Неожиданно я стал вдруг центром внимания, угрюмых взглядов тракеров. Почувствовав на себе десятки недружелюбных взглядов, я скромно улыбнулся, поклонился публике, пошаркал ножкой, и скромно сел на место. Но, хотя моя шутка не нашла признания пьяной публики, ударившая вдруг на полную громкость музыка разрядила атмосферу, и снова все вокруг заходило, зашаталось, закричало интимно в уши собеседников... Качая головой, вновь подошел Рик, неся очередное пиво… Но у нас не было возможности даже словом перекинуться -- тракеры стучали по стойке, орали, требовали еще чего-то. Появилось предчувствие скорого погрома!

-- Ну что, Джеддер? -- сказал я, -- Пора бы и в дорогу…

-- Да, да, -- отмахнулся Джед, -- вот только допью, и с Элмой договорю, -- Джед повернулся в ее сторону, но ей было явно не до того, -- она плыла в волнах внимания возбужденных тракеров, прихорашивалась, скромно опускала взгляд. И вдруг, не обращая внимания на нас, встала и ушла, оставив нас горевать о предательстве женщин, пользующихся на Аляске таким успехом, что даже толстые шестидесятилетние вдовы с "Нижних 48" переживают здесь свою вторую молодость, а бабье лето никогда не кончается.

Потому что женщина на Аляске -- большая ценность, но и большая ответственность, а также источник повышенного напряжения и многочисленных покушений на ее внимание со стороны изголодавшихся по женской ласке суровых аляскинских мужиков. Аляска -- единственный штат, где мужчин больше, чем женщин. На подруг и любовниц постоянно смотрят жадные глаза. Если твоя подруга не жена, то будь готов к постоянным трениям. Так что, хотя без женской ласки здесь бывает одиноко, ее отсутствие освобождает от нагрузки ответственности за другого человека, оставляя одну голую независимость да еще романтические сны и страстные письма.

О, эти письма из Аляски и обратно! Надо же было забраться в дикую глушь, чтобы снова оценить ценность написанного слова. Сидеть за листом бумаги, и писать, и переписывать, и ждать потом. Конверт, почерк, листок бумаги, запахи (особенно, если отправительница уронила на него капельку духов), буквы, расположение текста на странице -- все эти детали вдруг стали важными и слегка загадочными. Нет, не зря японцы так медленно и осторожно пьют чай, подолгу наслаждаясь каждым моментом. Так же и ты, оказавшись вдруг далеко от телефонов и связи с миром, начинаешь каждую деталь смаковать и обмозговывать.

Правда, мои поэмы, страстные строчки о разлуке, прошлом, и настоящем, с его кровоточащими ранами одиночества, не были восприняты соответственно ожидаемо мною. Но, даже, непонятые и отвергнутые, письма перерождались в стихи, застывая в рифме и ритме английского языка.

Так, предаваясь воспоминаниям и внутренними дискуссиям, о связи несбывшегося с творчеством и поэзией, я и не заметил, как Джед, оставленный Элмой, закемарил в углу. Вывел нас из сомнамбулического состояния Рик, поставивший на стол еще пару пива.

-- Спасибо, Рик! -- Джед сладко потянулся, и предложил Рику разделить с нами косячок "на дорожку".

-- Не знаю, ребята... Ну если только на одну минуту, -- Рик обвел руками пространство бара, и, убегая, на ходу, бросил, -- Ну ладно, свернете -- позовите.

Бар гудел. Две-три дюжины тракеров, насосавшихся пива, компенсировали отсутствие прекрасного пола громким ржанием над скабрезными шутками и еще менее благопристойными телодвижениями. На наш стол изредка бросали косые взгляды, но и только.   Джед допил пиво, надел свою черную ковбойскую шляпу, и пошел в гальюн крутить косяк, чтобы разделить его с Риком перед нашим отъездом обратно в стан. Я остался за столом с Биллом, пожилым поваром, чья вахта в Колдфуте подходила к концу.   Оставаться здесь он больше не собирался, устав от одиночества, поскольку сидел в Колдфуте все время, не выбираясь в тайгу.

...О черной ковбойской шляпе Джед мечтал давно, еще со времен своей жизни в Новой Мексике. И неспроста, ведь недаром в его венах текла гремучая смесь техасского ковбоя/метиса, который, во время службы в армии на Аляске встретил его мать, медсестру, эскимоску из деревни Шишмарев, что находится на берегу Берингова пролива, которая родила ему семерых детей, четырех сестер и трех сыновей, Джеда, Джоула, и Джейсона. Когда старшему, Джеду, было десять лет, отец погиб во Вьетнаме. Мать снова вышла замуж -- за угрюмого немца Ерла, строгого религиозного подвижника, кальвиниста. Тот, взяв себе вдову с семерыми детьми, нашел семью распущенной и запущенной, и стал бороться с этим ремнем и дисциплиной. Мать родила ему дочку, Сандру. Она была полностью под контролем мужа, как и положено по церковным канонам.   Недаром она, видимо, повстречала его в церкви. Вообще, Аляска, в своей экстремальности и необжитости, является магнитом для многих экстремалов, от сурвайвалистов (survivalist) до религиозных фанатиков.

В длинные аляскинские вечера, за семейным столом, в спальне, на кухне -- сошлись в битве немецкая воля и дисциплина, и свободная дикая кровь метисов. Старше братья Джед и Джоул подчиняться отказались, и стали часто убегать из дома, не в силах выносить побои. Ребята с улицы давно предлагали им "завалить" отчима, но Джед отказался. "Ведь он нас по-своему любил, да и ноша у него была -- семь детей чужих, не позавидуешь." Тем не менее, мать, не в силах справиться с раздором в семье, решила отправить двух старших братьев в Новую Мексику, к родственникам отца...

Иие-ха!!! Родственники отца, метисы из племени команчей с ирландской кровью, были очень рады своим. На границе Мексики, Новой Мексики, и Техаса, ранчеры, ковбои, охотники, бандиты -- они любили огненную воду, траки-вездеходы, оружие, и свободу. Свободу -- особенно, так как свободный стиль жизни часто приводил их в тюрьму.

Джед и Джоул зажили насыщенной и полной событий жизнью. Джоул как-то сразу стал специализироваться по банкам, а Джед -- по контрабанде разных запрещенных растений. Что достаточно быстро привело их обоих к необходимости поддержания собственного реноме, будь это в пустыне, или в тюрьме, куда им, по особенностям выбранных профессий, досталось частенько попадать. Наиважнейшей частью твоего реноме является твой головной убор.

О черной шляпе Джед мечтал давно. И вот, совсем недавно, в Фэйербанкс, где он отдыхал и закупался для нашей золотодобычной стоянки, после вахты нефтяником в Прудо, он вышел из мотеля, где обнаружил себя с незнакомкой из вчерашнего бара, и потопал в центр. Голова после вчерашнего болела, тело дрожало, но --- !!! На обочине валялась она! Черная, новая, ганслингеровская шляпа. Внутри у нее, на прекрасной шелковой подкладке, зияла прожженная дыра от сигареты, за что, наверное, эту шляпу и выкинули. Был в ней и привет из прерий Юго-Запада, и аляскинская удача, на которую тут многие уповают.

...Итак, Джед поправил свою шляпу и отправился в гальюн вертеть косяк. Я же, развалясь поудобнее, плыл от пива, музыки, и тепла, изредка перебрасываясь незначительными фразами с Биллом. В полудреме, предвкушая морозную поездку в стан, я смотрел на бурлящую толпу, никого не видя.

Кто-то оживленно говорил с Риком. Тот, продолжая открывать все новые бутылки, вдруг бросил "Одну секунду!" и быстрыми шагами направился через залу к туалету. Но я продолжал наблюдать за Элмой. В центре внимания нескольких тракеров, она хохотала и кокетничала у барной стойки. Тем временем Рик вернулся в бар, но пошел не за стойку, где его уже поджидало несколько страждущих добавить, а подошел ко мне и спросил: "Виктор, а ты Джеда не видел?"

Сначала, первое, что я заметил -- его тон. И это заставило меня встрепенуться. "Странно, -- все еще неохотно вылезая из дремы думал я, -- ведь Рик только что вышел из места, куда ушел Джед... И про Джеда же спрашивает, да еще таким странным тоном, заговорщицким, что-ли... Что-то тут не так!" -- я резко поднялся и вприпрыжку устремился к гальюну. Мысли, вдруг разбуженные, подгоняли меня -- я вдруг вспомнил, что дверь некоторое время назад оказалась закрыта, хотя перегородка перед ней позволяла ее никогда не закрывать, и про Рика вспомнил, и про Джеда...

В гальюн я вошел с парой тракеров, и застал там такую сцену -- в углу, у раковины стоял взъерошенный Джед со шляпой в руке, а над ним нависали двое тракеров. Все трое тяжело дышали, но молчали -- видно было, что ждут, пока уйдут посторонние. Подойдя к писсуару вместе с остальными, зашедшими вместе со мною, я не смог сдержать улыбки. Дело в том, что Джед умудрился завестись с тем самым знаменитым Артом Фармером, о котором я знал до этого только понаслышке. Второй тракер, тоже взирающий на Джеда сверху вниз, был примерно моего размера, под метр восемьдесят с гаком. Зато Арт представлял из себя просто гору, килограмм под сто пятьдесят. Слоны и моська просто, застывшие в полете.... Мои соседи закончили свои дела, и удалились. Я же нарочно долго тянул время, вымыл руки, умылся, и, изобразив на лице самую благодушную улыбку, подошел к ним.

Джед, взмахивая для убедительности рукою с зажатой в ней шляпой, вдруг начал:

-- Арт, ты неправ! Ты должен передо мной извиниться!

-- Подожди, пускай этот уйдет сначала, -- ответил второй тракер.

-- Да никуда он не уйдет! -- рука со шляпой вновь взметнулась вверх -- Он со мной! -- воскликнул Джед, и посмотрел на меня таким взглядом, что я понял, что прощено, и наша ругань, и съеденная мною две недели назад последняя банка персиков, когда я думал, что он уже не приедет на дальний перевал, а он, наоборот, приехал ночью, и это была последняя банка, и золото шло с трудом, и деньги все кончились, и я не дождался…

В меня вперились две пары глаз. Еще недавно скользившие мимо, уставились на меня с неподдельным интересом. Особенно внимательны они были к кинжалу, висевшему на моем боку. Воспользовавшись временным замешательством моих новых знакомых, я вложил все свое благодушие в улыбку, кивнул своим новым знакомым, и, подняв руки, словно призывая в свидетели некую высшую силу, воскликнул, лучезарно светясь: "Джентльмены, джентльмены, давайте будем вести себя цивильно!"

Я смотрел им в глаза, но контакта не было -- вместо зрачков там были маленькие точечки, которые смотрели куда-то мимо меня. "В чем проблемы?" -- задал я вопрос, и снова посмотрел всем в глаза, включая Джеда. И снова ответом мне было молчание. А было там до моего прихода вот что...

В гальюне, куда отправился Джед от нашего стола, была одна кабинка с дверью и троном внизу. Именно на нее и уселся Джед, дабы скрутить косячок. Сидел себе спокойно, крошил бутончики сухой конопли на сигаретную бумажку с клеем. Он слышал, как входили и выходили люди, а вскоре и сам был готов возвратиться в зал, но … судьба уже занесла руку. Рука эта оказалась рыжей огромной лапищей Арта Фармера, чей пьяный гогот и рев Джед слышал, когда тот зашел в гальюн с приятелем.

Пьяный шум на мгновение затих, но, вдруг, дверь к Джеду на мгновение распахнулась от удара Арта. Увидев Джеда, он схватил шляпу и, скомкав в своей ручище, надавил на голову Джеда.

-- Сиди здесь и не выходи, -- Арт гоготнул и захлопнул дверь.

Джед сидел, ошеломленный, и слушал, как Арт и его приятель сначала шептались, а потом глубоко и резко задышали. "Ах, вот оно что -- они кранк нюхают, свидетелей боятся," -- просек тему Джед, и решил обратить дело в шутку.

-- Эй, парни, пошмалить хотите? -- весело спросил он.

-- Мы этого говна не курим! -- рявкнул в ответ Арт, шумно втягивая ноздрей новую порцию кранка -- амфетамина.

Джед встал и попытался выйти, но натолкнулся на рыжую ручищу Арта, которая снова втолкнула его назад, смахнув при этом на пол черную шляпу мексиканского стрелка. Этого уже Джед не стерпел, и, переждав мгновение, резко толкнул дверцу, проскочил под рукой Арта, схватил свою шляпу и встал у рукомойника спиной к стене.

"Ну и как же ты собирался махаться один против двоих?" -- спрашивал я его потом. "Да особенно-то я по этому поводу не переживал, держал, правда, мысль о том, что в кармане нож складной, думал, если вдруг уронят и начнут топтать, то пущу его в ход."

Тут-то как раз и вошли другие посетители по нужде. Тракеры знали Арта, знали его характер, и, видимо, один из них сообщил об этом Рику, а тот, соответственно, мне. И вот уже я, улыбаясь, стою рядом с Джедом и смотрю на тракеров.

До них наконец-то дошло, что Джед не один. Словно танковые амбразуры, их взгляды сошлись на мне. Я пытался смотреть им "глаза в глаза", как у Высоцкого в "Корсаре". Но вместо зрачков -- точечки, бесконечно малые, и неуловимые -- Контакта нет! Контакта нет! Есть контакт!

Второй, со словами "Мы тут без тебя начали, без тебя и закончим", открыл дверь и попытался меня вытолкать. Я и он начинаем бороться. Вдруг Арт хватает своей ручищей нож в ножнах и одним рывком срывает его с ремня. Нож он выкидывает в открытую дверь, и туда же толкает меня, я же хватаю его с собой и мы вываливаемся из гальюна в залу, ломая декоративную перегородку по пути.

Высвободив руку, я успеваю ему сунуть кулак в морду, но потом мы боремся, перевертываемся, крушим кресла и диваны, и в конце концов, оказываемся у противоположного края. Все происходит настолько быстро, что я даже не успеваю особенно то и среагировать на быстро развивающуюся ситуацию, не созрел во мне еще эмоциональный ответ на происходящее. Следующее, что я помню -- я лежу головой в диване, а туша, нависшая сверху и сзади меня, лупит меня по голове. Странно -- вот среагировать еще вроде не успел, а защиту уже поставил -- и Арт лупит меня в основном по рукам. Рожа моя потом была вся чистая, без синяков. Я зажат, и, оцепенел. Но ситуация продолжает развиваться.

Устав меня бить, противник решил заставить меня молить о пощаде. Я вдруг ощущая, как его рука лезет мне в лицо, а палец -- в глазницу. Чего он хочет -- выдавить мне глаз? Я успеваю увернуть голову, но палец снова лезет мне в глаз. И тут я просыпаюсь -- до сих пор помню тот миг -- лицов в диван, руки сложены в защиту над головой, а в лицо лезет большая рыжая рука. И вдруг -- уже не думая -- на инстинкте -- рык медвежий (мой! Мой! -- а как издалека) -- вот уже зубы мои погружаются мясо, в ответ -- ответный рык (с болью и удивлением) -- и снова град ударов. По крайней мере, рука пропала.

Постепенно удары слабели. Стали слышны шум и крики. Один голос орет (после узнал, что звали его Берли, здоровенный невысокий крепыш, и самый скандалист) -- "Он на него с ножом, а Арт как врежет ему!" И тут же -- громкой звонкий голос Джеда -- "Стоп! Стоп сейчас же! Не было этого!' (Не оставил меня Джед, не бросил, не убежал, не замолк. И этот крик -- как рука друга для меня, как луч солнца в темном царстве) Потом помню голос Рика -- "Хорош, Арт. Все закончилось. Давай, давай -- конец драке."

Приподнялся и я (белый свет стервеня, как у Высоцкого). Джед тут как тут -- вот очки, вот комбинезон -- "Давай, давай, Виктор, пойдем скорей отсюда". Я стою, пошатываясь, как в тумане -- от драки, от безочковости своей, от шума, криков, поздравлений! Это тракеры празднуют победу Арта. Тут и хлопанье пятерней, и по плечу, и просто веселый смех!!! Это праздник без меня -- вернее, по поводу победы надо мной. Словно в далеком советском прошлом, где я вступал на тропу войны и бегал по лагерю от толпы свистящих и кидающих камни солагерников.

Я постепенно начал приходить в себя. Толпа вокруг меня подталкивала, плескалась, чокалась пивными бутылками. Не переставая звенел колокольчик. Джед уже просто тянул меня за собой, но я не хотел идти, сцепившись через залу взглядом с Артом. Он стоял, тяжело дыша...

"Ты что на него так смотришь?!" -- закричал кто-то из тракеров (Берли, конечно, верный зачинщик и шестерка). "Ведь он тебя только что избил! Тебе что, мало что-ли?!"
Крики нарастали, но я уже ничего не слышал. Отбросив руку Джеда, я пробрался сквозь толпу к Арту, и, глядя прямо в глаза, сказал:
-- Я говорил с тобой как с джентельменом, а ты, оказывается, -- кусок дерьма!!!. Арт молчал. Замолкли и тракеры. Джед пробрался ко мне и снова потянул к выходу. Но не тут-то было -- Джеда дернули куда-то в сторону, в толпу, а меня, Берли, с криком -- " Давай еще, Арт!" -- толкнул со спины прямо в объятия к Арту.

"Как-будто кто-то выстрелом в упор медвежьей дробью разрядил двустволку!" -- кричал потом Джед, описывая то, что началось. Я, еще в полете, успел нанести два-три точных удара в челюсть и в висок Арта, и когда, наконец-то, налетел на него, он уже падал, оглушенный. Я очутился на горе бесчувственного мяса. В баре вдруг стало совсем тихо -- только музыка играла веселую песенку о любви и разлуке. "Он твой, Виктор!" -- голос Джеда разорвал тишину, но я продолжал просто сидеть на теле. Вдруг тело шевельнулось -- Арт стал приходить в сознание. Я, несмотря на свою позицию, не мог заставить себя бить лежащего, а скоро это уже стало и невозможно -- ухватившись рукой за стойку бара, он стал заваливать меня на бок. Тракеры воодушевились -- "Давай, давай, Арт!" -- слышалось со всех сторон. Меня вдруг обуял ужас, что он таки меня завалит, и я, оттолкнувшись от него двумя руками, врезал ему со всей силой ботинком, прямо в нос… Он аж приподнялся от удара, и снова рухнул. "Ты, что, сука, смерти захотел?" -- заорал я, и прыгнув на него, стал его волтузить. Он уже не двигался. "Ты о смерти заговорил!" -- услыхал я голос Берли, и спиной и затылком ощутил град ударов. Наверное, человек десять тракеров прыгнули на меня сзади, пытаясь отодрать меня от Арта, и вырубить. Я, однако, крепко держался за горло Арта, решив, что уж если помирать, то не одному.

Куча-мала бурлила. Их было много, и они мешали друг другу, пытались лишь оттащить меня от Арта, хватали за волосы, за одежду, кто-то просунул мне палец в рот и тянул за щеку, но я его резко закусил, и он перестал. Но тут на первое место в рассказе выходит уже подзабытый мною Джед! (Как он сам любит говорить при наших разговорах на тему "бойцы вспоминают минувшие дни" -- "И тут на сцену вновь выходит давно забытый Джед!") Он, оказывается, никуда не исчез, не забился в угол, не отвернулся, а --

… Сквозь топтание и пыхтение толпы, сквозь крики тракеров "Бей его! Спасай Арта!" я вдруг услышал возгласы Джеда насчет "один на один", и почувствовал, что руки, рвущие за шею и одежду, ослабевают, да и толпа на моей спине полегчала. Это Джед кинулся сзади на нашу свалку, начал бить, кусать, душить, и … перевел огонь на себя. Повторюсь -- он был самый маленький по размерам там, единственный эскимос, но дрался он, видно, как лев -- по крайней мере, меня оставили в покое. Его же сбили с ног и пинали по кругу, как мяч, а он только голову закрывал руками, а поскольку был он в комбинезоне, то, как он говорил, -- ничего и не почувствовал. Он перекатился к двери, встал на ноги, и его уже больше не трогали. И тут -- кто-то протянул ему, предварительно отряхнув, его черную шляпу. Джед даже не помнит кто, поскольку взгляд его был устремлен на меня.

А я, оставленный толпой, полу-сидел, полу-лежал на Арте, который снова стал показывать признаки жизни. Парой ударов я вернул его в отключку. И еще раз добавил прямо в скулу -- для пущей уверенности, и себе в удовольствие. Кто-то тронул меня за плечо -- "Кончай уже, ладно -- вот очки твои." Я встал. Кто-то оказался тем вторым, из самого начала драки. Я прищурился на него, и он отскочил в сторону, все еще протягивая мне очки. Я надел очки и медленно через расступившуюся толпу, прошел к Джеду. Пара человек бросилась к Арту. "Как дела, друг!" -- весело крикнул я ему, и мы захохотали.

Вышли на улицу. Мороз приятно освежал, покусывал-покалывал. Где-то на другом конце площади лежали наши собаки. Бурчали траки, но уже не грозно. Жизнь была замечательна, а дружба наша -- крепка и верна. Когда мы отошли метров на пятьдесят, на крыльцо выползли такеры. Сначала они стояли молча, а потом один стал орать, что в следующий раз они нам покажут, а ты, мол, немец поганый. "Берли опять орет" -- сказал Джед, чем пробудил дремлющего во мне оратора. Я обернулся к крыльцу и заорал -- "Вы все гондоны и трусы! Сходите с крыльца, идите сюда, если мало было!..." Слегка увлекшись риторикой, я развил свои догадки по поводу их происхождения, и их семей, но никто к нам не спустился. Под конец я поправил их убеждения по поводу моей национальности, и сообщил, что бил их сегодня русский, и что эта земля -- моя. Тракеры молчали, молчал и Джед.

Мы зашли в кафе. Там ужинало несколько тракеров, а за кассой стояла Кати Маки, жена хозяина. Мы сразу поделились всеми подробностями. Кати слушала нас с кислой миной, а потом, скривя губы, заявила, что Джед и Виктор -- известные драчуны, и она нас 86 (на слэнге это число становится глаголом) из бара, то есть запрещает нам отныне в этот бар заходить. Мы пытались объяснить ей, что там еще наша одежда, и на туда непременно нужно. Она, однако, была тверда, и послал за одеждой Роджера, кэйджена из Луизианы (потомки французов, живущих там в болотах с XVIII века). За Роджером потянулись и мы.

В дверях столкнулись с Диком Маки, и вкратце ознакомили его с сюжетом, извинились за поломки, и сообщили о запрете Кати. "Дик, если там чего починить, то мы всегда готовы," -- закинул удочку Джед. "Ладно, ладно, погоди," -- Дик слегка задумался и вдруг спросил -- "Как драка-то закончилась?" И оглядел меня с ног до головы, словно сравнивая наши с Артом габариты.

-- Он избил его до бесчувствия! Два раза вырубил! -- с энтузиазмом вскричал Джед.

Дик еще немного помолчал.

-- Значит так, -- начал он немного в раздумьи, -- помогать мне не надо, сами разберемся, а на Кати не обращайте внимания. Арта давно должен был кто-то проучить. Так что вы ребята, молодцы, и бар мой для вас всегда открыт! -- неожиданно закончил он.
Не успели мы его поблагодарить, как он повернулся, и ушел, еще раз окинув меня взглядом на прощание. Вскоре Роджер принес мой комбинезон, нож, и порванные ножны.
Ночевали мы в номере Элмы, на полу вповалку с Джедом. Она нас тогда впустила в первый и единственный раз, вот только все жаловалась, что от нас сильно несет псиной. Для меня, однако, это было лучшим комплиментом.
Утром завтракали одновременно с тракерами. Они сидели за своим огромным столом, специально за ними закрепленным, и молча пили кофе. Перевал расчистили, и у них впереди была дорога до самого океана, километров шестьсот. Мы с Джедом сидели у окна и всех их в упор разглядывали. Тракеры угрюмо вздыхали и тупили взоры. А бар потом починили сами Дик с Роджером.

Про Гарвард-стрит

Я решил записать эти истории про Пола и нашу квартиру на Гарвард-стрит в маленьком городке Кембридж в Массачусетсе, чтобы вспомнить и осмыслить нашу студенческую и рабочую атмосферу тех, уже теперь далеких, восьмидесятых-девяностых годов. Пол представлял и представляет для меня тип блуждающего янки, пусть и ирландской крови, в котором я нахожу и отголоски "шестидесятых годов", и трезвость восьмидесятых, и авантюризм свободного бродяги, живущего в соответствии с зовом внутреннего голоса, но всегда готового к новым приключениям. А если уж говорить еще откровеннее, то эта история так никогда и не повзрослевших подростков, оставшихся навсегда на заре своей студенческой юности. В данном повествовании, доля трагедии, состоявшей в нераскрытости потенциала, соседствует с элементами комедии из жизни недорослей.

Первый раз я встретил Пола Харви, когда окончательно вернулся с Аляски в 1989 году. Не помню точно, как получилось, что на огромном поле с грузовиками по бокам мы устроили дуэль на досках, вместо сабель. Как и все игрушечные драки, эта тоже почти перешла в серьезное столкновение, особенно после того, как моя доска переломилась от его удара. Если бы не Майк, - старый, добрый ветеран вьетнамской войны, то мой план по выводу Пола из битвы ударом моего обломка по его колену наверняка привел бы к бурным последствиям. Именно тогда Майк и сказал мне про Пола, что этого белого парня ничто не берет. Вокруг будут падать оголенные провода, рушиться мосты и небоскребы, происходить революции и войны, а этот "хонки" будет идти не замечая случившегося, только удивленно спрашивая всех, что и где происходит. Это была самая длинная и витиеватая фраза, которую я когда-либо слышал от Майка.

Пол Харви родился и вырос в очень религиозной

католической семье в Бельмонте, предместье Бостона, его родители ходили в церковь каждое утро. Отец всю жизнь работал офицером ФБР. Пол был четвертым, самым младшим, ребенком. Семейные традиции вполне соответствовали характеру двух братьев и сестры Пола. Однако ему совершенно не подходили. Пол был человеком рассеянным и временами беспричинно энергичным. За это ему доставалось ото всех. Хотя Пол и вырос в обеспеченном пригороде Бостона, манеры он позаимствовал у ребят из бедных кварталов.

Через пару месяцев совместной работы, большого количества возлияний и разговоров, мы с Полом сдружились. В моей "вороньей слободке" на Гарвард-стрит как раз освободилась "американская" комната. Дело в том, что из уважения к титульной нации, я всегда сдавал одну комнату американцам.

Электрик Том Поттс из Пенсильвании вошел к тому времени во вторую стадию "белой горячки" и перестал понимать необходимость ежемесячной платы за комнату.

Том был в нашей квартире на Гарвард-стрит представителем американской "линии". Он родился в Пенсильванской глубинке, а в 1972 году был забран в армию. Но вместо Вьетнама, его послали на Алеутские острова, где он прослужил почти три года в полной изоляции от внешнего мира. Когда в 1975-м Том вернулся к цивилизации, жизнь его сильно потрясла и удивила. "Крыша" поехала от взрывоопасной смеси алкоголя, наркотиков и рок-н-ролла, а на место так и не вернулась.

Когда Том попал в поле моего зрения, в местном баре"Ночной Бродвей", он уже был вполне сложившимся человеком. Электриком по профессии. Единственной книгой Тома был свод электрических правил нашего штата, который и зовется-то не штатом, а -- "Комонвелсом", "Общим благом".

Том постоянно штудировал эту увесистую книгу в периоды относительной трезвости. Помимо этого, у Тома была кассета альбома "Роллинг Стоунс" "Сам герлс" и он всегда включал ее на вершине алкогольного экстаза. Так он и жил. Утром -- вынужденная трезвость. Днем и вечером экстаз и Роллинг Стоунс. Ел Том примерно один бутерброд в неделю, вся остальная его диета состояла из "Бадвайзера". "Bud" - в английском языке очень емкое слово. Это и друг, и приятель, и пиво. Том никогда не пил из банки. Пить "Бадвайзер" из чего-либо кроме стеклянной тары, он считал предательством по отношению к другу, а друзей Том не предавал. Для подтверждения серьезности этого закона Том стучал кулаком по столу, вскакивал, переворачивая мебель.

У Тома была лицензия электрика, дающая ему право на подпись работ по электрике. А у черных доминиканцев Луиса и Фиделя, бывших бандитов, вступивших в тюрьме в ряды свидетелей Иеговы, такой лицензии не было. Они приезжали за Томом по утрам, вылавливали его еще трезвым и везли в криминогенные районы, где занимались переустройством брошенных домов. Том придирчиво осматривал сделанную ими работу и выносил свой вердикт. В большинстве случаев это была критика и советы. Только после тщательной инспекции и удовлетворения, Том ставил свою подпись.

Когда я познакомился с Томом, у него был свой вэн (пустой внутри мини-автобус), полный инструмента и пустых бутылок из-под "Бадвайзера". В конце нашего знакомства, книжка электрического кода штата Массачучес была единственной ниточкой, связывающей его с реальным миром. "Бадвайзер" на завтрак, обед и ужин. Жилистый, мускулистый, вислые усы, книжка по электрике и кассета "Роллинг Стоунс". Полного экстаза Том достигал ночью. Если утром работал, то за полночь.

Если нет, то часам к одиннадцати. Эта точка ознаменовывалась включением данной кассеты на полную громкость. "Щатэртд!!!" - орал Мик Джагер. Вдребезги и бесповоротно, так, что и кусочков не собрать - надрывались "Катящиеся камни", пока я вылезал из постели и шел на кухню выключать магнитофон. "Что ты понимаешь? Бад!!! - орал Том под звон летящих на пол бутылок.

Итак, Пол въехал в комнату, оставленную Томом.

У меня были очередные безумные дни по мувингу.

MOVING - это передвижение вещей в Большом Бостоне и далее.

MOVING - это грузочно-разгрузочная работа по перевозу людей и бизнеса из квартир и офисов в другие квартиры и офисы. Бостон -- старейший город Америки являет собой нагромождение архитектурных стилей за последние четыре века.

MOVING- это движение.

MOVING - постоянная перемена мест, является квинтэссенцией американской культуры, американского пути.

MOVING- шикарные квартиры на шестом этаже в домах без лифта.

MOVING- это трущобы студенческого быта с маленькими грязными квартирками, доверху набитыми книгами, диванами, комодами, кроватями, письменными столами, книгами, книгами, книгами...

MOVING - это люди всех социальных слоев, всех национальностей, всего спектра, который представляет из себя культура Большого Бостона. Большой Бостон - это самое большое скопление университетов. Это Афины современного мира. Бостон лишь самый большой из сотни островов, которые составляют Большой Бостон. Каждый из этих островов-городов вроде Кембриджа, Бельмонта, Арлингтона и т.д. представляют из себя независимое образование,

MOVING - это самая свободная индустрия, где каждая работа уникальна, где движутся не только люди со своим барахлом, но и грузчики. Кто из другой страны приехал, кто недавно оставил кафедру университетскую, кто на каникулах, кто недавно дембельнулся из горячих точек, кто "от хозяина откинулся" - всем есть место в *MOVING* - свободном круговращении людей и вещей Большого Бостона.

Итак, я был очень занят, поэтому с другими соседями - африканцами и индусом, я Пола познакомить не успел, посчитав, что он и сам сможет им представиться. В общем на новоселье Пола мне удалось попасть только вечером.

Свой переезд Пол решил отметить капитально: купил 50-литровую бочку пива и пригласил кучу народа. Однако, когда я пришел, Пол в одиночестве слушал музыку на кухне, потягивая пиво прямо из шланга, словно египетский курильщик кальяна.

-- Никто не пришел. Ни один.

-- А как же соседи? - спросил я.

Пол разочарованно махнул рукой. Другой рукой он слегка приоткрыл вентиль на бочке и запил свое разочарование очередным глотком бочкового свежего.

На следующий день, однако, кухня была полна соседями снизу. Там официально жила одинокая мать с пятерыми детьми, но квартира была полна мужиками, братьями, племянниками. Представители жарких суб- и просто континентов, уже успели к тому времени по достоинству оценить пивные щедрость и красноречие нашего нового соседа. Добро пожаловать, Пол!

Пол пил эту бочку три дня. "Я друга одного не брошу", - говорил он, любовно поглаживая алюминиевый бок.

Три дня, в течение которых Пол праздновал свое новоселье, произвели яркое впечатление на остальных соседей по квартире. Тоголезец Эрхард при встрече смотрел на меня широко раскрытыми глазами, в которых читались одновременно упрек и изумление моим выбором нового соседа из белых варваров. Индус Майкл Сэн прятался в своей комнате.

По мере достижения необходимого уровня пивного полета, Пол стал веселым и разговорчивым, превратив кухню в живой ирландский бар. Все входящие громко им приветствовались и приглашались познакомиться с пенным содержимым бочки. Поддержание достигнутого уровня стало главной задачей Пола на следующие три дня.

Вернувшись домой с работы на третий день затянувшегося новоселья, я обнаружил в кухне веселое столпотворение. Оказывается, Пол познакомился с соседями, жившими под нами. Вообще-то, там проживала одинокая мать негритянка с пятью детьми, разумеется, по госпрограмме. Однако, квартира ее служила убежищем для многочисленных друзей семьи мужского пола. Даже не знаю, как они там все уживались - бывшие и будущие отцы этого разветвленного семейства. В тот вечер у нас на кухне они дружно помогали Полу справиться с содержимым бочки, пока жильцы прятались по комнатам.

К ночи победа была за нами. Бочка опустела. Соседи растворились в темноте подъезда. Не дойдя до двери, Пол остался спать на кухне. Потом еще долго соседи откликались на голос Пола в подъезде открыванием дверей и горячими проявлениями готовности немедленно возобновить процесс: Здравствуй, Поли, Новый год, приходи на елку!

Население нашей квартиры на Гарвард-стрит было многонациональным и разнообразным. Лучше всего это можно продемонстрировать одним маленьким примером из жизни Пола где-то через пару месяцев после его вселения.

Пол пил третий день подряд. Как-то вечером я собрался сходить за сигаретами, и несмотря на настойчивое предложение Пола меня подвезти, я отказался и пошел в магазин. Идти было всего ничего, минут десять. В середине моего пути мне пришлось отпрыгнуть от машины, заехавшей на тротуар. Это был Пол. Абсолютно пьяный. Ради его же безопасности, я сел в машину и по дороге в магазин попытался объяснить ему опасность вождения машины в пьяном виде. Пол заверил меня, что все под контролем. Получив обещание, что он будет стоять и не дергаться, я оставил Пола на парковке и зашел в магазин.

Очередь из трех человек двигалась медленно, когда же я подошел к кассе стеклянные двери магазина вдруг осыпались, а в магазин въехала машина Пола. «Это я пошутить решил, - объяснял он мне потом. - Я хотел подпереть дверь магазина капотом, чтобы когда ты выходил, она бы не открывалась, ха-ха-ха, да, малеха не рассчитал...» Надо отдать должное оперативности Пола: после поцелуя со стеклянными дверями он резко развернулся на маленькой парковке, протаранив парочку мешавших ему машин, и спешно удалился во мрак ночного Кембриджа, преследуемый толпой автовладельцев и работниками магазина.

Придя домой, я обнаружил на кухне Пола, весьма гордого своим приключением. Неожиданно в дверь громко застучали.

-- Это, наверное, тот коп, который пытался меня прессовать днем, когда я в машине поддавал. Короче, меня никто не видел и не знает, -- шепотом крикнул мне Пол, прячась в туалете.

Верхний этаж нашего четырехэтажного дома на Гарвард-стрит занимали две квартиры. Окна туалетов обеих квартир выходили в отвесный кирпичный колодец с асфальтом внизу.

Я пошел открывать. На пороге стоял разгневанный полицейский-негр, протиснувшийся в квартиру и потребовавший «пьяного беляша», которого он уже допрашивал сегодня днем. Я выразил недоумение по поводу его требования, предложив ему самому убедиться в отсутствии у нас такого персонажа.

-- Да вот сами убедитесь, - сказал я и постучал в первую комнату.

Комната номер 1. Майкл Сен. Калькутта.

Майкл Сен был вторым человеком, ответившим на мое первое объявление о сдаче комнаты в наем, еще в 1982-м, когда я только туда въехал. Его шаги по нашей лестнице на четвертый этаж, были мучительно медленными. Он проковылял по нашему коридору в кухню, где его ожидали я и новоиспеченный жилец Ральф. Внешний вид Майкла впечатлял: черные лоснящиеся волосы и черный старый грязный пиджак, протертый на локтях и подмышках, брюки с отвисшими коленями. При этом от него пахло давно немытым телом и бельем месячной несвежести. Он не ходил, а ковылял, поскольку перебитые ступни срослись неправильно. Он был студентом юридического, его связь с МИТ состояла в том, что его мать работала там в библиотеке, а он любил ошиваться в круглосуточно открытых МИТ- библиотеках, где и увидел мое объявление.

Он был готов к отказу. Все его существо выражало готовность к неуспеху. Ральф посмотрел на меня с усмешкой. Майкл был жалок в самом полном смысле этого слова. Грязный, вонючий, хромающий на обе ноги, он был квинтэссенцией лузера. Возможно, именно это и заставило меня продолжить интервью, вместо того чтобы вежливо сообщить, что комната уже занята. Майкл оказался знатоком истории и философии: от Упанишад до Фейербаха, от Платона до Фуко, от Оксфордских Провизий до наполеоновского кода. Майкл Сэн просто блистал своими познаниями. Так он стал старожилом нашей квартиры на Гарвард-стрит, 119. Из мебели в его комнате был только матрас, который я ему подарил. Матрас и так был не очень новым, с протертостями и разводами и другими следами былой жизнедеятельности на его поверхности, а у Майкла он совсем дошел. Протертый в паре мест до основания матрас торчал вверх освобожденными пружинами.

Одежду Майкл никогда не снимал. Основную часть времени своей жизни в нашей квартире он проводил на этом матрасе. Пол его комнаты был завален книгами по философии, психологии, порнографическими журналами со слипшимися страницами и юридическими справочниками.

О выходе Майкла из комнаты мы узнавали по мучительно-приторному запаху гнили, вырывавшемуся из-за открывавшейся двери. Поздно ночью Майкл любил бить затылком о стенку. Он садился на своей кровати и равномерно раскачиваясь, молча с промежутком в пару минут опрокидывал себя на стену затылком вперед. Выбоины в стене, разбитая головой штукатурка, содрогающийся дом в самое тихое время ночного Кембриджа. Душ Майкл принимал раз в полгода, после этого пару дней было трудно зайти в туалет, видимо, снимая верхний слой грязи он обнажал еще более глубокие слои. Ноги ему перебили по приказу его мачехи, когда воспитывали, после того, как его мать американка убежала из Индии. Дух трагедии и несчастья служил Майклу надежной защитой его частной жизни.

* * *

Взбудораженность полицейского была несколько скорректирована спертым духом, вырвавшимся наружу, когда я, постучавшись, открыл дверь к Майклу.

-- Не этот? - с трудом сдерживая рвотные позывы, вежливо спросил я. Не в силах преодолеть запах незваный гость только отрицательно помотал головой, упершись в меня сердитым взглядом.

-- Ты что мне гонишь?! Я же спрашивал про белого, а ты мне Калькутту подсовываешь! За дурака меня держишь?! -- бурили меня его глаза. Но меня уже понесло.

«Беляша изволите?» - мысленно вопрошал его я, распахивая без стука дверь в другую комнату. В мою. В которой я в описываемый период подсдавал три койко-места бывшим соотечественникам. В данный момент Левка, Витя и Вадик предавались любимому делу -- уничтожению алкоголя и разговорам о судьбах многострадальной родины. Консенсуса еще не достигли, но и до оскорблений пока не дошли. Увидев меня с негром в полицейской форме, они оживились.

От брудершафта мент отказался, но во взгляде его к злобе прибавились нотки недоумения.

-- Не эти? - ласково спросил я.

Вадик, Левка и Витя стояли рядом, протягивая нам стаканы.

Русская комната. Левка

Левку я знал еще по революционной деятельности поздних 70-х. Например, половину апреля 1979 года мы провели с ним в соседних одиночках в ленинградском изоляторе на Каляева. Из нашей группы друзей-революционеров там еще временно держали питерца Андрея Резникова. Про это в мае 1979-го Левка написал стихотворение:

> Наверху совсем одни для совсем отпетых
> В камере считали дни
> Трое диссидентов.
>
>> Один из них был пессимист,
>> Другой не мог быть подлецом,
>> а третий, правда, был марксист,
>> но с человеческим лицом.
>> Они стучали и кричали,
>> Сквозь стенки разные слова,
>> Словно друг друга привечая,
>> На трех соседних островах.
>
> А на первом этаже волною за волной накатывал народ,
> Он потел работал и иною жизнью жил
> и всех е...л в рот
> И ему было наплевать
> На всех троих на верхних
> Ведь надо пить и надо жрать
> Ведь надо Жить, а всех их
> Интеллигентов вот опять вся та же комбинация
> И все, как встарь, ну что сказать такая может нация.

Выйдя из тюрьмы, я поговорил с отцом, который сказал мне, что торопиться в Горький не надо. Как потом выяснилось, в это время шли интенсивные переговоры об эмиграции нашей семьи. Многолетняя операция КГБ по выдворению нашей семьи из СССР была готова успешно разрешиться. Своим участием в студенческом подполье я, как оказалось, форсировал нашу эмиграцию. Поэтому после отъезда из Ленинграда в Москву, Левка и я посветились по диссидентским салонам Москвы в роли зэков-ветеранов. Через пару месяцев Левка провожал меня до границы в Бресте. Что удивительно - я никуда эмигрировать не хотел а ехал, в то время как Левка уже был «в подаче» уже два года, но так никуда и не уехал.

Я встретил Левку через десять лет в Нью-Йорке. Был вечер жаркого нью-йоркского лета . Я с трудом нашел место для своего битого "датсуна" среди улочек Гринвич-Виллиджа. Решив посторожить место, я послал Яна на место встречи в Вашингтонском парке. Сам же тем временем залез на крышу машины, забил косяк и сидя на крыше стал слегка попыхивать калифорнийской конопелюшкой, пытаясь разглядеть в волнах людской, вечерней, праздничной нью-йоркской толпы друга юности и моего невольного соратника по подполью (невольного, потому что в подпольные акции втягивал его я). Вот из толпы вынырнул Ян. Я потянулся к бутылке шампанского. Но где же Левка? Где друг мой? Где резонер, эстет, поэт? Неужели этот лысоватый, худющий человек в несуразном плаще, нервно озирающийся по сторонам, и есть мой Левка? Громко хлопнув, вылетела пробка шампанского, вспенилась струя, брызгая на крышу машины. Высоко подняв над головой бутылку шампанского в коричневом бумажном пакете, я стал громко декламировать мандельштамовское:

Я пью за военные астры!
За все, чем корили меня!
За барскую шубу, за астму,
За желчь петербургского дня...

Левка начал нервно озираться по сторонам.
-- А нас не арестуют? - неуверенно спросил он. Две вещи поразили меня в Левке больше всего - страх и неуверенность. Это потом, когда он переедет ко мне в Бостон «Кембридж», когда подружится с моей международной тусовкой и немножко расслабится, я узнаю поподробнее о его непростой жизни в СССР между женами и запоями. А тогда я с изумлением смотрел на само-скукоживающегося друга, с опаской пригублявшего шампанское и наотрез отказывавшегося влезать на машину в целях продолжения поэтической акции.
Впрочем, в тот момент, когда Пол висел над пропастью четырехэтажного каменного колодца, Левка был пьян и

весел. Второго приглашавшего нашего незваного полицейского гостя к столу звали Вадим Леонтьев. Он был нами найден и вовлечен в круговерть Гарвард-стрит, 119, в пустыне Новой Мексики, городе Албукерке.

Русская комната. Вадим Леонтьев

За два месяца до описываемых событий, в два часа ночи в одном из подвальных баров Гарвард-сквера Крис Колдвел, начинающий гарвардский писатель и поэт, и я достигли консенсуса. Надо немедленно ехать в Новую Мексику, "Штат Очарование" по гордому самоназванию. Подкрепив наше решение хорошим скотчем в частном клубе Гарварда, на который не распространяются городские запреты употребления алкоголя, мы точно решили - едем.

Через час, собирая сумку для поездки на нашей кухне, я нечаянно разбудил Пола. Протирая заспанные глаза, он осведомился о причинах активности в неурочное время.

-- Внутренняя необходимость Очарования влечет нас к внешним перемещениям, - замысловато сказал я и пояснил, - в Нью-Мексико едем. Поехали с нами!

В ответ Пол посетовал на сегодняшнюю утреннюю смену, на необходимость добрать немножко сна перед работой.

-- Пожалуйста, возвращайся в свою скучную жизнь, - я указал широким жестом на двери его комнаты. - Извини за шум. Это просто параллельная судьба поэтов и авантюристов мимо тебя прошла.

Через десять минут мы встречали рассвет на хайвее по пути в Нью-Йорк: я, Крис и Пол. После завтрака у моих мамы и папы, на котором в частности обсуждалась книжка Аксенова «В поисках грустного бэби» и общее состояние русской эмигрантской литературы, мы продолжили путь на запад.

Мы потеряли Криса в Роануке, Виргиния, зеленые холмы. Дух юга, корчащийся в муке. Тяжелое похмелье. Злые сны.

Сделав крюк, мы отвезли его в местный аэропорт откуда он улетел первым классом до Бостона через Вашингтон, пообещав нам воспользоваться алкогольными привилегиями своего билета за наше здоровье и за успех нашей поездки.

Через пару дней мы прибыли в Албукерке. Там у меня было

двое знакомых Джон и Байрон, которых я «нарыл» еще в своем первом американском путешествии в 1981 году, когда передвигался от Бостона до Сан-Франциско, посещая кафедры русского языка во всех попадающихся мне по дороге университетах. Поскольку у Джона нас встретила вредная Салли, его супруга, объявившая, что Джона нет, и захлопнувшая перед нами дверь, мы отправились к Байрону.

Байрон был профессором русского языка и литературы местного университета. К нему я вселился на пару дней на почве любви к русской поэзии, разбавляя запойное одиночество русскоязычного американского интеллигента, отчаянно в течение нескольких лет ждавшего свою любимую Татьяну из цепких лап СССР.

Я поддерживал с ним связь, звонил и навещал его, познакомился с Татьяной, узнал о рождении двух прелестных дочек.

Дверь в дом Байрона открыл молодой человек в плавках. Байрон отсутствовал: с семьей отдыхал от летнего жара в горах. Молодой человек по имени Вадим Леонтьев присматривал за домом в отсутствие хозяев.

Это был персонаж удивительно мужественной и красивой наружности. По-английски он говорил с трудом, но старательно. Все было окей, как он любил повторять.

Потеснив его и неожиданно для него переходя на русский: «Свои. Спокойно» Я зашел в дом, приглашая Пола следовать за мной в дом широким хозяйским жестом. На веранде, в тени и окружении залитой солнцем зеленью, я рассказал Вадиму, кто я. Стряхнув первое оцепенение, вызванное, как он потом объяснял, его шоком от моего русского, Вадим заговорил.

Он служил в московском театре Ленинского комсомола. Играл второстепенные роли, был душой компании, героем-любовником. Играл на гитаре, любил анекдоты, а также богемную жизнь артистической Москвы во всей ее полноте. В начале 1980-х уехал с женой на Камчатку зарабатывать на квартиру. Там появились и двое детей. В середине 1980-х вернулся в Москву в тот же самый театр, но уже работником сцены. Какие-то очень дальние родственники партийной принадлежности попросили его стать приглашающей стороной для их далекой американской родственницы из Новой Мексики. В ответ на эту любезность

Вадика, она тоже сделала ему приглашение. И вот после долгих походов в ОВИР, после сборов справок в ЖЭКах и по месту работы, весной 1989 года Вадик ступил на американскую землю.

После двухдневного путешествия на автобусе из Нью-Йорка Вадик наконец-то прибыл в Новую Мексику. Его хозяйка, 83-летняя русскоязычная американка армянского происхождения, еще во время своего визита в Москву обещала ему золотые горы. Она собиралась устроить его в дом престарелых, где Вадик должен бы ухаживать за клиентами, соревнуясь в мизерности оплаты своего труда с нелегальными мексиканскими иммигрантами. Три доллара в час, которые Вадик получал бы за это, должны были стать тем фундаментом золотых гор, в целях покорения которых Вадик и приехал в Америку.

Так часто бывает: говоришь с человеком по-английски, и все окей, как и положено по англо-саксонской матрице поведения, а стоит только перейти на русский, как тот же самый собеседник вывалит на тебя горы не всегда приятно пахнущих проблем и уставится влажным бараньим взглядом, молящим о восстановлении справедливости в судьбе отдельно взятого человека. И таким жалобным и униженным будет этот взгляд, таким морально требовательным, что будет уже трудно сделать вид, что не слышал и не видел. И знаешь ведь, что предаст и продаст, что вместо благодарности получишь недовольство, что мало дал, а всеравно влезаешь и помогаешь. Справедливости ради надо отметить, что награда за участие в судьбе другого человека все равно находит своего адресата, пусть часто и неисповедимыми и непонятными путями.

Однако все оказалось не так просто. С первого же вечера хозяйка стала объяснять Вадику, как ему повезло. А прежде чем порекомендовать его в дом престарелых, она решила дать ему испытательный срок в пару недель, в течение которых от него ожидалась ежедневная и ежечасная демонстрация владения искусством уборки, мойки и других умений и решений хозяйственно-строительных вопросов. По прошествии пары недель, были подведены итоги испытательного срока. Выяснилось, что, к сожалению, Вадик пока работал в минус. Перерасход средства для мытья посуды, электроэнергии, а также увеличенные расходы на продукты питания пока не были компенсированы усилиями и усердием Вадика. Ему были поставлены на вид такие оплошности и недоработки, как поверхностное пылесошение ковров, непротертые от пыли основания гардин, а также особенно возмутительный перерасход мыла при мытье посуды. «Больше терки, меньше мыло!» - слегка коверкая от волнения русские слова, восклицала она с горячностью бывшей женщины Востока. Продлив ему на месяц испытательный срок, она туманно намекнула, что может сделать запись в завещании, которое полностью поменяет финансовый и социальный статус Вадима.

Так прошли для него три месяца и, как ему и обещалось, он провел их в уходах за пожилыми, вернее пожилой женщиной, давно разменявшей девятый десяток. Его английский был довольно слабым. Из русскоязычных в Албукерке он знал только моих знакомых Джона и Байрона с семьей, свою домохозяйку и пару семей армян-иммигрантов, которые, по его словам, занимались контрабандой бриллиантов. К ним он вынужден был обратиться с предложением частных концертов, которые хотел дать, чтобы заработать денег на билет на автобус до Нью-Йорка. Рейс в Москву, на который у Вадима был билет, оставалось четыре дня, виза, выданная под билет, тоже кончалась.

Несколько дней назад Байрон предложил Вадиму пожить в его доме, чтобы собраться с мыслями перед неминуемым отъездом. Теперь на красивом лице Вадика вместо мужественности правило бал отчаяние. Я перевел эту историю Полу, который к тому времени слегка заскучал. Отягощенный новым знанием Пол пошел на кухню искать пиво.

-- Слушай, Пол, здесь все предельно ясно. Берем его в Бостон, консультируемся у индуса, а потом или он успевает в Нью-Йорк на самолет, или у нас появляется новый жилец, но ехать надо сразу, чтобы успеть. Пиво мы не нашли, поэтому пили коньяк из байроновских запасов, пока я, поддавшись соблазну вершить человеческие судьбы, убеждал Пола в справедливости принятых мной решений. Вадим с усердием вслушивался в до сих пор незнакомую ему речь.

Соглашаясь с моими постулатами, Пол свою роль в предложенном мной сценарии видел совсем иначе. Не для того он прибыл в Нью-Мексико, чтобы сразу отсюда уезжать. Договорились, выпили, обнялись.

Двое с лишним суток на хайвее, Вадим и я сменяли друг друга

у руля.

Пол прилетел в Бостон через два дня после нашего с Вадиком возвращения. С удивлением отметил, что Вадик мне к тому времени изрядно поднадоел. А Вадик и правда меня быстро достал. Своей самовлюбленностью, самолюбованием, своими постоянными требованиями внимания к собственной персоне. Я сдавал ему койко-место в своей комнате, но уже начинал тяготиться его присутствием.

Тем не менее Майкл Сэн продлил ему визу, а я по просьбе Вадика, познакомил его с Маршей - девушкой из кафе. Он углядел ее в первый же день нашего приезда, на многолюдном Гарвард-сквер сквозь толщу голов и тел гудящей студенческой толпы. Когда он попросил меня познакомить с той девушкой, указав направление рукой, мне пришлось трижды уточнять, поскольку девушек там было много, а разглядеть миниатюрную мышеподобную брюнетку, склонившуюся над дальним от нас столиком в кафе, я сразу не сумел. Прозорливости Вадима можно было только позавидовать. Довольно скоро, к моему облегчению, он переехал к ней.

В описываемый момент, однако, он временно гостил в моей комнате вместе с Левушкой и Виктором Катуниным. В тот момент, помимо аренды койко-мест на моем полу, они были объединены и способом заработка, найденного для них мной.

Они стали профессиональными «подопытными кроликами», добровольно предлагая себя как предметы изучения побочных действий новых лекарств.

Вадим Леонтьев провел в Бостоне более полугода. Помимо нескольких тысяч долларов сэкономленных денег, он увез с собой в Россию десять огромных коробок разного тряпья. Быстро реализовав вещи и оргтехнику, купил себе квартиру.

Во время своей поездки в Россию Пол увидит его уже в качестве нового квартировладельца, увидит некрасиво располневшим, объедающимся креветками из таза на балконе, запивающим еду голландским пивом. Вадим будет излагать пошлые истины и намекать на причастность тайнам бытия.

Привычку Вадима намекать на свои связи с КГБ была замечена мной и другими еще в то время, когда он только начал определяться со своей жизнью в Бостоне. Многозначительно улыбаясь, он любил поговорить о том, что все не просто так. В

1989 году, когда советская власть и КПСС еще были в силе, такие намеки были на грани фола и озадачивали самим фактом своего появления.

Напускная вальяжность, с которой он любил рассказывать байки про «крысиного короля», вызывала недоумение. Он был мне явно более симпатичен, когда был потерянным и бездомным.

...Вадик появился в Кембридже через четыре года. Приехал вместе с Жорой, лысеющим армянином московского разлива. Они приехали для закупки партии "линкольнов". Они с Жорой стали часто наведываться ко мне в офис, который представлял собой гараж с телефоном, откуда Кенни, Джонни и я закидывали в мир сеть для ловли погрузочных заказов.

Дело у Вадима и Жоры застопорилось. "Линкольны" оказались со старой моделью корпуса, а нужна была новая. Ко мне они приезжали, чтобы позвонить в Москву. Оба с брюшком, одутловатые, с потными лицами они страдали от бостонской летней жары.

Звонили в Москву, уточняли детали на повышенных тонах. Жора частенько переходил на армянский. Вадик многозначительно улыбался и делал намеки, полные самоиронии. Вся организация проекта была на нем.

Жили они в гостинице, ели в дорогих ресторанах. Купили подержанный белый "кадиллак", который сломался у них в ста метрах от места покупки. Продавец, к счастью, имел мастерскую. Стоимость машины удвоилась. Вадим даже не попытался заявить о своих правах потребителя, пояснив, что у Жоры денег много. Сказал это при Жоре, загадочно при этом улыбнувшись. Жора в основном молчал. Правда, в первый день нашего знакомства, когда мы остались одни, он, вытирая влажную лысину белоснежным носовым платком поинтересовался: «А где бы здесь девочек заказать?» Он слегка помолчал, мечтательно чмокнул губами и улыбнувшись доверительно прибавил: «По траху соскучился, а этот гандон мне вчера старушенцию подсунул, да и та ... еле дала». Из вышесказанного я понял, что с Наташкой у них не срослось, а также то, что в своих мыслях Жора называет своего переводчика веселым словцом. Как оказалось, Вадим, поддался настойчивым просьбам Жоры о девочках, и отвез его к Наташке. Многозначительно улыбаясь, Вадик сказал мне, что оставил их тет-а-тет на полчаса.

Наташка была кмс по гимнастике из Ставрополья, всю свою жизнь посвятившая спорту. Выглядела Наташка хорошо, лет на тридцать-сорок, хотя ей уже давно было под пятьдесят.

Слегка бросались в глаза ее рельефные бицепсы, результат ее многолетних тренировок, и отсутствие груди, к этому прилагались характер - слегка скандальный боевитый и заводной - и мягкая южная речь.

Наташа уже успела прожить в Америке яркий и незабываемый период жизни. Конкретно в момент приезда Вадика и Жоры она находилась в приюте для женщин-нелегальных иммигранток, подвергшихся насилию со стороны своих партнеров. Почему Вадим решил в ответ на настойчивые просьбы Жоры о девочках, привезти его к Наташе остается загадкой. Жоре я не помог. Мог, конечно, показать телефонную книгу с рекламой массажных кабинетов и эскорт-сервисов, но не сделал этого.

После двух недель поисков подходящих машин Жора и Вадик пришли ко мне с просьбой о помощи. Одной из причин их неудач был слабый английский Вадима. «Виктор, если дашь наводку на контракт и срастется, десять процентов от суммы сделки твои», - заверил меня Вадим, при одобряющем кивании Жоры. После заключения устного договора, я торжественно вручил им копию нью-йоркской эмигрантской газеты "Новое русское слово". Там уже несколько лет публиковались объявления фирм, занимающихся экспортом машин в Россию. Я даже знал одного агента, так как мне приходилось уже посылать большие грузы наших визитеров. Мы тут же набрали номер моего знакомого, и они договорились о встрече.

Ни Жоры, ни Вадима я с тех пор не видел.

* * *

Спустя несколько лет я встретил Маршу, с которой я когда то познакомил Вадима. Она поведала мне грустную историю о том, как Вадим удачно отправил партию машин в Москву по моей наводке. Однако при дележе прибыли у них с Жорой возникли разногласия, решать которые договорились где-то в лесу при участии двух бригад, человек по пятьдесят с каждой стороны.

Подозреваю, что Вадиму вспомнили все - от

многозначительных намеков до безответственных утверждений. Крыша Вадима была настолько поражена его несерьезностью, что они сами избили его: сломали руку и оставили без сознания в лесу. Когда он вернулся домой через два дня, оказалось, что теперь он им должен квартиру. Так что квартиру пришлось продать. С тех пор Вадим уже два раза приезжал в Нью-Йорк для закупки машин, все еще в рамках отработки долга. Звонил из Нью-Йорка Марше, но приехать в Бостон не мог, его не пускали.

Марша сообщила мне это, глядя на меня широко открытыми глазами, словно ожидая от меня бурной реакции. Увы, мне нечегобыло ей сказать, так как к тому времени я уже начисто вычеркнул

Вадима из своей жизни.

Русская комната. Виктор Катунин

Третьим жильцом русской комнаты, приглашавшим афроамериканского полицейского к столу был Виктор Катунин. Это был еще не старый человек с рано поседевшей бородой.

Выпускник экономфака МГУ, он успел объездить почти все республики Советского Союза, поучаствовать в раскопках, в строительстве, в змееловстве, а также шабашках разнообразных профилей. В Америку он приехал к другу студенческой молодости, профессиональному шахматисту Саше Иванову. Меня о нем попросил человек, купивший у меня в Москве факс-машину. Этот человек хотел через меня реализовать на Западе несколько граммов драгоценного змеиного яда, а также большое количество свиного инсулина.

С бизнесом, как всегда, не получилось, а вот по данному мной телефонному номеру мне вскорости позвонили. К этому времени Виктор уже восемь месяцев, как неотлучно жил у Саши. Если учесть, что у Саши еще была семья, долгое пребывание гостя было чревато риском поставить под сомнение прочность дружбы студенческих лет. Я встретил их утром на Централ-сквер, в десяти минутах ходьбы от дома. С необыкновенной легкостью Витя переложил свой рюкзак из Сашиной машины в мою и поехал на незнакомое ему доселе койко-место на Гарвард-стрит, к человеку,знакомому ему лишь по короткому телефонному разговору.

Эта легкость, с которой Виктор доверился малознакомому человеку, была одной из черт людей советского времени, способных по незначительному разговору узнавать представителей своего круга. Определенная доля антисоветскости была той частью светского разговора, который и позволял работать методу узнавания себе подобных.

Виктор был самым солидным из нас, он говорил неторопливо, взвешенно, поглаживая свою не по годам седую бороду, седина которой, по его уверению, делала его «аксакалом». Он прекрасно играл в шахматы, интересно рассказывал о своих путешествиях и всегда был не прочь выпить. От него веяло доброжелательностью и порядочностью.

...Он вернется обратно в Рязань, станет банкиром, сильно располнеет и умрет после нескольких лет банкирской жизни. Я навещу его два раза в Рязани, мы посетим Константиново, монастырь, святой источник.

Святой источник был очень холодным. Он находился в избе старой из потемневших от времени брусьев, очень прочной и добротной. Хотя на крыше стоял крест, в заснеженных березовых рощах я ощущал дохристианское поклонение воде. Источник не замерзал даже в самую лютую стужу. Превозмогая дрожь и оцепенение я заставил себя несколько раз окунуться. На удивление, мне удалось не только не заболеть, но и ощутить прилив бодрости, совершенно примирившей меня с минусовой температурой рязанского марта.

Виктор всегда будет принимать меня словно давно ожидаемого гостя. Вечная ему память.

* * *

Как я уже говорил, от русского хлебосольства полицейский с негодованием отказался.

-- Я знаю, он здесь! - заявил он, ныряя обратно в коридор с азартом гончей.

В коридор выходило пять дверей. Три из них - входная, «индусская», «русская» были уже знакомы полицейскому. Из оставшихся двух дверей - в туалет и в «Африку» - он выбрал туалетную. Сортир был пуст, зато окно в каменный колодец было открыто. Он выглянул туда и даже просунулся в это окно, но ничего интересного для себя не нашел. Выйдя из туалета, полицейский уставился на последнюю необследованную дверь в коридоре. Я в нее немедленно постучал. Если в отношениях с полицейским существовала определенная расовая напряженность, то визит в эту дверь обещал ее снять, добавив новый элемент абсурда в отношениях с властью.

"Африка" и ее обитатели

Ко времени, когда происходила эта история, я уже давно отдал комнату на откуп «Африке». Начинал с представителя Ганы Адая, который знаком мне был по "Мадди Чарлз", старейшему бару МИТ с самым дешевым пивом в Кембридже. Адай там присутствовал практически всегда, был постоянным клиентом Глинистого Карла. Названного в честь того самого Карла Стюарта, во время правления коего и началась англоязычная колонизация Северной Америки, того же самого бедного Карла, которого английский парламент под руководством Кромвеля приговорит к обезглавливанию.

Адай был хроническим пьяницей цивилизованного поведения. Сам он происходил из Ганы, принадлежа там к высокопоставленной политической тусовке, что обеспечивало ему место слушателя аспирантских курсов. Однако ни я, ни мои мексиканские друзья студенты, ни многочисленные посетители нашей квартиры ни разу не видели его с учебником. Зато его всегда можно было найти в барах MIT со стаканом пива. Он был всегда слегка подшофе, дружелюбен, вежлив и слегка загадочен. Дело в том, что жители Ганы, для которых английский язык практически родной, говорят на нем с очень сильным акцентом, впитанным ими с самого детства. Они уверены, что говорят на правильном английском и редко меняют манеру речи, что делает их малопонятными.

Прошло уже два года с тех пор, как я сдал Адаю комнату. Сначала африканский жилец удвоился, и в комнате стал жить еще и Мобил, другой ганиец с симметричными шрамами на лице, выдающими в нем аристократа своего племени. В один из своих наездов в квартиру, я с удивлением обнаружил утроение изначального жильца а лице Эйрхарда из Того. Впрочем, через несколько месяцев Эйрхард стал единственным жителем «Африки» на Гарвард-стрит. Эйрхард представлял из себя тип африканца, который был больше европейцем, чем настоящий европеец. Его отец занимал важное место в администрации своей страны. Все его дети закончили самые престижные университеты Америки и Англии. Он обладал прекрасным английским с британским акцентом, всегда был ухожен и подтянут. По нему можно было проверять часы. Он уходилвсегда в 11 вечера, а появлялся в 8 утра. В результате многолетнихнаблюдений, я выяснил, что он уже много лет подряд работает консьержем в больнице, используя ночное время для игры с акциями на европейском рынке. С большинством населения нашей квартиры он не особенно дружил и практически не разговаривал. Однако меня он любил и часто угощал английским чаем и африканской едой фу-фу, с сопутствующими очень вкусными и острыми соусами. В вопросах комнаты он был очень строг и формален: никогда никого к себе не пускал, кроме своих африканских друзей. Надо еще добавить, что люди из Западной Африки обладают одним из самых темных цветов кожи.

Драма на лице негра-полицейского, ожидавшего встречи с притаившимся за дверью белым хулиганом, а вместо этого встреченного наичернейшим африканцем с оксфордским акцентом, была непередаваемой. Эйрхард вежливо поинтересовался у меня, чем он может быть полезен, выдержал небольшую паузу и лишь тогда сделал легкий вопросительный кивок в сторону полицейского, слегка приподняв при этом брови. Этого оказалось достаточно. Энтузиазм нашего гостя улетучивался на глазах.

Обнаружив в последней необследованной комнате нашей квартиры пуэрториканца Мэта, который временно снимал полкомнаты у Пола на время завершения своей дипломной работы в МИТ, он выбежал из квартиры через черный ход.

-- Куда же вы? - воскликнул я, с трудом сдерживая победный смех, и увлек его в соседнюю квартиру. Там ему тоже пришлось несладко.

Соседи

Тут надо сказать несколько слов о наших соседях. Две наши квартиры занимали четвертый, последний, этаж дома. С некоторых пор по моей наводке соседняя квартира была тоже занята русскоязычными. Сосуществование двух квартир, однако, протекало весьма неровно. Периоды полного единства непредсказуемо сменялись периодами холодной войны. В тот памятный вечер наш этаж переживал период мирного сосуществования, двери на лестницу черного хода не запирались в обеих квартирах.

Шахматист Володя из Одессы, вот уже несколько лет зарабатывающий игрой на Гарвард-сквере, студент шестого курса ГИМО, перебежавший пару лет назад северо-корейскую границу, Дима О. из Питера с постоянной компанией почитательниц его мужского обаяния, а также разные американские студенты, допущенные на верхний этаж ввиду их платежеспособности, окончательно доконали представителя закона. Пообещав вернуться, он медленным шагом спустился на улицу. Больше его я ни разу не видел.

Зато, вернувшись в квартиру, я увидел восседающего на кухне Пола. Оказывается, в то время когда происходили его поиски, он находился между двумя туалетами, перелезая из одного окошка в другое над четырехэтажным асфальтовым колодцем. Мифология нашей квартиры обогатилась образом Пола, висящего между двумя сортирами во время обыска. «Из толчка в толчок - почти как из варягов в греки», - лаконично обосновал Виктор Катунин, а я объявил о конкурсе сочинений на тему "Роль одинокого пьяницы-американца в русской эмигрантской среде". Призыв мой, правда, остался незамеченным. Все предпочли остаться на вербальном уровне.

Возлияния продолжились. Эйрхард ушел на работу, старательно не замечая общего воодушевления. Снова пили. Кидали ножи в дверь. Снова объявили холодную войну соседней квартире. Пол ходил на переговоры, умолял не закрывать окно в сортире. Снова помирились. Забрались на крышу. Читали стихи звездному небу и честной компании. Сначала переводили для Пола, а потом забыли и «забили», решив что Полу пора в СССР, чтобы сам все понял. Начав проводы Пола в Россию, встретили рассвет. Пол плотоядно улыбался и кивал чему-то головой. Дело в том, что есть у Пола страсть, страсть требовательная, жадная и постоянная. Страсть к переменам, путешествиям, к движениям. Страсть, доставляющая высшее удовольствие, которую Пол считает за грех, вполне в соответствии с католической традицией.

Через несколько месяцев после описываемого Пол, получив советскую визу, отправится в Москву. Полицейское дело по аварии у магазина будет к тому времени закрыто после предоставления Полом справки об участии в погрузочных работах во время происшествия.

Пол поедет в Москву осенью 1990 года по официальному приглашению Виктора Катунина. Ему было не так просто решиться на поездку в Империю Зла. Однако мои рассказы после первой поездки и многочисленные тосты «на посошок» и «до свидания» с Виктором Катуниным, Левкой и Вадимом сделали свое дело. Отработав муверовский сезон и поучаствовав в моем переезде в Арлингтон, где я и Айлин начали вить семейное гнездышко в доме с участком, Пол был готов.

Путешествие из Нью-Йорка в Москву

Билет у Пола был из Нью-Йорка в Москву через Париж. Накануне его отъезда в Нью-Йорк Пол и я, закончив рабочий день, запарковались на стоянке грузовиков. Но выходить не торопились. Пили пиво и слегка грустили. Студенческие годы позади, мы разлетались в стороны из нашего веселого братства. Кто-то строить семью, кто-то строить карьеру, кто-то и то, и другое. Пол выбирал Путь:

> ... Но истые пловцы, те, что плывут без цели,
> Плывущие, чтоб плыть глотатели широт,
> Что каждую зарю справляют новоселье
> И даже в смертный час еще твердят- вперед!...
> Ш. Бодлер (перевод М. Цветаевой)

К сожалению, долго грустить у меня не было времени, поэтому выпив два пива и посидев с Полом на дорожку в молчании, попрощался и ушел.

Пол решил остаться, чтобы попрощаться с другими ребятами. Я слегка завидовал ему, я знал, что его ждут приключения.

Когда я появился на парковке через день, то с удивлением

увидел интересную сцену. Большой грузовик, тот самый в котором мы с Полом работали и где я его оставил дожидаться ребят, стоял посередине поля, раздираемый на части двумя неграми, Майком и Чарльзом, нашими общими приятелями. Половина кузова была уже оторвана, широкие алюминиевые полосы, отрезанные болгаркой от корпуса грузились в соседний грузовик.

-- Вчера утром кабина еще дымилась, - пояснил Майк, невысокий, но очень крепкий морской пехотинец времен Вьетнама.

-- Как так !? - воскликнул я.

-- Ребята сидели в траке с Полом до полуночи, - пояснил Майк и

вернулся к расчленению трака. Внутри кабины чернели угли.

Я спрашивал потом у Пола про тот вечер. Он не отрицал пьянки до полуночи, но утверждал, что когда он ушел (в неопределенное время), все было в порядке. Он предполагал, что местные наркоманы-кракеры решили в ту же ночь забраться в кабину и устроить там пожар. Вопрос, почему они никогда не делали этого ни до ни после, не мог поколебать его уверенности в данной версии. Просто совпадение,утверждал он.

Сам Пол в то утро, когда трак еще дымился, уже ехал в Нью-Йорк. В Нью-Йорке Пол провел два дня в обществе бармена, с которым познакомился в один из своих прежних приездов в Большое Яблоко. Бармен тот был наверняка несказанно рад свалившимуся на его голову клиенту. Результатом данного общения стала безвозвратная потеря советской визы, что было обнаружено Полом при посадке в Нью-Йорке. Но путь уже манил. Ладно, хоть до Парижа долечу, а там разберемся, решил Пол, сдавая в багаж две коробки с шестью факс-машинами. Факс-машина на тот момент являлась одним из самых выгодных инструментов переводов доллары в рубли. Вадим уже ждал их в Москве под заказ.

Париж встретил Пола какофонией цветов и звуков. Советское посольство обещало восстановить визу в срочном порядке за десять дней, однако багаж на хранение взять отказалось. Денег на визу не хватало.

Пол сдал багаж на хранение, а сам поехал автостопом в Швейцарию к Энди, бывшему коллеге по муверской работе.

Путешествие в Швейцарию туда и обратно прошло для Пола на удивление легко, только долго пришлось идти пока не вышел из Парижа.

Швейцария Полу понравилась: потрясающие горы, чистота, порядок. Но желания остаться и пожить не вызвала, Пола ждал СССР. Расплатившись с советским посольством, Пол наконец-то получил визу. Билет на самолет к тому времени был уже недействителен, поэтому Пол решил ехать самым экономным способом - автостопом. Чтобы ехать автостопом, надо ехать налегке. Что было трудно с большими коробками. Пришлось Полу выкидывать все коробки, а все факсы укладывать в рюкзак. И вот после двухнедельной задержки, Пол был снова в пути. Через государственную границу ГДР Пол проехал в машине восточно-германской семьи. То ли водителя на границе знали, то ли времена настали свободные, но Пола пустили в страну варшавского договора без проверки документов. Восточные немцы довезли Пола до польской границы, у которой его взяли поляки, возвращающиеся домой. Они угостили Пола пивом и лишь слегка кивнули таможеннику, медленно проехав мимо него. Переночевав у польских хозяев, Пол стал пробираться через Польшу. У советской границы Пол забеспокоился. В Брест он приехал на поезде, а вскоре и в Москву плацкартом. Левка ждал его на вокзале.

Московские приключения Пола

На квартире у Левки их ждала целая компания человек из десяти. Все - художники, поэты, писатели, философы. Все - жертвы системы, непризнанные гении, неудачники. Поскольку Пол по-русски не говорил, а Левкин английский, и так оставлявший желать лучшего, по возвращению на родину стал совсем слаб, им оставалось одно испытанное средство общения - совместное распитие спиртных напитков.

«Пили очень много, на износ», - рассказывал Пол про первые пять дней в Москве, озадаченно покачивая при этом головой. Времени зря не теряли - пили, пели, спали или добывали водку. Энтузиазм пирующих по поводу приехавшего богатого американского гостя ощущался Полом с возрастающим недоумением. Казалось, что эти люди готовы пить до конца своих дней или, по крайней мере, до конца содержимого долларовых запасов его бумажника. Утром шестого дня Пол вышел на улицу.

Он появился на квартире через два дня. Пол успел съездить на Красную площадь. На обратном пути он запутался в типовых многоэтажках и похожих друг на друга подъездах. Однако он не пропал, доброжелательные пешеходы, встреченные им на улице, оставляли его у себя, внося тем самым свой вклад в улучшение советско-американских отношений. Потом приехал Вадим и увез его на пару дней к себе.

Факсы Вадиму понравились, но не очень. Отсутствовали инструкции и некоторые причиндалы, вроде проводов или телефонной трубки. Вадик полулежал в шезлонге на балконе, вкушал креветок, пил много пива и праздновал тот факт, что жизнь удалась. Он помог Полу снять полкомнаты у своего знакомого, где Пол прожил месяц, а потом Катунин организовал этнографическо-развлекательную поездку в Абхазию, в Сухуми. Там с Пола пытались содрать штраф за хождение в шортах вне пляжа, а также пару раз останавливали во время физкультурных пробежек.

Дело в том, что Пол регулярно бегает всю жизнь, а пару раз бегал даже марафон. Он вообще в течение всей жизни всегда находился в прекрасной спортивной форме, никогда не прибавлял в весе, объясняя это тем, что внутренний огонь все сжирает. Поддержанию интенсивности внутреннего огня способствовала чача. После двухнедельной поездки в Абхазию Пол вернулся в Москву.

Как-то раз, сразу после возвращения с Кавказа, Пол стоял в очереди на главпочтампте, чтобы позвонить в Америку. Очередь была советская, добротная, минимум на пару часов. У самого подхода к окошку заказов, она была похожа на бурлящую толпу. Отстаивая собственные интересы, Пол попытался помешать нарушителю порядка очередности, но только получил пару толчков в грудь и в живот, не найдя поддержки у основного состава. Тем не менее, он нашел участие в миловидной девушке, стоявшей за ним. Наташа немного говорила по-английски и последующие два месяца Пол прожил у нее. "Это была самая красивая девушка Москвы", - скромно говорил Пол. Что он делал в Москве еще два месяца, осталось загадкой даже для него самого. С ребятами он пришел попрощаться только перед самым отъездом.

На счет факсов Вадим сообщал, что все в процессе, обещал прислать деньги после реализации.

Дороги Пола

Вернувшись в Бостон, Пол навестил меня и даже помог перевезти холодильник. А потом уехал на юг, во Флориду, правда поработав до этого полгода в качестве «морской свинки».

Профессия подопытного стала его главным источником дохода в течение следующих десяти лет. Самыми любимыми экспериментами были для него изучение влияния марихуаны и кокаина на человека.

«Очень мало дают», - жаловался он. Пол был испытуемым в Техасе и Флориде, в Калифорнии и в Бостоне. Поскольку начинал он эту карьеру вместе с Вадимом, Левкой и Витей, в его памяти навсегда остались альтернативные методы поведения подопытного. Вадик предпочитал избавляться от таблеток сразу же - или путем вызова рвоты, или умением удержать таблетку во рту при обязательном глотке воды. Левочка умудрялся по ночам сваливать через черный ход в соседний бар, заедая запах чесноком и луком. На нем изучали действие таблеток на совершенно разные механизмы поведения человеческого тела и мозга. Таблетки от повышенного и пониженного давления, психотропные средства для подавления воли, или наоборот, ее раскрепощения, водоудерживающие и жирорастворяющие, Пол добровольно подвергал мозг и тело внешнему и внутреннему влиянию неизвестных химикатов. Во славу науке и для пополнения кошелька. Цены были разные от ста до нескольких тысяч долларов, все зависело от сроков и интенсивности экспериментов.

Оказалось, что существует субкультура «морских свинок», в которую входили люди разных жизненных путей, - от писателей и мыслителей до бывших алкашей и воров. Деньги Пол тратил на путешествия. Правда, он успел получить степень магистра в университете Техаса по социальной работе с молодыми преступниками. Мексика, Белиз, Гондурас, а также все американские штаты, включая Аляску входили в его маршруты.

Как-то Пол автостопил из Калифорнии на юг. Где-то в Техасе его подобрал гондурасец, направлявшийся домой в новом грузовике, приобретенным им за двухлетнюю работу в рыбной индустрии Аляски. Оказалось, что он работал и в Гомере, знал Яшку и Яна, наших соплеменников. С этим парнем Пол доехал через Мексику и Гватемалу до горного поселка, откуда тот был родом.

Праздник возвращения длился несколько дней, Пола принимали как родного. Через несколько дней хозяин отлучился на пару дней в Тегусигальпу, оставив дом и грузовик на попечение своего американского другана.

На следующее утро, с десятком пассажиров, Пол врезался лоб в лоб с другой машиной, неожиданно вынырнувшей из-за поворота дороги горных джунглей. «Очень плохие дороги и очень пьяные водители», - лаконично сообщил он. Все рассыпавшиеся гроздьями пассажиры выжили. Они с ужасом смотрели на Пола, переживая за аварию грузовика, цена которого многократно превышала цену их жилища.

Приехала полиция, грузовик удалось вытолкнуть на дорогу и завести. Грузовик вел хозяин другой машины, который хотя и был пьян местным ромом, в отличие от полицейского умел водить. Пол ехал в этом траке уже как арестованный. На улице перед полицейским участком сидели несколько человек в форме. Оказалось, что с раннего утра не было электричества. Пола повели в камеру при свечах. Потом дернули на допрос. Тоже при свечах.

Ворча себе под нос что-то недовольным тоном про электричество, правительство и пьяных американцев, офицер гондурасской полиции вытащил длиннющую анкету. Государство Гондурас оказалось очень любопытным и требовательным. Оно хотело знать все - от родословной бабушек до всех мест работы. Допрос затруднялся отсутствием переводчика, поэтому шел медленно. Догорели свечи, анкета оставалась заполненной меньше, чем наполовину.

Караул устал, поэтому всех, включая Пола, отпустили до утра. Долго Полу грустить не пришлось, на следующее утро приехал хозяин. Ему уже все рассказали, поэтому при встрече с Полом тот лишь удивленно смотрел на него, покачивая головой. Отправились вместе в полицию. Там как и вчера, все были на улице. Оказалось, что тот самый полицейский, который сопровождал Пола в участок и не умевший водить машину, ночью после большой порции рома, вдруг решил, что приобрел водительские навыки, и поехал прокатиться.

Катался он недолго, до ближайшего столба линии электропередачи, который, по счастливому стечению обстоятельств, был обесточен. Удар был достаточной силы, чтобы опрокинуть этот столб прямо на многострадальный грузовик. Как водитель вылез из помятой кабины, оставалось загадкой, так как он ушел в бега. Про Пола в суматохе как-то забыли, и он направился в Белиз, единственную англоговорящую страну Центральной Америки.

Белиз - это море, солнце, золотые пляжи и наследие британского Гондураса, как раньше называлась эта страна. Пол снял плетеное из бамбука бунгало на пляже за сто долларов в месяц и решил оглядеться. В бунгало поселилась местная девушка - стирала, убирала. Оглядевшись, Пол обнаружил, что в окрестностях снимается полнометражный художественный фильм - с Дэвидом Боуи, Иман и Джоном Малковичем. Пол записался в массовку.

Помимо работы в массовке, Пол еще снимался спиной, т. е. играл Джона в эпизоде, в котором Джон фигурировал только со спины. Так спина Пола стала частью истории мирового кинематографа. Однако, долго в этой индустрии он не задержался.

Однажды в палатке-столовой Пол, получив свою еду, обнаружил, что столовая пуста, кроме одного стола, за которым сидели звезды - Дэвид, Иман и Джон. Пол, естественно, приземлился рядом с ними. Не успел он завести разговор, как увидел в дверях отчаянно жестикулирующего администратора. Вскоре рядом с ним появился непосредственный начальник Пола и тоже начал беззвучно жестикулировать, широко открывая при этом рот. Однако Пол уже начал свой рассказ об этнических составляющих бейсбола в Бостоне, а потому решил проигнорировать своих непосредственных начальников.

Игра в бейсбол является квинтэссенцией американизма. Важна даже не столько сама игра, сколько жизнь на трибунах.

Игра-то сама достаточно затяжная, с большими перерывами и долгими паузами, что позволяет людям на трибунах заниматься собственными делами и не следить жадно за каждым моментом. В Бостоне люди четко самоорганизуются по этническому принципу. На трибунах итальянцев, например, жарко - рассказывают о смачных женских прелестях, свиданиях с их обладательницами и враки-завираки про прошлые успехи. На ирландских трибунах посмурнее, там обсуждают драки, нокаутирующие удары и групповые бои.

Новые знакомые историям Пола посмеялись, поблагодарили его за рассказ, раскланялись. У выхода из столовой Пола встретил начальник массовки и увлек его в вагончик для серьезного разговора. Полу поставили на вид и напомнили условия контракта. Начальник воздевал глаза к верху и намекал, что это не его инициатива.

Через пару дней, после окончания рабочего дня, столовая была переполнена. В поисках места Пол набрел на стол, где сидело все начальство и знакомые звезды, и на правах старого знакомого сел рядом с Джоном, попутно заметив, но не придав этому значения, побледневшие лица начальства.

«Все равно картина скоро заканчивалась», - объяснял Пол конец своей почти голливудской карьеры.

* * *

Если бы кто-то попытался объяснить своеобразие Пола обстоятельствами его детства и юности, то ему пришлось бы решать загадку, почему он так не похож на своих братьев и сестру. Родители Пола американцы из ирландских католиков были очень правильными. Всю жизнь ходили в церковь, мама - домохозяйка, папа - служил в ФБР. Братья и сестры посвятили себя карьере: кто-то стал бизнесменом, кто-то священником, кто-то копом. Пол- самый младший, головная боль семьи и душевная боль матери.

Уже как десять лет, как Пол осел в Большом Бостоне, посвятив себя профессии свободного мувера. Погрузка, перевозка и разгрузка мебели в свободном режиме обмена услуги на деньги. Без лицензий, страховок и прочих ненужных формальностей. Глубинное кипение жизни не оставляет Пола своим вниманием до сих пор, взрываясь вулканами то сбоку, то сзади.

Его дом хранит отметки пулевых ран, работы Пола на муверском поприще стали легендарными. Особенно те, что связаны с эффектом открытой бутылки: часто в вещах клиента находятся уже открытые, но заново закупоренные бутылки с алкоголем, что позволяет наблюдать, как ваши трезвые грузчики по мере работы превращаются в бухих авантюристов, от чего страдает мебель, а в ответ на ваши вздохи и ахи, вам объясняют, слегка заплетающимся языком, то что не в вещах счастье, а от царапин и порывов вещи приобретают уникальность. Пол продолжает радовать своей детской непосредственностью и открытостью к миру. Лицом к ветру - это про него. Странные индивидуальности объединялись, бывало, в нашей квартире на Гарвард-стрит, так же известной как «горьковские шестидесятые"

* * *

Так случилось, что, за исключением десятилетнего периода женатого состояния, я в течение тридцати лет жизни в Америке, прожил большую часть ее в коммуналках, которые сам и организовывал. Все достаточно просто, снимаешь квартиру, ищешь соседей. Встречаешься с кандидатами, выбираешь, решаешь финансовые и жилищные вопросы. И вот, если квартира в правильном месте, вскоре ты уже живешь в созданной тобой коммуналке. Мне самому странно, ведь вырос я в отдельной квартире, где жила лишь наша семья. Возможно, поскольку эмиграция пришлась на мои студенческие годы, расставаясь со страной, я не смог расстаться со студенческим образом жизни. Международный характер этих квартир дал мне возможность личного наблюдения и изучения представителей всех заселенных континентов нашей планеты. Некоторые из моих соседей остались со мной по жизни, став друзьями.

С самого начала своего существования, англо-американская культура задавалась и задается вопросом -- что есть она, продолжение Англии, или самостоятельная культура? Язык и легальная система -- английские, народ -- в большинстве своем, не английский. История взаимоотношений между Англией и Америкой -- подчинение, конфликт, независимость, дружба, сотрудничество -- указывает на почти неразрывную связь двух близких по духу и сути систем. Но есть в Америке некая незавершенность, открытость, и, как бы банально это ни звучало, свобода самоутверждения и самоопределения вкупе со свободой от традиций и ожиданий. Или это только идея и мечта? Как бы то ни было, изучение и описание отдельных представителей данной страны, стали для меня попыткой разобраться с данным вопросом. Пол Харви явился для меня одним из таких "предметов для изучения", веселым бродягой дорог мировых.

Свободным словом гнойники системы

И вот опять...

Поезд Новый Уренгой – Москва, 109/110
(Отрезок Сургут – Нижний Новгород, посадка 8:40 утра 30.9.11, прибытие – 2.10.11, 3:29 утра)
Много лет подряд я мотаюсь по миру в поиске вдохновения и смысла жизни. Об этом – в моих стихах, в рассказах и воспоминаниях.
...По вагонам ходят продавцы газет, журналов, книг, также там продают кедровые орешки, экстракты из кедровых лепестков, ягоды, настойки. Прошли две цыганки с цыганом. Предлагают дешевые китайские телефоны. По две тысячи рублей штука. Пьяные вахтовики со скрипом покупают. «Выкинуть ваши телефоны вместе с вами со всеми из поезда, и все дела», – прямо в лицо одной из них говорит пожилой человек с усами. Она его игнорирует.
...Молодой кавказец в конце вагона строит громких почитателей водки. «Все будет тихо, будем спать». – «А ты кто такой?» – «Куватов Рамазан Салутдинович. И все здесь будет тихо». Когда он отходит в тамбур, пьяная вахта начинает базар: «Да дать ему в лоб раз, и все дела», «Да кто он такой! Наехало тут». Когда он возвращается, они слегка умолкают. «Да нормально все», – начинают говорить другие. Мат стоит топором, никто не обращает внимания. Однако вагон затихает.
...Ну вот, не зря ездил – только что на перроне в Тобольске спас человека. Совершенно пьяный высокий худой парень из соседнего вагона подошел к нашему проводнику во время остановки прикурить сигарету, долго не мог справиться с зажигалкой, топтался, ловил баланс, поднося зажигалку к сигарете, пару раз обжегся, но так и не справился, в ответ проводник Витя забрал зажигалку и сигарету и сам ему ее поджег, после чего парень затянулся, сделал шаг к вагону, ко входу, но тут его потянуло в промежуток между вагонами, куда он стал медленно, но верно падать затылком вперед – а там, с приподнятого над землей перрона, метра полтора высоты, тут я заорал, проводник Витя схватил его за одну руку, я - за другую, и

мы втянули его обратно на перрон. Женщины кричали. Проводник стал звонить начальнику поезда, чтобы парня ссадить, но я уговорил Витю дать ему дойти до койки. Правда, парень пришел в чужой для него вагон, наш вагон, прямо напротив моего места, где стал спорить с моими вздорными соседями, что это и есть его место. Тетка стала громко возмущаться, чем еще более усилила мое желание ему помочь, что я и сделал, доставив его в купе в соседнем вагоне, хотя Рустик, как звали парня, и пытался время от времени забраться на чужое место и спорить с людьми, это место занимавшими. Его не смущало, что место занято, – он лез прямо на лежащего человека. Делал он это вежливо, но настойчиво. Никто не пытался ему помочь, только ругались и жаловались, требовали проводника, короче, воняли по-скотски (громче всех моя соседка по купе), пока, наконец я не довел его до места. Там его друганы, тоже пьяные, приняли его к себе, приняли и налили. Обещали следить, благодарили и хотели угостить.

Я вернулся в свой вагон, подошел к тезке-проводнику и пожал ему руки со словами: «Поздравляю, Витя, мы только что с тобой человека спасли». Он не придал особого значения моему пафосу, произнеся вместо этого следующий монолог, который привожу дословно.

-- А куй-ли, пьет парень, – сказал Витя-проводник без особых эмоций, – я сам сейчас целый месяц пью. Ты не поверишь, жена моя, ты прости, что я так, по-простому, "на ты" тебя называю, – так вот, жена моя разлюбезная как дочку родила, так сразу и выкинула меня на куй. Я-то пил, на суд три раза не явился, вот она меня и развела без меня, гады. Выкинула, как говорится, со всеми потрохами. А вот эти орешки, – он показал мне пакет с кедровыми орешками, – это я невесте везу, ёпрст. Я те скажу, – он кивком отозвал меня в сторону. – У меня в последнее время, когда с женой живу, кончаться стало очень быстро, только тык, и сразу конец, а вот как кедрового настоя попил, сразу стал стоять долго. Очень рекомендую», – сказал он и погладил свой мешочек с орешками.

-- Очень интересно, – только и смог вымолвить я, слегка ошарашенный такой степенью откровенности с незнакомым человеком. За окном проплывали чахлые березки и сосенки самого большого в мире болота, природа была скучна и безлика, может, к Уралу получшает, подумал я и пошел курить в тамбур. Витя-проводник – восемьдесят шестого года рождения, ему нет еще и двадцати шести.

В тамбуре я обнаружил, что под Тобольском на поезд напали – в стеклянной двери красовалась большая дыра, а две алюминевые поперечины были погнуты, именно они и удержали камень от попадания в тамбур. Выкурив сигарету, внимательно осмотрев и сфотографировав разбитое стекло, я пошел поведать об этом Вите. Он побежал в тамбур, и там вдруг, на удивление, ударом ноги попытался выбить остатки стекла наружу. «Надо его на куй выбить, чтобы, сука, отписаться», – загадочно объяснил он мне и двум другим курильщикам. Остатки стекла выбивались слабо, особенно его маленькими кожаными туфлями. «Посторонись, у меня бутсы помощнее», – сказал я и, к восторгу других курильщиков, которые казались едва живыми от ... жизни, похмелья и, наверно, много чего другого, – врезал своими «тимберленами» так, что окно полностью очистилось от одного удара.

-- Это все куйня, – сказал Витя, закуривая. – Это ... мать, малолетки балуются, а когда в Чечню маршрут, так керачат прямо из винтовок, все окна простреленные, в дырках.

-- А я в Чечне воевал, – вдруг сказал один из курильщиков, – у меня на сердце маленькая такая дырочка на память, броник спас, а вмятина осталась на всю жизнь.

-- А я тоже там служил, – сказал Витя.

Обмен этими замечательными сведениями произошел совершенно без эмоций, так мне и не довелось узнать, что они думали по поводу оккупации чужой страны. С этим и расстались, и я с ними сейчас расстаюсь, поскольку пора бы досказать про то, как я здесь очутился.

Сейчас я без денег, без работы и весь в долгах на много лет вперед. Бродяжья жизнь свободного художника-грузчика входит в противоречие с реальностью пятидесятилетнего тела. Надежды на помощь подросших американских детей себя не оправдали, и с точки зрения финансового положения, жизнь не то что не удалась, а вообще – в глубоком минусе. Единственное, что осталось, – самоуважение, свобода передвижения по миру и пара других друзей-приятелей мирового масштаба и разброса.

Сейчас, по мере удаления от Сибири (кстати, уже выехали и подъезжаем к Перми), я вынужден признаться в полном несоответствии моих претензий к миру и к любви с реальностью. Ой вей, как говорят французы определенного толка, ой ли вейли, колбаса, тухлая капуста. Я видел в женщинах не живых людей, а лишь созданные мной модели, а претензии к этим совсем реальным людям я предъявлял тоже реальные, на счет их несоответствия выдуманной мной мечты. Эгоизм? Романтический, красиво обставленный, со стихами, песнями и потанцуем, но как ни крути – эгоизм. А во взрослом, умудренном жизнью и детьми человеке – непростительный эгоизм, ведь в воронку несоответствий затягиваются судьбы, веки, дети, страны. И так и ходишь, так и ходишь, по одному и тому же кругу, мальчик Витя, парень Вик, девяти-девятнадцатилетний пацан – молодой американец, поэт, бродяга, хулиган. «И скучно, и грустно...»

Ну вот меня и развели в первый раз в моей жизни фокусники и обманщики, картежники. А начиналось все так мило: в тамбуре один веселый человек представился вахтовиком, а другой предложил ему показать фокус с картами. К нам подтянулся еще один высокий мужик, были они вроде бы не знакомы и предложили сыграть в покер, посчитать свои карты, а потом стали ставить ставки, которые стали повышать по мере возрастания, причем в какой-то момент сказали, что ставки повышаются, вместо того чтобы вскрывать карты, как обещали. Я тут же обвинил их во лжи. В этот момент я понял, что игра перешла грань разумного, и предложил разойтись мирно, утверждая, что они меня обманывают, говоря, что вскроют свои карты после последнего повышения ставок. Тут бы их и начать бить за обман, но я вдруг решил доказать им, что они не правы, и стал за ними ходить по вагонам, два раза сорвав им игру, сфотографировав их, но со спины, так что фото, к сожалению, не получилось. Кстати, карты я, сданные мне, у них забрал, несмотря на их настойчивые требования отдать их обратно. Когда я начал их преследовать, они ополчились против меня и стали уверять, что забивают мне стрелку в Нижнем, причем говорили это серьезно и поглядывали на меня с угрозой. По крайней мере два проводника, вернее, проводницы, из моего вагона, Зоя Васильевна, шестой вагон и из седьмого вагона, разговаривали с ними с улыбкой, то есть знали они, знали их, это читалось и по глазам, и по поведению.

В Перми я вышел за ними, но они растворились в толпе, но я был почему-то уверен в их честности, а драку из-за ста долларов начинать сразу не хотел. На станции Пермь они вдруг быстро растворились в толпе, а я дозвонился до друга в Нижнем, который обещал в Нижнем встретить с подмогой, а я тем временем обсудил с ним варианты поведения, и мы решили, что надо провоцировать драку, а потом давить на местных ментов американским паспортом и звонком в службу безопасности. Я подошел к молодому дагестанцу, которому вчера помог, и попросил присмотреть за ситуацией, на что он, помня вчерашнее добро, согласился без тени сомнения, чем меня порадовал. Зовут его Рамазан Куватов. Мы их сейчас накажем, сказал он. Я бросился искать их по вагонам, но они, на удивление, отсутствовали. Как так, ведь они дали мне честное слово насчет стрелки и ругались, что я сорвал им игру, грозили отнять квартиру в счет штрафных санкций! Увы, я поверил простым обманщикам. Один из них, забивая стрелку, назвался Гришей Караном, а другой – Славой. Слава был говорлив и имел татуировку маленького креста на одном из пальцев, был среднего роста, с небольшой полнотой, и носил усы, а Гриша был высок и сухощав, оба были разговорчивы и дружелюбны, надо было их бить, конечно, но пока я сориентировался, их и след простыл.

Я пошел к начальнику поезда. В одиннадцатом купейном вагоне сидели две толстые тетки, которые стали уверять меня и корить, убеждая в моей же неправоте, глазки у них живо бегали, они стали уверять, что на протяжении четырнадцати лет у них никогда такого не было. Что было абсолютным враньем, так как я сам сорвал им несколько игр, а проводниц они точно знали, разговаривали с ними с улыбкой. Почувствовав себя в море лжи, я решил не раскрывать карты и сказал, что никакого заявления подавать не буду. В ответ на это меня снова обвинили в растяпстве, пытаясь уверить, что я сам виноват, и подсказали, что надо было бы мне заплатить рублей пятьсот проводнице, чтобы ехать в купе, – то есть сама начальница поезда говорила мне, что надо было дать взятку в нарушение всех правил и законов, подтвердив тем самым мое мнение, что все здесь коррумпировано. Они все очень волновались и интересовались суммой моих проигрышей – кажется, эта тема заботила их более всего.

Но вот сейчас, пока еще все свежо, надо все вспомнить с точностью до деталей.

«Уважаемые пассажиры. Для подзарядки телефонов и других телефонных приборов вы можете воспользоваться розетками, установленными в поезде для вашего удобства». Копия этого объявления висела над розетками в каждом вагоне, в купейных и плацкартных, даже в СВ. И все до одной не работали, я проверял, походил по поезду туда-сюда-обратно-тебе-и-мне-неприятно. Люди смотрят на проходящего недружелюбно, еще бы – им надо прекратить на секунду играть в карты, разливать бухло в стаканы или чему они там еще предаются в это время, пока поезд стучит колесами по рельсам. Обрывки разговоров, услышанные мной, состояли в основном из сплетен про измены, ужасы общения с ментами или, больше всего, разные вариации про душегубство, убийства и насильственную смерть. Жуть и злоба висели над вагоном, проникали из всех щелей - из грязных страшных туалетов, из вонючих тамбуров, из черных проемов между вагонами, куда, не стесняясь, изливали мочу люди с уродливыми лицами. Несколько окон было разбито, одно под Тобольском, одно под Екатеринбургом. Это баловались безбашенные малолетки, по утверждению пассажиров и проводников. В туалетах блевали, прибавляя к зловонию пассажирского скорого поезда Новый Уренгой – Москва, номер 110. На верхнем уровне проходы были заполнены грязными вонючими ногами пассажиров. К атмосфере прибавлялся отвратительный страшный мат, ругались почти все мужчины и треть женщин. Хотелось заорать от горечи и бессилия, от дикого отчаяния при виде, слухе и запахе этого страшного явления, именуемого мною как испорченная биомасса, как испражнения, как продукт биологической мутации, как hell on wheels.

И лица, Боже, что за взгляды, злобные и униженные, презрительные и уничижающие, не зная, что делают все это с самими собой. Только у пары кавказцев я увидел человеческие лица, но и те без интереса к окружающему мира, а просто равнодушные, но без зловония обесчещенных рабов, мечтающих кого-либо унизить. А виды за окном, о, эти виды, Господи, прости: серые убогие поселки, выщербленные, засранные перроны, редкие большие дома, давящие своим шикарным видом все вокруг, но даже эти дома безвкусны и отвратительны, как костюм Армани на мяснике с лицом, забрызганном кровью.

И еще одна из тем разговоров, превалирующая и чуть было не забытая мною по причине отсутствия личного интереса – деньги. О, эта тема заставляет их ободряться, нездоровый интерес зависти и мечты вызывает их к жизни из вонючих могил, в которые они себя сами засунули, глаза их горят хищным пламенем наркоманов в прединъекционном состоянии, их лица вдруг становятся... а, впрочем, я уже давно научился опускать глаза, когда бродил между ними, от стыда и горечи, от боли за друзей и за родственников, которые вынуждены здесь жить ежедневно, дышать и быть рядом с ними, от стыда за мою другую юность и за чистый воздух свободы, которым я дышу в Америке и в Эстонии.

Так вот, хотя все розетки не работали, проводники всегда готовы были заряжать по за пятьдесят рублей за телефон, зато с гарантией безопасности ваших вещей на время подзарядки, как утверждали они. Очевидно, это давало им возможность многое узнать о пассажирах, но меня это мало волновало, так как я был весь в том, что писал, слова летели на экран, словно голодные волки за лошадью, ревели, рычали и яростно гнали меня – вперед, вперед... вот только батарейка в компьютере стала иссякать, и я пошел к проводнику Даниле в восьмой вагон, отдал ему компьютер и договорился о встрече через час. Когда я пришел к нему через час, его дверь была закрыта, и я вышел в тамбур покурить и подождать его.

В тамбуре уже стоял один высокий, худой как жердь человек и тоже курил. Он вдруг стал жаловаться мне на трудную судьбу крановщика, вот, говорил он, приехал в Уренгой, а там оказалось, что и не вызывали его как надо, и послали теперь в Москву за краном, слава богу, хоть билеты оплатили, а уж про время в дороге он и не мечтает. На вопрос, какого рода работу на кране он выполняет, он слегка замялся и сказал, что работает на двадцатитонке, но я не придал этому значения.

Вскоре к нам присоединился еще один курильщик - высокий парень, тоже назвавшийся крановщиком, а потом с другой стороны вагона в купе вошел еще один мужичок, слегка полный, веселый и разговорчивый. Первое, с чего он начал, это посетовал на то, что зарплату урезают, раньше под полтинник получал, а теперь редко когда и сорок выходит, мать его так раз так.

-- А вы где, тоже по вахте работаете? – спросил он меня, на что я ответил утвердительно, поскольку двигательный сезон в Кембридже именно так может и рассматриваться - с апреля по сентябрь - так же, как и риггерский, - с октября до январь. Я уже был готов пояснить ему данные слова, добавить пару комментариев, но тут он, не давая мне открыть рта, спросил работаем ли мы по сорок пять дней подряд, а потом отдыхаем столько же, на что я сказал, что это не совсем так, и снова собирался ответить, однако второй парень вдруг прервал мои уже почти вырвавшиеся из горла слова и вежливо спросил у болтливого:

-- Извините, я вот, кажется, узнал вас по голосу Это вы вчера женщинам в соседнем купе фокусы показывали? Уж как они смеялись, как смеялись, мне аж завидно стало!

Я тут хотел было уточнить, кому конкретно он позавидовал, дамам или нашему обаятельному собеседнику, но вопрошаемый стал тут извиняться за шум прошлой ночью, и тут я уже не вытерпел и представился. Все мы вчетвером пожали друг другу руки. Первый крановщик назвался Петром из Краснодара, второй – Гришей из Владимира, а третий, фокусник, Славой из Екатеринбурга. Тут Гриша вдруг вышел из тамбура, но быстро вернулся, с колодой карт в руке и, обращаясь к Славе, сказал:

-- Если не затруднит, покажите, пожалуйста.

-- Отчего же не подсказать, только уж тогда с вас пиво, – с хитрой улыбкой ответил тот и стал перемешивать колоду, довольно неумело, правда, но ничего.

-- Это математический фокус, я его вчера тем дамам показывал. Надо сказать вам, дамы те были очень ничего, одна так даже кандидат наук, – с гордостью промолвил он, подмигивая мне.

Я снова не успел сказать, что меня любили и профессора, и ученые дамы из МИТ, и археологини Шотландии, и даже одна будущая нобелевская лауреатка, и чемпионки Европы по боксу, потому что тут он спросил, знаю ли я такую важную вещь, как математика, и стал объяснять мне идею игры в два листика. Самая старшая карта – два туза, потом двадцать одно, потом двадцать, и так по убыванию. Состоя в свое время в знаменитой команде карточных считальщиков в моем университете (смотрите фильм «21» (2008) с Кевином Спейси в главной роли), я сделал заключение, что народ, наверное, сильно опростился в последнее время, мы пацанами еще в три листика играли, потом в покер, преферанс, даже в бридж я учился, хотел сказать, что два года назад возил чемпионку Европы по бриджу в Амстердам из Тарту, но речевой поток булькал так весело, журчал так игриво, что я лишь с удовольствием наблюдал за картами, стараясь понять, в чем тут математический фокус. Да и люди были так неожиданно приятны, вежливы, не матерились совсем, что для меня очень важно, учитывая тот факт, что в свое время я создал себе имя в Горьком, делая замечания большим и малым компаниям насчет чистоты лексикона, а после, если они предпочитали другие методы общения, я дрался с ними с яростью маленького мальчишки, у которого они увели на семь лет любимого отца, но с умением и силой хулигана-одиночки.

Так что я получал в этот момент большое удовольствие от приятного диалога и времяпрепровождения, просто млел от вежливости и изысканности, даже некой жеманности, особенно Гришиной, с некоторой долей женственности даже. Какие приятные крановщики и вахтеры, подумал я, а Слава уже шелестел картами, вежливо интересовался, все ли его правильно поняли, и попросил всех положить ему в колоду по сто рублей. Все уважили, я тоже.

-- А вот теперь смотрите внимательно, – сказал он.

И я приготовился к интересному карточному фокусу в его руках, появлению или растворению джокера в колоде или еще чему позаковыристей, но тут он раздал нам всем по две карты и сделал первый ход - пятьсот рублей ставка.

-- Только предупреждаю: кто выиграл, тот пиво в вагоне-ресторане покупает, – сказал он и жадно почмокал губами.

-- Вы извините, – сказал я, – в дороге не пью, – не желая обидеть никого, так как мне, на удивление, пришли сразу два туза.

-- Вы, простите, помните, какие карты самые главные? – спросил он, улыбаясь нежно и любезно.

-- Несомненно, – сказал я и уточнил, играем ли мы в упрощенный покер по системе "Техас-Держи-Их", то есть набавляем ли ставки по кругу до конца, при возможности ответить и вскрыть по завершении круга.

-- Именно так, – объяснил он мне и поцеловал свои карты, говоря, что тому, кто ему такие сдал, надо бы часть выигрыша подарить, что было несколько странно, поскольку сдавал он их сам себе.

Тут Гриша неожиданно показал нам свои восемнадцать очков, но ставку поддержал, пятьсот добавил и начал с интересом смотреть на Петю. Петя смутился, спросил, что ему делать с семнадцатью, и, потушевавшись слегка в раздумье, сбросил свои карты. Ход был мой, я мог надбавить, закрыть кон для показа, но я решил положить еще четыре тысячи – все, что у меня было из мелочи, кроме долларов и пятихаток, что привело Славу и Гришу в невероятный восторг.

-- Подержите банк, – сказал мне Слава, протягивая колоду, завернутую в кипу наших ставок.

Ну не люблю я просьб в форме приказа, ну что ты будешь делать тут. Если бы он прибавил волшебное слово, я бы, наверное, не сумел бы отказать ему в услуге, но я отказался, решив, что тот, кто банкует, пускай и держит их. Петя с огромным интересом наблюдал за игрой. Я уже не ждал фокуса, решив, что пора бы и объявляться на следующем кону, но тут сначала Слава ответил на мой ход, а затем и Гриша поддержал меня четырьмя штуками, и ход перешел ко мне, как вдруг Слава сказал, что ход его, и поставил семь тысяч.

-- Извините, уважаемый, – поправил я его. – Ход мой.

Тут вдруг открылась дверь тамбура и три солидных человека, три пузанчика в костюмах, попросили их пропустить.

-- Пропустите нас, из ресторана идем, – вежливо сказал один из них, и мы, естественно, подвинулись, дали им пройти.

После их прохода Слава повторил свою ошибку, на что я ему снова вежливо указал, а Гриша вдруг слинял на секундочку вслед за пузанчиками, извинившись за вынужденное отсутствие, поскольку хотел проверить свои вещички, а вернувшись, сразу вдруг поставил пятьдесят тысяч. Я снова указал им на их ошибку в счете позиций и вскрыл свои карты. Тут Слава вдруг изумился и стал кричать, чтобы я спрятал свои карты: «ведь ты сейчас пятьдесят штук гарантированно снимаешь», но карты я всем показал, несмотря на то что он пытался их скрыть.

-- Так что, ставишь пятьдесят? – спросил меня Слава и по-дружески подмигнул: – Ставь, ставь, все твои будут, – шепотом сказал он мне и снова протянул мне банк чтобы я его поддержал. И я вновь отказался, уже потому, что он мне почти перестал нравиться. Во-первых, я был разочарован в полном отсутствии какого бы то ни было математического фокуса, ведь в ответ я уже приготовил им парочку заковыристых задачек из моего опыта, а во-вторых, я начинал терять уважение к их математическим способностям, поскольку они явно демонстрировали неумение считать до трех при полной потере кратковременной памяти да еще все вдруг, вроде бы незнакомые люди, вдруг словно бы оказались под властью гипноза, игнорируя мои попытки помочь им разобраться с математикой и своим временным умопомешательством.

-- Вить, так что, плакали мои денежки? – вдруг загрустил Гриша.

-- Да нет, ребята, больше мы ставить ничего не будем, нам бы с тем, что есть, разобраться, – сказал я, засовывая карты в карман.

-- Вот есть у меня к вам предложение, но оно ограничено во времени, – сказал я. – Мы сейчас расходимся при своих, и я буду считать это глупой шуткой.

-- Так чо, не ставишь, что ли? – спросил Слава.

-- Да ладно тебе, не жадничай, – сказал вдруг Гриша, убирая свои деньги, забыв про обращение на вы и про то, что они со Славой незнакомы.

-- Вот убери эти две тысячи, и пятерочку оставь, у тебя, ведь, Вить, пятерочка-то есть еще? – поинтересовался он.

"Это когда же он пятихатку-то заметил? – удивился я его осведомленности. – А ведь, наверное, когда я тысячу последнюю вынимал, он ее успел заметить, любопытненький", – подумал я, а потом вдруг резко повернулся к Пете, стоявшему молчаливо и грустно в стороне, и спросил:

-- Так ты тоже с ними, крановщик?

Тот понурил глаза и прятал их, как красна девица, а затем стал чего-то мычать. Еще раз:

-- Подтверждаешь их слова? Подписываешься под ними?

Он все что-то мямлил, что он вообще тут ни при чем, вышел покурить, с кона быстро соскочил, ну и вот, короче...

-- Короче, ты тоже с ними, – объявил я.

-- Ну, если ты не ставишь, то, значит, проиграл, – сказал Слава и сунул карты с банком себе в карман.

-- Может, Вить, у тебя деньги на карточке есть? Так поможем, снимем вон на вокзале, – вдруг участливо произнес Гриша.

Кажется, он все еще не терял надежду на мою алчность. Но я полностью игнорировал и его ответ, и информацию о том, сколько денег лежит на карточках American Express, Visa Platinum и других, которые у меня в кошельке, ему давать не собирался.

А вот вежливость, как маска из воска, вдруг стала улетучиваться с их лиц, просто растворялась в пространстве вонючего грязного тамбура, и вместо представителей благородных пород на меня вдруг стали смотреть морды козла и злобной бешеной собаки.

-- Карты давай, – сказал мне тогда Гриша.

-- Давай-давай, Вить, по-хорошему, – поддержал его Слава, и они встали, заслонив мне выход.

-- Карты я вам, ребята, не отдам, – сказал я, – а вот сейчас назовусь. Зовут меня Виктор Владленович Павленков, в 1975–1976 годах мой отец отсидел полтора года во Владимирском централе, который ты, Гриша, должен знать. Пробейте там у себя по-быстрому, но верните мне весь банк, поскольку игра не закончилась, а карты у меня хорошие.

-- Ну ты даешь, борзый такой, – ответил мне Слава и снова протянул руку за картами. – Ты чё, глухой или чё?

-- Ты чё, беспредельщик, что ли? – спросил Гриша, нависая надо мной и оскаливая свои уже давно покоренные кариесом зубы.

-- А почему ты так невежлив? – спросил я. – Эпитеты почему применяешь? – улыбаясь несколько натянуто, спросил я и стал играть с ним в гляделки, чего он не выдержал и вдруг часто-часто заморгал.

-- Ладно-ладно, карты давай, и разошлись по-мирному, – отодвигая Гришу в сторону, снова заговорил Слава.

-- Повторяю еще раз, для непонятливых, – сказал я и напомнил, что у нас был контракт на игру по кругу, который они грубо и глупо нарушили, снова назвался и про Владимирский централ снова сказал.

-- Да мне похеру твой централ, – вдруг взвизгнул Гриша. – Карты давай, быстро!

Когда прозвучали эти слова то есть Гриша и фразы еще не успел окончить, а Петя уже вылетел из тамбура. Сделал он это так стремительно и незаметно, словно его здесь и не было никогда. Слава вдруг улыбнулся и сказал, что фиг с ними, с картами, у него еще колода в запасе есть, и пошел тоже, а за ним и Гриша, как-то вдруг слегка погрустнев.

Я пошел за ними. У Данилы в купе была открыта дверь.

-- Данила, эти люди меня только что грубо обманули, – сказал я. – Они лгуны и обманщики.

-- Да он просто в карты проиграл, вот и скандалит, – сказал вдруг Гриша, наклонившись к Даниле.

Данила молчал, бледнея на глазах...

-- Эй, Данила, ты этих людей знаешь? – спросил я и заметил, как Гриша слегка притормозил и головку свою наклонил, ушко-локатор нагибая в сторону проводника. Данила еще больше побледнел, замотал головой, словно пытался проснуться, но не проронил ни звука, только протянул мне вдруг мой лэптоп. Я его забрал и пошел за ними.

В следующем тамбуре они меня поджидали вдвоем: Петя, исчезнув, так больше ни разу не проявился, заставив меня думать, что у них было свое купе.

-- Вить, ну будь мужиком, проиграл, и все, - сказал мне Гриша. — Проиграл-то всего ничего, пять тысяч не будет, а вони-то поднял!

– Ты опять за эпитеты принялся? – спросил я. – Ведь вроде условились на вежливом тоне.

– А как с тобой иначе? – спросил Слава. – Ведь ты нам теперь работать мешаешь.

— Витя, будь мужиком, — сказал Гриша снова и руку даже протянул мне.

— А я не мужик, — ответил я.

— А кто ты? — с интересом спросил меня Слава, аж усики его зашевелились от страсти к возможному ответу.

— Я бродяга.

— Бродяга и вор? — вскричал Гриша и даже головой закивал, призывая меня присоединиться к его ответу, подтвердить, взять на себя чужую долю, страшный крест, за что потом к ответу могут призвать где и когда угодно.

— Нет, ты не прав. Я – бродяга и поэт.

-- Чего-о-о? — разочарованно протянул Гриша, а Слава ему сочувственно поддакнул.

— Я бродяга и поэт, знаю много Есенина и Высоцкого наизусть. И песни воровские тоже. А ведь за твои слова о Централе придется отвечать.

— Да ладно тебе, Вить, — сказал Гриша. Слава молчал.

— Вы, ребята, нарушили наш контракт на честную игру, пропустив мой ход. Тебя как зовут? Гриша?

— Каран, — ответил он.

— Это как по буквам — Коран или Каран?

— Каран.

— Это как Карман, но без "м", правильно?

— Да.

— И ты владимирский? И едешь до Владимира?

— Да-да.

— Забиваю тебе стрелку в Нижнем, — сказал я. — Мы там хошь и не владимирские, как ты, но про Централ и про то, как в карты надо играть, тебе там объяснят.

— Все, стрелка забита. Витя, там тебе все объяснят, и погонники, и эти, — он согнул пальцы в распальцовке, заставив меня подумать еще раз о неожиданной для меня степени неуважения, высказываемого им так легко по отношению к воровскому миру. «Эти?!!! Он назвал их просто "эти"? И пальцами показал, кривляясь. Что же за люди будут нас ждать на стрелке?»

— Да, еще хочу пояснить: Данила мне в друзья набивался, про жизнь и жену мне говорил, вот я к нему и обратился. А он, смотри-ка, очканул. Я все дела сам решаю, ментов там не будет.

– Вот за это уважаю. – сказал Гриша и протянул мне руку. Но я ее жать отказался. Ответил по законам американских улиц, кулак к кулаку.

– А счас, Вить, если мы уж с тобой стрелку забили, дай поработать, а то за проезд платить надо, а мы пока, кроме тебя, и не работали совсем, – вдруг попросил меня Гриша.

Я подумал, помолчал, а потом отказал ему в его просьбе:

– Вы не игроки, не работники. Вы обманщики, и пока наш конфликт не будет разрешен, работать я вам не дам.

– А наказаний не боишься? Перо в бок не хочешь? – опять завизжал Гриша. Вообще он был склонен к истерикам, накатывали на него волны, вот-вот начнет кидаться, думал я, сжимая "гербер" в кармане поплотнее. Пару раз я даже был уже готов его коснуться, но – что-то меня удерживало, некая грань цивильности между нами еще оставалась.

– Вить, ну прав ты, ну обманули, ну где ты видел в карты игру по-честному? – вдруг спросил Слава.

Я хотел сказать про Техас или Аляску, где он уже грел бы пулю в животе за свою наглость, но удержался.

– Повторяю – я Виктор Владленович Павленков из Нижнего Новгорода. Ты только что признался, что ты – лгун и шельма, за это будешь отвечать. Отдай сейчас все деньги банка, и я постараюсь вас простить.

Нет, не доходили до них мои слова. Так и ходили мы из вагона в вагон в течение пары часов, в тамбурах встречаясь, но понимания не получилось.

– Вить, давай до Нижнего разговоры откладываем, а там тебе уже объяснят и с погонами, и с наколками, кто есть кто и что мы по-любому правы», – повторял мне пару раз Гриша.

– Так вы и с ментами работаете? – с гипертрофированным изумлением спросил я.

– А ты как думал? – гордо ответил Слава. – Все, Вить, куплено у нас туточки.

Я отпускал их на вагон или пол-вагона вперед, но следовал за ними с напоминанием. Компьютер я на время своих хождений по вагонам положил на свою вторую боковую, попросив приглядеть за ним пожилого соседа из Иванова.

Неожиданно один из переходов в тамбур оказался закрыт на защелку, не поддавалась дверь нажатию ручки, да и все тут. И я оказался отрезан от вагона номер шесть, где лежали и мой компьютер, и мои вещи. Ограничения свободы не терпит яростный пиит, давно во время этих хождений, решил я, и толстое стекло вагонной двери рассыпалось от удара моего кулака, осколки рассыпались в тамбуре, скрипели под моими «тимберлендами», а я снова шел за ними.

Увидев меня из противоположного тамбура, Гриша побежал мне навстречу.

– Вить, ты не мешай нам, ведь до Нижнего ждем, мы там работаем, – сообщил он мне радостно и подмигнул даже, как своему, мол, общее дело делаем. Я сразу же пошел в тамбур и сфоткал их со спины.

Слава стал каким-то нервным и злым, я все ждал от них чего-то, но ни угрозой насилия, ни грубостью от них не пахло. Лишь Гриша-болтушка словами не дорожил, поносничал – где рот, где задний проход, не различал. Потом я совсем обнаглел и стал фотографировать Гришу в лицо, но фото не получилось, лишь шея. А Гриша, увидев фотоаппарат, вдруг стал кричать, ударил по нему, он упал, я его поднял, спокойно, ожидая удара, но удара не было, лишь глупая истерика.

– Мужчина, а мужчина, вы зачем ко мне пристаете? Я вас не знаю, мужчина, почему вы за мной ходите? Что вам надо? Вы пьяны или под наркотиками?

Я сорвал им еще пару ситуаций, а поезд тем временем подходил к Перми.

– Ну, Витя, все: в Нижнем будут штрафные санкции, квартиру придется продать, в общем, стрелка будет, что надо, братва будет ждать, – Слава обиженно зашагал к выходу.

– Эй, ребята, ау, вы случайно сходить не собираетесь?

– Да ты чо, Вить, у нас же стрелка! – с гордостью ответил Гриша Каран.

– Жду вас на ней с нетерпением, – сказал я и вышел все-таки за ними, но они вдруг ввинтились в толпу на перроне и пропали. Что интересно, мой американский телефон не работал в Перми, сигналы показывал, а не работал. Я подошел к проводнику Вите и попросил воспользоваться его аппаратом. С сомнением и неудовольствием он, скрипя, телефон мне протянул. Пока я дозванивался знакомому в Нижнем, пока он все пробил и перезвонил мне с информацией, что маршрут «откупленный» - от Екатеринбурга до Перми - что «крышуется» он до уровня зам. начальника УВДТ, пока мы решили, что мне надо провоцировать конфликт, но при свидетелях («Найдешь хоть одного порядочного не труса? И помни, что все проводники повязаны и будут против тебя показания давать!»), а потом показать им мой американский паспорт, их и след простыл. Я обернулся и вдруг понял, что я тут совсем один. Все вокруг предадут и убегут, солгут и не застыдятся. Но тут я увидел Рамазана. С тех пор как я примчался к нему на помощь день назад, сразу после Тобольска, он ни разу не подошел ко мне, не сказал ничего, и я уже подумал, что он все давно забыл или попытался забыть, что какой-то русский (а именно таким я был в его глазах) ему вдруг неожиданно помог. Я объяснил ему ситуацию, рассказал, что я американец, а от него хочу только пассивной поддержки свидетельства, и ожидал ответа почти уверенный, что он уйдет в отказ. Однако время удивляться пришло мне. Сверкнув пламенем азарта из своих внезапно повеселевших глаз, он выпрямился, натянулся как тетива и спросил только одно: «Где они?!» Он подтвердил и то, что все прекрасно помнит, и то, что будет рад отдать свой долг, который уже давил на него, как оказалось, со вчерашнего – зачем у русского помощь принял? – но сейчас его интересовало только одно: изгибаясь как рысь, он повторял лишь одну фразу – «Где они?»

Он мне потом всю дорогу спать не давал, все подходил и интересовался, нашел ли я их уже. Сам несколько раз целый поезд прошел, все купе открыл. «Ты, главное, их в тамбур заведи – тут я вхожу, а ты уходишь, а потом мы их просто с поезда выкинем, – мечтательно говорил он. – Не... лучше так: я стану с ними в карты играть, а потом я их мочу». Его горячечная мечтательность не давала ему спать, он часто вызывал меня в тамбур, проигрывая все новые и новые сценарии встречи с жуликами и обманщиками. Доведя себя в очередной раз до белого каления, он переполнялся энергией и срывался с места, словно ракета, снова обегал поезд, открывал все купе, а потом возвращался, снова меня вызывал в тамбур и сообщал, что в восьмом вагоне в третьем купе подозрительные лица, в десятом в пятом - тоже надо проверить, и очень просил идти туда немедленно. Я же все обдумывал схему наших разводок и пытался придать моим мыслям хоть какую-то организацию:

Итак:

1. Слава, Гриша и Петя являются частью отлаженного бизнеса развода вахтовиков.

2. В этом бизнесе задействованы все, проводники, ж/д менты (пардон, полиция).

3. Меня они нагло пытались обмануть, даже не играя в карты.

4. Они признались, что смухлевали, подтвердив тем самым, что игры не было, был процесс вынимания денег из моего кошелька, которые потом не отдавались, то есть грабеж.

5. Они отказались отдать деньги и весь банк, согласившись на стрелку.

6. Они проявили неуважение к моему имени и Владимирскому централу.

7. Они наверняка местные, пермские, ехали, скорее всего, из Екатеринбурга или даже из более близкого к Перми пункта.

8. Поскольку первое, что сказала мне начальница поезда, что без билетов никого на этот поезд не пускают, а я сам видел примеры обратного, ехали они наверняка без билетов.

Что можно сделать:

1. Зафиксировать документально.

2. Подать иск к железной дороге, проводникам и к начальнице поезда.

3. Использовать для этого интернациональный ресурс интернета, местные СМИ, международные СМИ и всю силу луженой глотки, данной мне Творцом.

4. Для выполнения пункта 2 и 3 собрать как можно больше информации.

Прежде чем приступить к действиям, сядь и подумай, сделай три вдоха-выдоха, поскольку снаружи не горит, а только тлеет, а горит-то внутри, но огонь не выпускай, пока не под контролем, держи его, как держат магнитные поля плазму в токамаке, попытайся направить в нужное тебе русло. Первое, ответь сам самому себе на вопрос: зачем это тебе нужно? Ну зачем? Деньги были там замешаны невесть какие, ничего ты своими действиями никому не докажешь, а времени потратишь немало в ущерб десяти недописанным книгам и стихам.

Все это так, но вот уже давно я подошел к барьеру понимания, я шел туда своим путем и вот я прибыл. О, как вы горьки, тернии познания. Как трудно признавать, что ты не самый, не самый умный, даже не в стране, а лишь в своей семье, не самый главный, а просто часть живущих вас во мне. Отец и Костя, разные такие, я с ними спорил и не отступал, и вот один остался, дорогие, я просто был дурак и я не знал, что время, мне дарованное с вами, вдруг станет мне дороже бытия, и то, что вы дарили, уповая на слух мой, не забыл и помню я, и вот склоняясь у одной могилы, шепчу я, умоляя и прося, о дай мне Боже, Боже, дай мне силы, достойным быть, чтоб выполнил бы я то, что затеял, Господи, прости, – иду один по своему пути.

Отец, вернувшись домой из Владимирской тюрьмы, где он провел последние полтора года своего семилетнего срока, обнаружил меня полным идей глобального переустройства мира. Он даже особенно не спорил со мной тогда, лишь объяснил, что его в данный момент больше занимает проблема защиты прав потребителя в зоне его существования. О, каким будничным и серым показалось мне это в сравнении с моими революционными порывами, с битвой с гигантами. Но отца мои пламенные речи и песни под гитару не прельщали, он занимался проблемой приема стеклотары в нашем районе, чистотой улиц и подъездов, тем, что было в его реальном мире и на что он мог реально воздействовать.

Помню, однажды, где-то через год после его освобождения, я открыл дверь на звонок и обнаружил там делегацию официально выглядевших людей. С отцом я тогда не разговаривал, потому что он назвал моих дворовых друзей «мусором» (чуть позже они убегут от жесткой драки в садике на Минина, оставив меня одного разбираться с кодлой, что будет стоить мне сломанного носа), так что в разговоре не участвовал, и только потом узнал, что это были представители Министерства торговли, местного универсама и еще какие-то чиновники, и на нашей кухне разбирался вопрос выполнения универсамом государственных положений о приеме стеклотары. Где-то через пару недель в наш двор въехал, поскрипывая, грузовик, и двое рабочих стали выгружать пустые ящики на землю. Окна нашего и соседних домов запестрели картинками из окон с отдернутыми занавесками. «Возьми бутылки, Вить, и сбегай вниз, сдай», – сказал мне отец, что я и выполнил, с изумлением успев к тому времени простоять сотни многочасовых очередей в попытке избавиться от пустых бутылок. Я был первым клиентом, но далеко не последним – я еще не успел вернуться к подъезду, прошагав полдвора, как людская масса уже вытекала из дверей, позванивая сетками и сумками, а уж окно предоставило мне возможность понаблюдать за всеми жильцами нашего дома - от заместителя директора завода до бабушек-пенсионерок, уже создавших к тому времени очередь.

Отцу вторил и Костя, мой брат, - через пару десятилетий в ответ на мои глобальные проекты поэтического кругосветного братства или конкурса сочинений заявивший, что все это «перхоть», а помогать надо родным и близким и строить не воздушные замки, а пространство вокруг себя и под себя. Не могу забыть, как он гордился, когда я выбил обратно деньги у жуликов, промышлявших возле обменного пункта.

Вот и я – строю пространство под себя в последнее время. То есть я, конечно, сочувствую жертвам землетрясения в Гаити и даже пожертвую небольшую сумму на это, если меня попросит об этом знакомый гаитянин, отправляющийся туда на работы по восстановлению островной инфраструктуры, но энергию и усилия буду тратить только на тех, кто сумел войти в мир мой или моих близких. И в этом мире я правлю безжалостно и резко, с любовью к своим и с жесткостью к недругам. Немо ме импуне лассессит, как говорил отец.

Помимо личных претензий я также должен отметить, что малое событие несет в себе весь окружающий мир, если использовать правильные методы анализа и действия, и примеры отца и Кости дают тому наглядное подтверждение. Как отец, зацепившись за дело о пропавшей посылке, вошел в историю человеком, изменившим Международную конвенцию о почтовых связях в мире, а Костя, начав с продажи яблок на улице на остановке «Варя», вырос в бизнесмена только своим трудом, без помощи и протекции, так и я надеюсь понять и описать современную ситуацию в стране через минутное знакомство с мошенниками в поезде Новый Уренгой – Москва. Вскрыть консервным ножом эту грязную банку прокисающей закваски. Короче, взрезать гнойный нарыв в надежде отыскать живое.

Я не звал их в свой мир, но пустил, и теперь они мои. Зная себя, не сделав этого, пройди я мимо, все равно не забуду, и будет жечь меня, спать не давать, отбирать мое такое ограниченное оставшееся мне время. Вот так.

И пошел я по вагонам ловить на себе раздраженные взгляды, вызывать на себя внимание, представлять себя как центр сбора информации. Иногда меня догонял и перегонял Рамазан со жгучим вопросом в глазах, поджидал меня в тамбуре и... «Слушай, Рамазан, извини, ведь ты мусульманин?» – «Да», – гордо, смело. – «Прости меня тогда за навязчивость, но почему ты тогда так часто ругаешься матом?» В ответ мне было озадаченное молчание, сглатывание слюны, перевод дыхания. Больше я от него мата не слышал. А парень-то еще и неглупый, способный к диалогу, подумал я, еще раз испытывая благодарность Творцу за его неожиданные подарки.

Я шел и укорял себя. За потерю контроля, ведь так бы было мне легко их сфотографировать, ведь был же инструмент у меня в руках, ан нет, сконцентрировался на конфликте, на том, чтобы не дать им продолжать играть и разводить людей в этом поезде, а мог бы, слегка эмоционально отстранившись, уже копить на них досье, уже вводить, втаскивать их в свой мир. А теперь вот ходи, ищи-свищи их по вагонам, по следам, лови ушедший день за гриву. Я быстро позвонил знакомому, ожидавшему меня, и отменил бойцов на ночь на «стрелку», все-таки время прибытия в Нижний было около полчетвертого ночи, людей беспокоить не хотелось, а мне уже стало ясно, что никто из этой нечестной компании не едет со мною в поезде. Уж, надеюсь, не я их так распугал, подумал я, и стал вспоминать, когда они в процессе блуждания могли переговорить со своими, и сообразил, что последний раз, когда они жаловались, что я им игру поломал, стояли они рядом с высоким парнем, очень похожим на них, стояли в тамбуре, а при моем появлении вдруг сдернули оттуда без игры, и карт я в их руках не видел, так что, думаю, он был один из них. Итак, трое игравших со мной, трое пузанов, у которых Гриша разжился полтинником, и еще один. Семь.

Следы были рассыпаны по поезду, и их только надо было собрать, информация, слегка подождав, словно хотела увериться, серьезно ли я все это затеял, вдруг начала проявляться. Правда, слегка сбивал с толку Рамазан, адреналин, наверное, шел у него по ногайским жилам, он снова и снова обгонял меня, поджидал в тамбуре, шептал номера купе, необходимые для проверки, а потом ждал в следующем, и – с выдохом, с ожиданием, с надеждой – они? Нет, дорогой, не они, дай подумать. Вот так и я когда-то на Аляске ходил с Джедом, эскимосским охотником, надоедая ему, на что тот отвечал с любовью, но и с укоризной, просто отворачиваясь от меня, ведь на грубость или отталкивание великий охотник никогда бы не пошел, слишком он был мудр и добр.

В вагоне-ресторане я вдруг вспомнил, что именно там, где-то после Екатеринбурга, я и увидел трех пузанов впервые. Я тогда проспал остановку, не успел купить сигарет и пошел за ними в вагон-ресторан. Что поразило меня в тот момент – они сидели в одной половине ресторана, а двое тоже солидных людей пришли и сели за столик в другой половине, официантка же, вместо того чтобы отвечать мне на вопрос о наличии у нее сигарет, пошла к этим двоим и попросила их пересесть, обосновав это тем, что сейчас на их половине начинается санитарный час. Странненько так, подумал я, но списал это на ненавязчивый расейский сервис. И вроде забыл, а вон оно как – всплыло по ходу дела. Значит, и ресторанная обслуга тут замешана.

Ладно, идем дальше. Отметим, что Данилина дверца все время закрыта, правда, увидел один раз я увидел его из другого конца вагона, но он уже скрылся и на стук не отвечал, наверное, сразу заснул молодецким сном. Может быть, чудились ему незнакомые ботаники, вежливо расспрашивающие его обо всем: про вино из Адлера, которое он сбрасывает в Москве по двойной цене, про рыбку, про икру, про водку с пивом, которыми он приторговывает, короче, про все, что он успел мне рассказать за недолгое знакомство, пока я заряжал телефон.

А вот и купе начальника поезда, оказавшейся на поверку женского пола: нечто бочкообразное с дюжиной бородавок на лице, полусидевшей-полулежавшей в своей норе рядом с проводницей вагона СВ, тоже не красавицей, конечно, но до М.А. Бессоновой ей несомненно было далеко. В купе стоял резкий запах дешевой косметики, почти скрывавший секреции двух больших потных тел. Я объяснил свою ситуацию, рассказал им, что произошло, правда, без деталей, сослался на фокус. Их очень интересовали три вещи:

1. Мое понимание того, что то, что я делал, есть действие незаконное, и если будет заявлено в милицию, ой, простите, полицию, то я сам и пострадаю, а тебе нужны проблемы с ментами?

2. Механизм фокуса и количество денег, проигранных мной, ну просто очень интересно. Узнав про сумму менее пяти тысяч, погрустнели и потеряли ко мне интерес.

3. Понимание мною того, что я сам виноват. Ну ты же взрослый парень, ну как же так можно?

Но главное, в чем с большой искренностью заверила меня М.А. Бессонова (вот уж точно, сна она лишит – это в ее силах, одним прикосновением или даже его попыткой), что за пятнадцать лет работы она впервые слышит об этом. Если учесть, что в пятнадцать прошедших лет входили и веселые девяностые, и роковые нулевые, то данное заверение повергло меня в полное недоумение, и я не сдержался. То есть я уже был почти выдворен за дверь удушающими все живое ароматами данного купе, и мне был дан совет уйти и затаиться, не то менты меня еще поимеют (знала бы она, как я ломал ментовские челюсти в Выхине в 44-м отделении милиции, как строил их там по порядку в 2000 году во время моей поэтической кругосветки), и вот в самый последний момент, уже в дверях, я позволил себе то, чего не позволял до сих пор, а именно сообщил о своем гражданстве и даже дал посмотреть на паспорт, наш, с одноглавым орлом, хищно взирающим на мир. Секреций в купе вдруг ощутимо прибавилось. Немая сцена вдруг разразилась всплеском эмоций и восклицаний, предложений чая, конфет, места в СВ («ну как вы можете ехать в плацкарте с этим, простите, быдлом!?»), но снова подвергать себя возможности удушья я не собирался, а просто пошел дальше, слыша вслед, что у них все только по билетам, так никого никогда не сажают, из чего я заключил, что подсаживают именно без билетов, а значит, только на определенный короткий отрезок дороги. Что подтверждало информацию моего знакомого о том, что участок откуплен; все в доле, а крышует это зам. начальника

УВДТ. Так вот почему их всех так волновала сумма украденного у меня!

И снова поезд. Проходим сквозь соседний вагон, где проводница вдруг говорит: «А, это опять вы?» со странным раздражением. Интересуемся его причиной. Оказывается, «вы там в какую-то историю попали, всем потом настроение портили, жить мешали, а сами виноваты, а все ходите, ходите, мало вам, что ли?» Спрашиваем, согласна ли она с точкой зрения, что во всех преступлениях надо всегда винить жертву, и признает ли она право жертвы преступления на защиту? Поджав губы, она уходит в свое купе, и оно тоже надолго закрывается.

Гуляя по поезду, я часто останавливаюсь и разговариваю с Зоей Васильевной. Она выказывает живейший интерес к происшествию и тоже долго пытается меня убедить в том, что во всем виноват я сам:

-- А что же это были за люди, Витя, ты их не запомнил? – спрашивает и тут же интересуется суммой проигрыша.

Объясняем, что проигрыша как такового и не было, а был лишь грубый, обнаруженный мной обман, в чем они же мне сами и признались.

-- А люди эти, Зоя Васильевна, были те, с кем вы так обменивались любезностями при их выходе на станции Пермь-2. Вы, наверное, должны их помнить: с усиками один, любезный, говорливый, с маленькой татуировочкой на правой руке между большим и указательным пальцами, вспомнили ведь наверняка, дорогая Зоя Васильевна?

-- Нет, Вить, не помню никого такого, у нас тут много пассажиров, всех не упомнишь.

Выражаем сожаление по поводу проблем с памятью, заказываем еще чаю и после некоторого перерыва продолжаем наш путь. Вагон уже не кажется грязным и отвратительным, как совсем недавно. Он вдруг превратился в театральные подмостки еще одной провинциальной оперы и от этого приобретает свою экзистенциальную сущность. И снова колени по нижнему уровню и вонючие ступни, загораживающие проход, - по верхнему. В один из походов обнаруживаем проводника Витю, одиноко курящего в тамбуре, изображаем уныние, входя в резонанс (на самом деле тут не до уныния – бурлит, кипит веселый горный поток заряженной адреналином и кислородом крови, ревет ручей жизни, азарт охотника, чувства обострены, внимание повышено), и получаем новый поток Витиного подсознания.

- А ты чо думал? У них тут все повязано. Ты, кстати, не заметил, когда они тебе фокусы показывали, не проходили ли три солидных мужчины через ваш тамбур? – спрашивает он, и речь его приобретает свою собственную динамику, несется вдоль дороги под стук колес. – Так вот, это были настоящие тузы, они люди серьезные, нам по десять процентов отстегивают. Они и в ресторане посидят, и в купе. А те, с кем ты играл, это так, шелупонь, группа поддержки, с нами никогда не делятся, – Витя злобно сплевывает на пол, чистоту которого он должен блюсти. – Они тут недавно одного чуть не раздели, тот не хотел им отдавать проигрыш, так они его в тамбур затащили и, пока не расплатился, не выпускали. Крупно они у него забрали. Тысяч пятьдесят.

Мне хочется спросить, как же это соотносится с тем фактом, что Витя, по его собственным словам, в первый раз едет по этому маршруту . Но моя задача – слушать, что я и продолжаю делать.

-- И что – вам пятерку принесли за это? – задаю наводящий вопрос.

Да нет, куда там. Тамбур хоть и наш, а с другим вагоном все равно делиться надо, – сетует он. – А раньше вообще могли и с поезда скинуть. Тебе-то хорошо, вон здоровый какой, да ты их и вычислил быстро, что они ставки не по кругу подняли, а то ведь обычно пьяная вахта одна играет, а они их запутывают, милое дело.

Не уточняем, чем же оно ему мило, просто берем то, что дали, и дальше, дальше, по тундре, по железной дороге...

Снова заказываем чай и любезничаем с Зоей Васильевной. Она вдруг неожиданно вспоминает, откуда она знает этого человека. Оказывается, он ехал из Владимира до Перми шесть дней назад в том же самом вагоне. Заказывал водку с пивом, а она ему не продала. Чаю взял на триста рублей, сладостей купил.

-- Так в вашем плацкартном и ехал? – спрашиваю.

-- Да. Точно, точно он.

Интересуемся:

-- Не на этом ли рейсе, отправившемся из Москвы двадцать шестого, он и присутствовал?

В ответ получаем, что нет, не двадцать шестого, а двадцатого, на предыдущем. Как интересно.

-- Так, во Владимире вошел? - уточняем.

Ведь это можно и по компьютеру пробить.

-- Ну спала я, Витя. Он, может, и в Нижнем вошел, а другого я совсем не знаю, высокого-то этого, – добавляет вдруг она.

Объясняем, что если точно знать дату двух поездок человека с одной фамилией, то, сравнивая списки пассажиров сегодня и двадцатого, установить личность человека элементарно.

-- А может, это и не он был, – неожиданно погрустнев, заявляет дорогая Зоя Васильевна без тени рефлексии на помятом лице.

Удивляемся способности человека в одном коротком разговоре выдать три противоречивые информации и полному отсутствию способности к рефлексии, чтобы даже понять это.

Вдруг неожиданно, наваливается какая-то щемящая тоска и боль за близких, вынужденных жить в этом болоте. Вспоминается одно из самых коротких стихотворений из собранных мною в кругосветной поэме двухтысячного года: «Незнакомец – это до сих пор не встреченный мною друг». Тоску нарушает прибежавший снова Рамазан:

-- В тринадцатом вагоне в пятом купе вроде точно они!

Он смотрит на меня с непонятной мне надеждой. Чего ты так развеселился, Рамазан? Что заставляет тебя летать гордым ногайцем по трясине человеческого беспутства?

Нет, это были не они. В тамбуре тринадцатого вагона говорю с таджиком. Обсуждаем Среднюю Азию, свободу, сравнительные характеристики «станов». Приятно поговорить просто с хорошим человеком. Вообще кавказцы и азиаты производят гораздо более благоприятное впечатление, чем лица заврашихся рабов. Есть в них некая цельность, некое самоуважение и логичность произносимых ими речей. Рамазан вдруг останавливает меня в тамбуре и произносит яркую жаркую речь о свободе Дагестана. В ответ на это я рассказываю ему о маленькой гордой Эстонии и даже пересказываю песню лесных братьев – мецавеннат. Говорю про маленькое гнездо в лесу, которое занял красный оккупант, про долгие годы жизни в болоте, где ягоды смородины – единственное, что напоминает им о женщинах, и о том, что тридцать три года несли они мечту о сине-мусте-валге, сине-черно-белом флаге, который когда-нибудь будет реять над маленькой свободной страной. И о том, что когда последний лесной брат был убит в семьдесят восьмом году, мечта пережила всех их. Ну, а напоследок еще и о том, что над Эстонией сине-черно-белый реет с тысяча девятьсот девяносто первого года, и о том, что фотографию этого флага над Килиманджаро, высшей точкой Африки, который установил мой друг, я бережно храню выше всех картин в моем маленьком «академическом отеле» в Кембридже, MA. И о том, что Эстония – первая из стран постсоветского пространства, вошедшая в Евросоюз, в зону евро, в НАТО. И о том, что, чтобы их туда пустили, эстонцам надо было скромно слушать условия от других стран, которые когда-то предали их от страха перед сталинской армадой. И так вдруг захотелось свободного воздуха Эстонии, что я пошел в тамбур, где еще вчера собственноручно выбил окно, высунул голову наружу, жадно ловлю воздух: ведь воздух – он границ не знает. Рамазан с интересом слушает. После разговора в тамбуре, переполненный собственными рассказами, иду на свою полку, открываю компьютер и начинаю вспоминать совсем о другом:

Я еще «погуляю по Дону»,
Я еще размету всю Москву,
Отольются вам русские стоны,
Уничтожу, смету, разорву...

Не забуду вам рабства столетий,
Не прощу ни за что никому,
В никуда – я ушел в междометья,
Навсегда – колесо – в почему

Мой костер – мой последний товарищ,
Лишь один ты со мной навсегда,
Снова зарева дальних пожарищ
Жгут мне душу и плавят года.

Клочья флага на сломанном древке,
Пара строчек о прошлых боях,
Нож, рюкзак и тугая бечевка,
Долгий путь и финансовый крах.

Ночь в провинции, звездное лихо,

Скрип кузнечиков, пение жаб,
Одиночество шепчет мне тихо:
Отдохни, ты устал, ты ослаб.

Но взмываются искры на небо,
Мой костер все еще не погас,
Слаще всех – корка черного хлеба,
Громче всех мне – Всевышнего глас.

Ну ладно, ладно, себе-то ты все объяснил, а что ты хочешь от этой ситуации? Ну встретишь ты их, что ты будешь делать? Во-первых, ты объяснишь им, что забитая стрелка так просто не игнорируется. Во-вторых, ты заставишь их продолжить так неуместно прерванную игру: у Славы, помню, было там двадцать очков, у Гриши – восемнадцать, а Петя к тому времени с кона свалил. Слава поставил семь, Гриша – пятьдесят, а я вскрываю, поскольку они правила поменяли, то я беру банк с двумя моими тузами. Эти деньги забираю себе. Всех фотографирую. Накладываю штраф в десятикратном размере от банка, 700 000 рублей, который дарю местной церкви на помощь сиротам. А за оскорбление Владимирского централа выйти им всем троим на вокзале во Владимире и на коленях дойти до централа, там слегка наверх и потом направо остановки две-три, люди покажут. Потом подползти к воротам и просить прощения. Сладкие мечты поэта иногда сбываются. Как говорят ирландцы: «Будь осторожен с желаниями – они могут и сбыться».

Да, вдруг вспомнил – у Славы на правой руке крестик между указательным и большим пальцами, и не просто крест, а еще с деталями, то ли обвитый змеей, то ли кустом каким, а может, еще и две перекладины.

Пока я себе все это представлял, действительность выплюнула неожиданным ответом на мою энергию хождения по вагонам, за мои ныряния под вонючие ноги, за перешагивания через ботинки, колени, ноги. Только я поздравил себя с формулировкой ответов на вопросы «зачем?» и «цель?» и уж готов был приступить к самому интересному – способу достижения цели, как вдруг само пришло, ласково так и ненавязчиво. Витя вдруг подошел ко мне и сообщил, что Зоя Васильевна очень просит написать что-нибудь в книгу отзывов и предложений. Попроси, и дано будет, вспомнил я и поблагодарил Всевышнего. А вскоре Витя и книжку принес, красивую такую, с пронумерованными страницами, с адресами и телефонами. Ура!

Вся книга состояла из благодарностей, видимо, выдавали ее только тем, в ком была полная уверенность, что напишут слова правильные и добрые. Вот и я на странице 57 накатал стишок про Зою и радость от общения. Правда, из книжки я узнал, что прошлый рейс свой Зоя ходила в другом вагоне, так что ее рассказ про тот же самый вагон противоречил действительности, но ничего, простим еще одну маленькую ложь пожилой обманщице. А вот на страницах 57 и 58 я написал дословно следующее:

Dear sir/madam,

Today, on October 1, 2011, I went to the car number 8, where I was offered to have my laptop battery charged by a car number 8 attendant Danila, who told me to come back in half an hour. The time of my coming back there was approximately 9:30 Moscow time. When I came back (and was told it will cost me fifty rubles), I was approached by three men, who offered to show me a trick in a friendly manner. The place was in a «tambur» between the car numbers 7 and 8. They requested us to produce 5000 rubles each, and we all did. They pretended not to know each other and introduced themselves as Grisha Karan, Slava and Petr. Slava took the bills, folded them and then gave us all two playing cards each, and said that we are now playing a card game. When I refused, they told me that I lost in a game, and started leaving. When I attempted to stop him, all three started yelling at me and threatened me with knifing me. I made it through the door, and knocked at Danila's door. Upon opening it, I requested help. Danila instead gave me back the laptop and shut the door in my face. I was left alone with three swindlers. I followed them, requesting my money back, but was told that they are pros, and pay the management of the train, and local police. At that time, they told me that they will kill me if I continue to follow them. At that time, the train approached Perm at 12:28 pm, and I saw jumping off the train and disappear into the crowd. I looked after them but to no avail. I went to Danila's car but he was not available. I approached other passengers looking for help and found one, who, with me went looking for them. But they were not

to be found. Then the train started leaving and I went on. When on train, I tried looking for them, but again to no avail. Then, at 13:30 I went to the office of Commander of the train (Начальник Поезда) and reported the event, asking for the police. The commander, Mrs. Bessonova, M.A. told me that she does not want to call police, and it is my own fault that I «played» with them. I told her that they threatened me, but that did not change her mind. She actually told me that I was committing a crime by «playing» with them, and refused to do anything about it. I felt very uncomfortable, and decided not to force the issue prior to my arriving at my destination at Nizhny Novgorod. I plan to file charges against Moscow Chapter of ОАО «Федеральная пассажирская Компания» and to let the events of the trip on the train 109/110 Новый Уренгой – Москва, 12972, Moscow, Vermezinka street, #4 (495) 266-88-38 be known to the media and to US Embassy, and to police. People I plan to hold liable: Bessonova M.A., Danila, and Slava (5'7, 35–45 yo), Grisha Karan (6'1–6'3), Petr (6'2, 45–50 yo) I also know that Slava travelled from either Vladimir or Nizhny Novgorod on 20/9/2011 to perm on the car number 8.
Thank You,
Victor Pavlenkov
26 Eustis Street, #1
Cambridge, MA 02140

Я взял книгу отзывов и предложений и еще долго изучал все благодарности, из которых она состояла, записывал имена проводников, вагонов и даты рейсов. Через некоторое Витя попросил ее вернуть, что я и сделал. Сначала ее читали в купе проводников нашего восьмого вагона. Зое Васильевне очень понравилось мое стихотворение по-русски.

-- Витя, а что ты написал там по-английски? – спросила она меня.

-- Учите английский, дорогая Зоя Васильевна, – ответил я и внимательно посмотрел ей глаза в глаза.

Она отвела глаза и осклабилась в виноватой улыбке, обнажившей ее рот, в котором не хватало пары передних зубов, забыв прикрыть его рукой, как обычно она это делала при разговоре. К этому времени книга отзывов и предложений была уже сфотографирована мной и информация была у меня и в компьютере, и в фотокамере. Долго сдерживаемое раздражение от громоздившихся этажей лжи и обмана, переходящих в подземный тоннель витков ада, вдруг вырвалось наружу. Как и всегда, это сопровождалось гипертрофированными вежливостью и учтивостью, когда самые жесткие фразы произносятся с улыбкой и прямым выстрелом из глаз. Время игры закончилось, пора и им немножко поджариться на костре, который они подожгли подо мной. Тут меня снова отозвал в тамбур неугомонный Рамазан и попросил рассказать что-нибудь про Америку. Что я мог сказать ему? Как суметь передать кальвинистско-пуританскую этику культуры, где самое обидное слово – обманщик. Я рассказал ему пару историй о наших копах и о моем первом американском герое.

Первый Американский Герой

«...Летом 1987 года я работал инженером на строительстве «Команчи Пик», последней атомной станции, запущенной в США до настоящего времени (Comanche Peak Nuclear Power Station), в городе Крэнбери, Техас. Я быстро сделал там карьеру и через три месяца уже был назначен начальником проекта. Мои сослуживцы, коренные американцы, слегка недолюбливали высокомерного иностранца-выскочку-поэта и поэтому, когда мы все в составе нашей фирмы поехали на бейсбольную игру в Далласе, один бывший морской пехотинец позволил себе вульгарно иронизировать над французским акцентом моей любовницы К. На мое выталкивание его с места он попытался плеснуть в меня пивом, но вместо этого нарвался на кулак в челюсть, после чего охрана выпроводила нас со стадиона. Вне стадиона он предложил быть друзьями и пригласил в автобус компании продолжать накачиваться пивом. Единственное его преимущество в данной ситуации заключалось в том, что его жена вышла вместе с ним, а моя шикарная француженка осталась на стадионе. Предупрежденный им, что меня арестуют, я, тем не менее, залез через третьи, закрытые, ворота обратно на стадион и добрался до наших сидений. Только я успел поздороваться с Катрин, как трое охранников снова попросили меня пройти с ними. Начальник охраны предупредил, что я буду сдан полиции, дежурившей уже у входа, и буду арестован до того времени, как мои близкие заплатят за меня залог, после чего мне будет выдана повестка о необходимости появления в суде. «Но меня никто не предупреждал о возможном аресте», – заявил я на выходе со стадиона в пяти минутах от ожидавших меня техасских копов, в руках одного из которых я увидел предназначенные для меня наручники. «Ну, это ты чушь говоришь, – заявил мне начальник охраны. – Предупреждение является стандартной процедурой при выпроваживании таких пьяниц и хулиганов, как ты. Эй, Джимми! – обратился он к стоящему неподалеку охраннику .– Ведь это ты выкидывал этого осла со стадиона? Ведь ты предупредил его о возможных последствиях возвращения на стадион сегодня?» Я перевел свой взгляд на Джимми.

На меня с ненавистью смотрел накачанный человек, напоминающий бульдога. В его простом техасском лице читались ненависть и ярость по отношению к загулявшему иноземцу, своим видом и поведением оскорблявшему понимание жизни простого техасского ковбоя. Казалось, он был готов броситься и разорвать меня в клочья, что бы он наверняка и проделал с удовольствием, будь у него такая возможность. Внимание!

В моем взгляде на Джимми не было и тени сомнения в его ответе. Только презрительность и высокомерие. Он отвечал мне чистой ненавистью.

«Ты знаешь, босс, я, кажется, забыл его предупредить. Сорри».

Своей фразой Джимми признал свое несоответствие занимаемой должности. Он почти сбил меня с ног неожиданностью ответа : так, готовые к подлости злу, мы можем быть повержены добром. Своим ответом он освобождал того, кого он явно считал за врага, загулявшего иностранца, зарабатывающего в десять раз больше, чем он на своей земле. Но все эти факторы были вторичны для простого техасского ковбоя Джимми. Главным для него являлись самоуважение и соответствие внутренней правде, которую вбила в него культура техасских прерий. Я вышел из ворот, слегка пошатываясь, прошел мимо полицейских и наручников, от которых освободил меня мой первый американский герой, и долго гулял около автобуса, отмахиваясь от француженки, осаждавшей меня своим вниманием и раскаяниями.

Я уже было собрался рассказать Рамазану о морском пехотинце Оливере, об огромном добром негре Джулиусе, но меня прервал ворвавшийся в тамбур Витя-проводник, кивком позвавший меня на тет-а-тет.

-- Ну ты там устроил бурю в пустыне! – сказал он мне, качая головой, словно пытаясь стряхнуть посетившее его наваждение. – Начальник поезда трясется от волнения, Зоя плачет, Данила места себе не находит. Что же ты там написал?

Дословный перевод моего сообщения в книге отзывов и предложений поезда 109/110 Новый Уренгой – Москва, записанный мною на страницах 57-58:

«Дорогой (ая) сэр/мадам,

Сегодня, первого октября две тысячи одиннадцатого года, я пошел в вагон номер восемь, где мне было предложено зарядить батарейку моего компьютера, проводником восьмого вагона Данилой, который предложил мне вернуться через полчаса. Я вернулся туда примерно в девять тридцать по московскому времени. Когда я вернулся (предупрежденный, что процесс подзарядки будет стоить мне пятьдесят рублей), ко мне подошли трое мужчин, предложившие в дружелюбной манере показать мне фокус. Это было в тамбуре между седьмым и восьмым вагонами. Они предложили всем дать пять тысяч рублей, что мы все и сделали. Они делали вид, что не знают друг друга, и представились как Гриша Каран, Слава и Петр. Слава взял купюры, сложил их и потом раздал нам всем по две карты, после чего заявил, что теперь мы играем в игру. Когда я отказался, они сказали мне, что я проиграл, и начали уходить. Когда я попытался остановить Славу, они втроем начали кричать на меня и угрожали зарезать. Я прошел через дверь тамбура и постучал в дверь Данилиного купе. Когда она была открыта, я потребовал помощи. Вместо этого Данила отдал мне компьютер и захлопнул дверь. Я остался один с тремя шулерами. Я преследовал их, требуя мои деньги обратно, но они сказали мне, что они профессионалы и выплачивают мзду начальству поезда и транспортной полиции. В это время они сообщили мне, что убьют меня, если я буду преследовать их. Примерно в это время поезд подошел к Перми в двенадцать двадцать восемь, и я увидел их сходящих с поезда, после чего они пропали в толпе. Я искал их, но безуспешно. Я пошел к Даниле в вагон, где мне сказали, что его нет. Я обратился за помощью к другим пассажирам и нашел одного, с кем мы продолжили их искать. Но их нигде не было. Тут поезд стал отправляться, и мы вошли в него. В поезде я пытался их искать, но не нашел. В тринадцать тридцать я обратился к начальнику поезда и сообщил о случившемся, потребовав полицию. Командир госпожа Бессонова М.А. сказала мне, что она не хочет сообщать полиции, что я сам виноват в том, что с ними "играл". Я сказал ей, что они угрожали мне, но это не поменяло ее решения. Она заявила мне, что я нарушал закон, "играя" с ними, и отказалась что-либо делать. Я почувствовал себя очень неуютно и решил ничего не предпринимать, пока не приеду в Нижний Новгород. Я планирую подать заявление против Московского отделения ОАО "Федеральная пассажирская компания", 0191010 Новый Уренгой – Москва, 129272, Москва, ул. Верземинка, дом 4, телефон (495) 266-88-38, факс (495) 266-12-76, и сделать события данного происшествия достоянием СМИ, американского посольства и полиции. Люди, которых я планирую привлечь к ответственности: Бессонова М.А., Данила, Слава (1 м 68 см рост, 35–40 лет), Гриша Каран (1 м 84–89 см рост) и Петр (1 м 87 см, 45–50 лет). Мне также известно, что Слава путешествовал на этом поезде из Владимира или Нижнего Новгорода двадцатого сентября 2011 года в Пермь из Владимира или Нижнего Новгорода в вагоне № 8 (по заверению Зои Васильевны – проводника вагона № 6).

Спасибо.
Виктор Павленков
26 Eustis Street, #1
Cambridge, MA 02140»

Я пообещал Вите прислать ему перевод, если он сообщит мне свой электронный адрес.

-- Ты только, Вить, меня в это дело не втягивай, – искренне просил он.

-- Конечно, Витя, я никогда не забуду того, что ты дал мне воспользоваться телефоном. Но тебе придется решать, со мной ты или с ними.

Я снова вернулся на свое верхнее боковое плацкартное и попытался помедитировать. Что еще я мог сделать в этом поезде! Пока ничего – решил я и собирался было слегка отдохнуть, готовясь к возможности «стрелки», однако бурлящий внутренней энергией Рамазан снова зазвал меня на разговор. «Все, Рамазан, извини, последний разговор». Он согласился. И рассказал мне о своем селе в далеком Дагестане, о кумыках, ногайцах, даргинцах, кулактах и аварах. О кровавых боях из-за небрежно сказанного слова, о его молодой жене, которая ходит в парандже. Я дал ему свою визитную карточку Поэтического движения и выразил надежду на то, что когда-нибудь мы еще и встретимся. Мы пожали друг другу руки и обнялись как братья. «Давай», – «Давай, Рамазан». Он ушел спать, завесив свою полку одеялом. А я не успел уйти из тамбура. Ко мне вдруг подошел один из пассажиров и рассказал свою историю жизни кинолога и черного археолога. Рассказал, как спас парнишку-зэка в мордовском лагере под Явасом. А потом ушел, не сумев перенести моральный груз работы в системе исполнения наказаний. Ушел в черную археологию битвы подо Ржевом.

Тук, тук, тук – стучали колеса. В Нижнем меня встречали близкие, на перроне и на вокзале наблюдалось полное отсутствие «братвы». Фуфлыжники оставались фуфлыжниками.

Следующие пару дней я нарезал свои круги по Нижнему, ходил по улицам вместе с тенями давно ушедших. Думал, думал, думал.

Всем!

Я, Виктор Павленков, (victorpavlenkov@gmail.com), американский гражданин русского происхождения, инженер и грузчик, строитель и тракер, бузотер и поэт, меценат и бродяга,

Утверждаю:

1. 1 октября 2011 года я был обманут и ограблен преступной группой карточных шулеров («36») на поезде 109/110 Новый Уренгой – Москва, Московский филиал ОАО «Федеральная пассажирская компания», Москва, ул. Верземинка, 4, факс (495) 266-12-76.

2. Когда я объявил им свое имя, Виктор Павленков из Нижнего Новгорода, у которого отец провел полтора года во Владимирском централе в 1975–1976 годах, ими было высказано неуважительное отношение ко мне, к Владимирскому централу, а также была заявлена угроза моей жизни и благосостоянию, после

чего мне была назначена встреча в Нижнем Новгороде, на которую они не явились,

3. При обращении к работникам поезда, от проводников до начальника поезда Бессоновой М.А., мне было отказано в вызове полиции и произнесены угрозы в мой адрес. Данное происшествие описано мною в книге отзывов и предложений данного поезда, стр. 57-58, копии у меня есть,

4. В результате собственного расследования я выяснил, что участок дороги Екатеринбург – Пермь является зоной свободного действия шулеров под прикрытием и помощью работников поездов и транспортной полиции.

Требую:

1. От Федеральной пассажирской компании – возмещения материального ущерба в сумме 15 000 рублей (5000 выманено обманом и 10 000 – на телефонные звонки адвокату в США) и морального ущерба на сумму $1,000,000. В случае выигрыша более половины суммы компенсации будут пожертвованы мной на нужды сирот и беспризорников России. Я собираюсь требовать компенсации в юридическом суде и в суде мировой общественности, СМИ и Интернете.

2. От свободного русского общества заставить шулеров, выказавших неуважение к Владимирскому централу, проползти от ж/д станция Владимир до Владимирского централа на коленях, где совершить обряд прошения прощения.

3. От всех неравнодушных людей, от поэтов, которых я публиковал в альманахе «Потом», от соавторов «Магадан-2000», от участников проекта «Россия – Вчера, Сегодня, Завтра» 1994–2005, от всех моих друзей, знакомых и незнакомых (ведь «незнакомец – друг, не встреченный доколе») – помощи в распространении информации, в поиске, в диалоге о судьбах Родины и нас с вами. Предупреждаю – все сказанное вами может быть использовано.

Заявляю:

Я собираюсь быть на станции Пермь-2 в полдень 10 октября, где собираюсь сделать заявления о моих требованиях, возможно, в поэтической форме. В 19:00 8 октября на площади Горького у памятника Горькому, Нижний Новгород, я собираюсь провести пресс-конференцию для СМИ. Всю информацию я собираюсь опубликовать в скором времени на странице www.PoetryMoving.info.

«Свободным словом гнойники нарыва в попытке сохранить живое пытаюсь вскрыть, пока дышу».

Victor Pavlenkov, 26 Eustis Street, #1, Cambridge, MA, 02140, (781) 956-8405

To all!

I, Victor Pavlenkov, (victorpavlenkov@gmail.com), Russian-American US citizen, engineer and mover, construction worker and trucker, scandal maker and a poet, art patron and free traveller,

Declare:

1. On October 1, 2011, I was swindled and robbed by a criminal gang of card swindlers on the train 109/110 Novyj Urengoj – Moscow, Moscow Chapter of «Federal Passenger Company», Moscow, Verzeminka street, #4, fax (495) 266-12-76

2. When I declared to them my name, Victor Pavlenkov from Nizhny Novgorod, whose father spent a year and a half in the strictest prison of USSR, Vladimir Central in 1975-1976, they expressed disrespect toward me, and toward Vladimir Central, they also threatened me with my life and a loss of all my property (little did they know about my life as a semi-homeless poet from Cambridge, MA), after which they made an appointment with me to meet me in Nizhny Novgorod («strelka») which they did not keep,

3. Upon my turning for help to the train personnel, from car attendants to the Commander of the Train, Mrs. Bessonova, M. A., I was refused help, refused a call to the police and was threatened myself for «making a wave». The incident has been reported by me in the Book Of Responses and Suggestions, pages 57, 58, of which I have copies,

4. Through my personal investigation, I discovered that the whole part of railroad from Ekaterinburg to Perm is a «free zone of action» for the gangs of swindlers, who are aided and abetted in the process by the railroad management and transport police.

Demand:

1. From Federal Passenger Company – a compensation of material damage in the sum of 15000 rubles (5000 rubles tricked and stolen from me and 10000 rubles for my phone calls to my American lawyer,

and a compensation for the moral damages (threat to my life and well-being) in the sum of $1,000,000. In case of getting such compensation, more than half will be donated by me toward the care of homeless children in Russia.

2. From the free Russian society, to force the scum, who expressed disrespect toward Vladimir Central Prison to crawl from Vladimir railroad station to the said prison on their knees, where they should beg for forgiveness.

3. From all who care, from poets whom I published in a journal «Potom», from co-authors of Magadan-2000, from participants of the project «Russia: Yesterday, Today, Tomorrow» 1994–2005, from all my friends, friends and strangers («A stranger is a friend whom I have not met yet») – help in disseminating of this information, in the search, and in the dialogue on the fate of homeland and of our own. A warning – all said by you can be used.

Inform:

I plan to be at the station Perm-2 on Monday, October 10, at noon, where I plan to declare my demands, possibly in a poetic form. I plan to hold a press conference on October 8, 2011, at 7 pm on Gorky Square by Gorky Memorial, Nizhny Novgorod. All information about the event I plan to publish on my webpage www.PoetryMoving.info

«With a free word to try to open an abscessed wound in an attempt to find the living while I still breathe.»

Victor Pavlenkov, 26 Eustis Street, #1, Cambridge, MA, 02140, (781) 956-8405

Ну вот, пока вроде и все на сегодняшний день, 9 сентября 2011 года. Сегодня я уезжаю в город Пермь, где на станции Пермь-2 я расстался восемь дней назад с людьми, обещавшими показать мне фокус. О моей поездке уже знают в Америке, Италии, Франции, России, Англии и в Эстонии. Там, в Перми-2, я собираюсь провести пресс-конференцию, зайти в Управление железной дороги, к начальнику вокзала и в полицию. Там я собираюсь дать им этот текст, предупредить о том, что все сказанное ими может быть использовано, и посмотреть на реакцию. Потом я собираюсь делать то, что мне посоветует мой внутренний голос.

Да, маленькая такая заметочка под занавес первого акта. В Нижнем Новгороде рядом со зданием КГБ (НКВД, ФСБ и т. д.) находится Дом связи, а между ними стоит замечательная скульптура дореволюционного почтальона.

В сентябре 1969 года в здание КГБ вошел скромный интеллигент. Вошел, чтобы продолжить третий день допросов, в тот момент еще как свидетель. Ему не понравились допросы с их протоколами, а также угрозы со стороны следователей Гребенщикова и Хохлова, которые эти допросы вели. Поэтому он сжег все протоколы, заставив всю Контору (систему по уничтожению русского народа) вести дело по его правилам. По данному политическому делу он оказался последним арестованным, «паровозом». Потом, после тюрьмы, лагерей Мордовии (17а) и Перми (36), он отсидит полтора года во Владимирском централе. А потом, уже в Америке, войдет в мировую историю международных почтовых отношений как автор девяти поправок к Международной почтовой конвенции. После его смерти, в 1990 году, Конгресс США выслушает речь о его жизни, речь, произнесенную сенатором ДиКонсини, штат Аризона, копия которой есть в Congressional Records. Когда я прикасаюсь к статуе почтальона, я чувствую – я не один.

Примечание: надо отметить несопоставимость масштабов наших параллельных действий – отец был в мировой истории, а я разбираюсь с мелочью недостойной, эмоционально застряв навеки в злобном детстве горьковского ада.

Часть вторая. Нижний.

И снова – два стиха из моего первого сборника стихов «ТАК...»:
«Я когда-то вернусь...»
«Ты помнишь как мы уходили...»

Ну здравствуй, город мой, моя родина, мой дом, могила близких и родных. Счастливое раннее детство, родители – отец, сначала директор школы, потом – преподаватель истории в техникуме, писатель и ученый; мать – преподаватель немецкого в университете, жизнь в самом центре города, с прекрасным парком за окнами, с дворовой пацанской жизнью, со студентами, несущими цветы их любимой преподавательнице через весь большой двор, бабушки на скамейках, изредка ловящие меня, когда я пробегаю мимо, и сующие мне в руку пряники, конфеты, деньги (некоторые работали в школе моего отца и любили его до обожания), отец, всегда подтянутый, строго и со вкусом одетый, вечерами пишущий книгу при свете настольной лампы, по выходным – лыжные походы в Рекшино, Зеленый Город, а то и просто на Откос… Чувство особенности, подкрепляемое узнаванием фамилии: «Это тот самый Павленков?» – шепчутся за спиной. Дед – заведующий гороно, член облисполкома, на советские праздники бравший нас с собой на трибуну на площади Ленина: «Завод "Красное Сормово" РАПОРТУЕТ – партия и народ едины!!!» «УРРРААА!», завершавшиеся банкетом в кремле, где единственный раз за мою жизнь в СССР я попробовал ананас.

Школа, первый класс, цветы, счастливые родители, подарки. Школа основана приказом деда, она – физико-математическая, все снова любят, выделяют, льстят. И – первая драка с местной шпаной, закрытый перелом правого локтя, половина учебного года насмарку, все по больницам - операция без наркоза, заключавшаяся во вторичном переломе локтя, - да по центрам восстановительной хирургии. И – стихи, стихи, стихи. Отец знает наизусть очень много: Цваетаева, Матвеева, Заболоцкий, Слуцкий, Галич, Мандельштам, Пастернак, Есенин, Рубцов, Бодлер, Верлен, Мартынов… Телевизора нет до шестнадцати лет, хоккей ходим смотреть к соседям, но – чудо, как много книг, от энциклопедий до маленьких тоненьких книг стихов, господи, да хорошо-то как…

И вдруг один раз звонок в дверь, восемь жлобов, обыск, арест отца, и вот уже через год – свидание в тюрьме. Мать выгнана из универа (не прошла внеочередную аттестацию, всех подруг заставили ее клеймить позором: «как можем мы доверить ей воспитание советских студентов!»), и странные взгляды везде – на улице, в школе (уже вернулся во второй класс), в гостях.

И Игорь, младший брат отца, задира, спортсмен, любитель женщин и музыки, вдруг становится мне вторым отцом. И замена бывших друзей на новых, из которых несколько, несомненно, сексоты, а другие – настоящие.

И первая конфронтация с системой. А было так.

В апреле 1968 года, когда я уже вернулся в школу, там проводился конкурс стихов, посвященных Ленину. Большинство выступавших первоклашек читали что-нибудь простое, стандартное и короткое, вроде «22 апреля, когда расцветает земля, когда позабыты метели, а в рощах цветут тополя, птицы над школой летают, солнце сверкает над ней, о Ленине дети читают за школьною партой своей». Я же, по рекомендации отца, выучил стишок Леонида Мартынова «Где Ленин?», после презентации которого занял призовое место. На следующий год, когда отец уже был арестован, у нас в школе, в актовом зале, проходил районный финал, где читали стихи дети, занявшие призовые места на прошлогодних ленинских чтениях. Одним из них был я.

Я помню ажиотаж перед выступлением, помню жгуче-любопытные до бесстыдства глаза завучей и учителей других школ, помню жесты и взгляды, устремленные на меня, когда я всходил на трибуну. Еще недавно внук их начальника, теперь я был сыном того, кто бросил вызов системе, кто посмел занять позицию, отличную от их, ведь приверженность законам системы и лояльность перед ней были основными постулатами их жизни и карьеры. И вот теперь с любопытством рабов они взирали на нечто ими никогда невиданное дотоле и праздновали победу своего воззрения и своей уверенности в системе, ведь я скоро прочту что-то из их репертуара, что-нибудь про Ленина и чуть-чуть про партию, и еще про стройки, про тайгу и ЛЭП... Мой завуч, сладкая пожилая вурдалачка-кровопийца, сама даже не подозревая об этом, превращавшая детей в зомби, довольно улыбалась – она была хозяйкой на этом празднике и демонстрировала перед всем районом свои способности, мечтала наверняка и городской конкурс здесь провести – а почему бы и нет? – школа новейшая, красивая, украшенная лозунгами «Учиться, учиться, учиться – как завещал великий Ленин», а также интересными с точки зрения материализма утверждениями о том, что «Ленин жил, Ленин жив, Ленин будет жить».

Всего этого я не соображал и даже не понимал, меня жгло изнутри – боль от отсутствия отца в доме и дикая, животная злоба на весь мир за эту боль. Все вокруг воспринималось мною только с этой точки зрения. Я помню про обломок кирпича, положенный мной над дверью, когда шел обыск, для непрошеных гостей, помню листовку «КГБ дураки», которую я рисовал на уроках, чтобы принести ее на Воробьевку, но больше всего я помню жадность вбирания в себя стихов, созвучных моей внутренней буре.

«А теперь нам прочитает стихи Витя Павленков».

Я взбежал на сцену. Зал затих. Готовы? Ну, получите:

Владимир Солоухин. Волки.

Мы – волки,
И нас
По сравненью с собаками
Мало.
Под грохот двустволки
Год от году нас
Убывало.

Мы, как на расстреле,
На землю ложились без стона.
Но мы уцелели,
Хотя и живем вне закона.

Мы – волки, нас мало,
Нас, можно сказать, – единицы.
Мы те же собаки,
Но мы не хотели смириться.

Вам блюдо похлебки,
Нам проголодь в поле морозном,
Звериные тропки,
Сугробы в молчании звездном.

Вас в избы пускают
В январские лютые стужи,
А нас окружают
Флажки роковые все туже.

Вы смотрите в щелки,

Мы рыщем в лесу на свободе.
Вы, в сущности,– волки,
Но вы изменили породе.

Вы серыми были,
Вы смелыми были вначале.
Но вас прикормили
И вы в сторожей измельчали.

И льстить и служить
Вы за хлебную корочку рады,
Но цепь и ошейник –
Достойная ваша награда.

Дрожите в подклети,
Когда на охоту мы выйдем.
Всех больше на свете
Мы, волки, собак ненавидим.

Я читал «с выражением», мой звонкий голос заполнил весь зал, летел над городом, над страной, над миром. Я закончил и посмотрел в зал. Зал застыл. Бледное лицо завуча-вампирши, трясущееся мелкой дрожью, вертелось в стороны в надежде, что всего этого не было, вдруг застывшие от жара моей ненависти преподаватели, члены администрации, дирекция, гости из других школ, представители районо и гороно – все застыли, боясь пошевелиться. Я молча сошел со сцены. Ни единого хлопка, ни слова не прозвучало мне в ответ. Я вышел из школы и пошел домой, где меня никто не ждал – мать, уволенная из университета, работала где-то у черта на куличках, преподавала в техникуме. Ее скоро уволят и оттуда, она станет воспитательницей детского сада-интерната, а потом – оператором котельной.

Каждый угол, любая улица, любой камень отзывается здесь для меня эхом прошлого. Это, конечно, мой город, мои улицы. Но что здесь делают они – жалкие подобия людей, бредущие тут? Ведь город мой полон моими близкими. Вот идет Игорь, веселый, с очередной прекрасной дамой, шутит, поет, любит, учит меня драться, останавливается, закуривает, цитирует Высоцкого, объясняет мне Ницше («чтобы говорить своим голосом, надо иметь силу»), помогает прятать письма отцу на зону в посылку или в предметы туалета, если мы едем на свиданку... Вот отец, но это слишком больно, да и не здесь он, он всегда почти со мной, мой лучший в мире папка, любовь моя детская и взрослая; папка, всегда всем почти прощавший, никогда никуда не опаздывающий; папка, про которого с детства я видел сны, где я должен был защитить и заслонить его, где я рвал и убивал за него; папка, сделавший то, чего не сделал, по моим довольно обширным сведениям, никто – сжег протоколы в здании КГБ, заставив систему говорить на его языке. Папка, вскрывший закрытость города как банку тушенки вскрывают топором, чей приезд в 1990 году открыл этот город, несмотря на личное блеяние в Москве генерала Данилова, которому Бакатин и Шеварднадзе сказали «вон». И тот приезд, когда прокуроры и чекисты прятались по норам, а он оторвался от кортежа машин (две московские, две местные, три непонятные) и убежал к другу в Рекшино, потому что это был и есть его город, город знает, кто его хозяин; тот приезд, которого он не перенес... А вот и Костян в костюме от Армани взирает свысока из джипа-«мерседеса» на народ, на «перхоть», на дураков. Или лучше – голодный, злой, только что после армии – торгует гнилыми яблоками на углу станция Варя, где его обходят стороной его родственники и преподаватели техникума, стесняясь и не одобряя. И те же люди на скамейке у его офиса на рынке – сидят десятками. «Кость, это все к тебе по делу?» – «Нет, это попрошайки. Раньше презирали, теперь умоляют помочь. Страна дураков».

Но я сейчас не об этом, об этом – потом...

(Уезжаю из Нижнего, плачу... Нет не внешней наружной слезой – а тем внутренним яростным плачем, что как сумерки перед грозой.

Народ толпится около входов в вагоны, перегораживая дорогу вдоль поезда. Приходится толкаться.

«Сапсан», утро, перрон вокзала, «не останешься? нет?», снова очередь. «Сапсан» – скоростной поезд, гроза и гордость российской железной дороги, поезд повышенной комфортности, обслуживания и т. д. Однако он почему-то подается на третий перрон, что предполагает необходимость спуска вниз по ступенькам в тоннель, навигацию сквозь вонючее пространство со странными личностями вдоль стен и соответственно подъем по ступенькам наверх, причем ни лифтов, ни даже дорожек для протаскивания волоком или на колесиках своего багажа не предусмотрено. Интересуюсь у соседа по сиденью, как этот поезд работает в последнее время. Узнаю, что в последние три месяца он всегда подается именно сюда. Интересно, хоть один из пользователей хоть раз попытался изменить это? Поезд – самый дорогой из возможных способов двухколейного сообщения с Москвой. Интернет–связь очень слабая. Узнаю у молодого приветливого проводника, что хорошо ловит только в пятом и десятом вагонах. То есть передатчики стоят везде, но работают только в пятом и десятом. Благодарю его за «внутреннюю» информацию и желаю всем быть такими.

На входе в мой шестой вагон «Сапсана» в 6:30 утра 14 октября 2011 года интересуюсь, где мое место, у симпатичной молодой чистенькой проводницы где мое место, а в ответ лай -- "Там написано."

Малодружелюбные лица, странные взгляды, редко когда выдерживающие прямой взгляд. Проезжаем Владимир. Две минуты. Спрашиваю у народа про золотые купола церквей, не Успенский ли это собор? В ответ – незнание. Незнание даже Успенского собора, Андрея Рублева и иже с ним и нежелание что-либо знать. Привет тебе, художник...)

Пермь

Все было готово к поездке в Пермь, уложена сумка, заряжены телефоны и фотоаппараты, завершен и напечатан последний рассказ, заданы вопросы и получены ответы.

-- Может, все-таки передумаешь? – с надеждой и с искренним участием.

-- Поеду. Прости за доставленные волнения.

-- Да ладно тебе. Будь осторожен. Береги себя.

-- Прощай.

-- Да ладно тебе. Приезжай скорее.

На улице у книжного магазина «Дирижабль» меня ждал Мишка, молодой парень, который сразу захотел поехать со мною в Пермь, как только услышал о моем приключении.

Еще одно отступление
...Три года назад мой временный рабочий, пьяница-венгр Аттила, познакомил меня с другой компанией, Smooth Mooves, занимающейся, как и я в своей PoetryMoving, упаковкой и перевозом грузов с места на место. Хозяином ее был добрый хороший парень по имени Рис из Сиэтла, «модус операнди» которого состоял в том, что он приезжал на место, организовывал и раскручивал компанию несколько лет, а потом начинал грустить и томиться, переставал платить кредиты, снимал год или два – пока приставы не придут – сливки, чтобы умчаться снова в погоне за одному ему видимым отблеском удачи. Парнем он был добрым и грустным, поэтому окружали его в основном всякие пьяницы и наркоманы, постоянно сосущие у него деньги, что он им позволял, потому что вроде бы уже и надоело, и в дорогу пора, пропади оно все пропадом.

Рис пил. Цивилизованно, по-американски, но пил, смотрел на меня своими грустными глазами и уже мечтал о Нью-Йорке, куда вскоре и собирался отправляться. Я поработал на него пару раз в роли грузчика и начальника смены, а потом предложил ему сделку – я беру компанию в аренду за двадцать процентов валового, понедельный расчет. Рис подумал и согласился. И уехал в Нью-Йорк за девушкой своей мечты.

Я нашел пару литовских студентов из Каунасского политеха, Эда и Модестуса, и натренировал их под себя, к тому же у меня тогда гостил молдавский боксер Николай Мирон, который помимо тренировок и спарринга еще и подрабатывал у меня грузчиком. Работа закипела, мы делали и мои заказы, и работу "Гладких движений" (свободный перевод Smooth Mooves). Взаимоотношения с Рисом удовлетворяли нас обоих, честное слово связывало нас крепче любых контрактов.

Рис позвонил мне через месяц и сказал, что ему оборвали телефон три русских студента, попавших в непонятку на Мысе Трески и слезно умоляющих его о помощи в трудоустройстве. Я отказал, так как мой опыт найма людей разных национальностей, из которых я навскидку могу назвать с десяток (гондурасцев, сальвадорцев, русских, молдаван, французов, американцев, литовцев, ирландцев, санта-крузеров, эстонцев, чеченцев, поляков и т. д.), эмпирически демонстрировал мне, что русских лучше не нанимать.

Рис понял и согласился с моим приоритетом в деле найма рабочих. А через пару дней снова позвонил и снова попросил сделать ему личное одолжение - хотя бы посмотреть на них, уж очень у них плачевное положение. Рис попросил у меня разрешения дать им мой номер телефона. Студенты эти уже прибыли в город, остановились на последние деньги в каком-то мотеле, а сами они из какого-то Nizhinovgoda.

-- Ну чо, Колян, проинтервьюируем земель моих? – спросил я Колю, только что вернувшегося с тренировки.

Коля, два года до приезда в Америку занимавшийся ежедневным битьем «бурогозивших» клиентов в казино Las Vegas в Тюмени, плотоядно усмехнулся и кивнул в знак согласия, так как был немногословен.

Когда они вскоре позвонили, я объяснил им по-английски, чтобы выносили на улицу свои вещи, а потом позвонил одному доброму ангелу по имени Додик и попросил его дать ночевку на пару дней русским студентам. Додик поначалу пытался сопротивляться, мол, надо бы узнать у супруги, она у него хозяйка, но я уговорил. На пару дней - значит на пару дней, а потом хоть на улицу, хоть куда, как Вероника скажет, так и будет. «Так сча прамочки и привязу, дорогой ты мой Дод», – заявил я уже без знака вопроса в конце предложения. «Ну давай», – я практически увидел его на другом конце трубки. Представил, конечно, только представил силой воображения, без особенного, кстати, напряга, – как он клонит набок голову свою профессорскую, надеясь, что Вероника приедет и все разрулит.

На длинном плаце у конце дороги номер два, что восьмилинейно, выскочив с высоких холмов Арлингтона и Бельмонта, устремляется в Бостон с бешеной скоростью, чтобы быть резко суженной и затем полностью остановленной в Кембридже (остановлена не просто так, а волевым движением целого Северного Кембриджа, заставившего федералов прервать свои гигантские планы по разгрузке бостонского движения за счет этого пролетарского района, состоящего в основном из ирландцев, итальянцев и афроамериканцев. Однако последние в усмирении дороги не участвовали, сделали это в основном ирландцы, самоорганизовавшись под руководством выбранного ими лидера по имени Тип О'Нил), так вот, на пустынной площади перед мотелем прохаживались три худенькие фигурки, чей телесный язык сообщал, что парням из Nizhenovgoda трудно.

Вежливо по-английски я осведомился, все ли их вещички с ними, на что двое ответили утвердительно, а третий, самый маленький из них, сказал, что чемодан еще в мотеле, на что им был получен неукоснительный приказ немедленно все доставить сюда, к автобусу, что и было им исполнено, пока загружались двое других, Женя и Егор, как оказалось. Но вот и третий парень, Миша, загрузился, все они выжидательно смотрели вперед на водителя и пассажира. Смотреть было на что. С водительского кресла им улыбался я, бродяга и поэт, глава компании «Поэтическое движение», компании за поиски и утверждение свободного слова, отголоски эха которого мы слышим в биении сердца, в раскатах грома, в победе свободы над рабством и холуйством, в стихах Бернса и Чичибабина, в балладах Тома Уэйтса и в песнях "Благодарных Мертвецов". С пассажирского сиденья им улыбался садистской улыбкой Коля, поигрывая моим охотничьим ножом.

-- Ну чо, пацаны, попали? – спросил их вдруг Коля со среднеарифметическим молдавско-тюменском акцентом.

И было видно, как все страхи и предупреждения о трудной судьбе соотечественников на опасном Западе, о рабстве - рабочем и сексуальном, о том, что, возможно, одному из них выжить не удастся, о том, что предстоит еще впереди, пробежали по их лицам, по их взглядам, которые, словно магниты, притягивались к моему черному большому ножу, блестящему остро отточенной гранью в тусклом свете моего автобуса со сплошной стеной в корпусе.

Я резко остановил вэн и повернулся к ним. Они продолжали молча взирать на меня...

(А с ними было вот что. За несколько недель до описываемых событий три студента политеха прибыли на Мыс Трески в Восточный Массачусетс, километрах в ста от большого города, прибыли прямо в центр среды обитания летнего туриста, чтобы устроиться на работу посудомойщиками, носителями грязной посуды, а если повезет, то и помощниками халдеев, а то, глядишь, и самим халдеями выстрелит поработать. В общем и целом планы их поражали своей грандиозностью, а все непредвиденные, но вполне ожидаемые проблемы они собирались преодолевать своим трудолюбием, умением и желанием угодить.

Однако даже в Америке им пришлось столкнуться с обманом и предательством, которые сопровождают русский народ повсюду. Оказалось, что компания, взявшая с них деньги за услугу еще в Нижнем Новгороде, прислала на заявленные десять рабочих мест для рабов сезонной пищевой туристической промышленности около ста человек, чем очень поразила как американскую принимающую сторону, так и девяносто русских студентов, оставшихся без работы в середине одноэтажной туристической зоны знаменитого Мыса Трески. Конечно, знай они хоть немного историю этого удивительного края, то, возможно, они бы и наслаждались местом первой высадки пилигримов с корабля «Мэйфлауэр» в 1620 году или местами боевой славы пилигримов под предводительством Майлса Стэндиша, походили бы по тропам, которые пересекал великий американский писатель Герман Мелвилл, давший нам описание и осмысление задач и целей американской цивилизации. Но не будем слишком критичными – трудно концентрироваться на культурных ценностях, когда две недели жизни в Америке съели почти все деньги, работы нет и не предвидится, никому ты не нужен на этом празднике-отпуске жизни и уже так хочется домой.

Именно домой. Сломавшись где-то день на третий-четвертый, они начали звонить и бить в колокола. Кончались деньги, перспектив не было, ежедневные многокилометровые хождения по местным ресторанам и отелям результата не давали. Домашние, однако, развили большую деятельность по поиску информации и путей отхода их чад в Массачусетсе, которая выдала результат – телефон Риса, где три года назад работал сын знакомого знакомых одного из родителей нашей троицы – Жеки, Егора и Миши. Используя весь свой запас английского, добавив в голос нотки вполне естественного отчаяния, они начали штурмовать последнюю соломинку их надежд – и даже приехали в Кембридж, чтобы быть поближе к цивилизации, – видимо, родители и знакомые знакомых донесли до них мысль, что в малонаселенном пространстве искать работу есть дело малоперспективное и тупиковое. И вот они сидят в моей машине.)

Коля поигрывал черным ножом. Я сделал свирепое лицо и, внимательно поглядев на них, промолвил:

-- Где учитесь?

Узнав, что в политехе, предложил дифференцировать е в степени икс. А потом, зловеще улыбаясь, припечатал:

-- После того как трамвай-двойка поворачивает на Лядова с Пискуновой, назовите площади, по которым он проходит?

Ребята задумались, словно подозревая, что от ответа зависит их судьба. «Сенн-н-на-я, Ля-я-я-до-ва...», – начал говорить Егор, но я уже остановился у дома Додика.

-- Сегодня здесь переночуете, а завтра посмотрим, – сказал я, и мы с Колей вскоре уехали.

Чтобы вернуться на следующий день, дать ребятам работу, познакомить их с моим славным грузчицким братством Большого Бостона, научить их выходить на рынок с предложением услуг самостоятельно, – за это я потребовал десять процентов, что и было мной получено перед их отъездом обратно в Нижний. Дела у них пошли так успешно, что один из них даже смог купить и переправить себе в Россию какую-то машину.

Правда, мне для их устройства пришлось поручиться перед Вероникой, женой Додика, и трудоустроить двух литовцев, чтобы очистить место для нижегородцев, так как работы на всех у меня не было. Я повозил их по Новой Англии, в зеленые горы Вермонта, где бродили по холмам и стреляли из карабина, приглашал на пикники, короче, лето наше прошло вместе - им полезно, да и мне дало возможность узнать поближе молодежь нижегородскую, современную.

Через три года я навестил свой город Нижний. Предложил встретиться у «Дирижабля» в шесть утра. Женя приехать не смог, иначе, говорит, у него весь день пойдет насмарку. Пришли Егор с Мишкой. Мишка, как всегда, припоздал слегка.

«Ну что же, нет так нет», – подумал я о Жеке, каждый выбирает каждый миг, что ему важно, что ему надо. Мы погуляли с Егором и Мишей по центру, от площади Горького до площади Минина, обменялись информацией о нашей жизни. Оба парня – студенты шестого курса, стоят на распутье, то ли работать, то ли в аспирантуру, а тут еще и армия на носу – рабовладелец требует платы, дракону необходима свежатинка, чтобы всех кровью повязать, а уж очень не хочется, – вот и тумкай, как можешь, где справка, где взятка, где волчий билет, «где мы и где завтра».

У памятника Чкалову над Откосом мы встретили рассвет. Мишка порадовался: «Здорово так рано утром на город посмотреть», – наверное, вспомнил про ранний ритм Большого Бостона с заполненными хайвеями и улицами. В ответ на мой рассказ о приключении в поезде Новый Уренгой – Москва и о моих планах предстоящих действий по развитию ситуации Егор сочувственно покивал, а Мишка вдруг блеснул азартом. Провинциал наш Миша из Сергача был знаком с игрой не понаслышке, последнюю пару лет сражаясь на зеленом электронном сукне в игру покер с остальным миром из интернета. Он даже оценил мое поднятие ставки, заставшее фуфлыжников врасплох. В ответ на предложение скататься в Пермь Егор скромно отвел глаза в сторону, а Мишка, слегка подумав, неожиданно согласился.

Мы постояли у Откоса, посмотрели, как теплеют от солнца стены старые кремля, как отсвечивает наш надевающий перчатку Чкалов, отметили сначала зажженную солнцем голову, а потом и все тело в форме, взлетели мысленно (в который раз!) над Волгой и Окой, а я даже вспомнил фотографию отца, когда он фотографировался над Волгой, совсем молодой выпускник университета («Лобача» по-современному), но – не стали больше предаваться чувствам возвышенным и меланхолическим, а также не повелись рассматривать скульптуру великого летчика с особой стороны, и я даже почти не дал лету своей огромной тоске по отцу, выражающейся у меня в интенсивных воспоминаниях о нем, со всегдашним присутствием ощущения причастности к чуду. Ведь и в самом деле, знал ли он, фотографируясь на фоне Волги, что предстоит ему еще в оставшейся жизни: спасение огнем людей-друзей-знакомых и... чести и мысли своего народа; тюремные круги ада, закончившиеся во Владимирском централе; предательства и падения, и очищение; отточенность новых друзей и отношений, вхождение в историю (и в Белый дом); и – вскрытие Горького, когда по его требованию закрытый город был открыт, правда, тогда – только для него и только на три дня. Но через два года и я туда пожаловал со своей беременной женой Айлин. Нет, не стал я об этом обо всем думать, ведь у отца дело всегда стояло на первом месте. И мы ушли.

Я дал Егору и Мишке пару заданий, и в течение следующих нескольких дней они мне оба помогли, организовывали пресс-конференции, редактировали мои воззвания, вошли в круг моих единомышленников. Правда, на пресс-конференцию у памятника Горькому на площади Горького не пришел никто, кроме Егора, но разве может смутить одинокого волка отсутствие холуев массовой информации. Так что свою пресс-конференцию за день до отбытия в Пермь я провел один, поклонился теням и призракам, а потом пошел готовиться к поездке.

Мишка ждал у «Дирижабля». Вид у него был болезненный. Ну что, еще один уходит в бок? – подумал я, но оказался неправ: он всего лишь хотел запастись таблетками шалфея в аптеке, что мы и сделали. Легкое прикосновение руки, в глазах – а что ты знаешь про чужие глаза, кроме своих собственных проекций? – еще одно «пока», короткий разговор с таксистом, сбивание цены (дань кальвинистско-пуританскому вновь приобретенному наследию), и вот мы с Мишкой уже несемся вниз по спуску к Оке, пересекаем ее и – родной вокзал, Канавино, толпа («с преисподней родного вокзала», как я писал в Техасе в 1987 году), ждем третьего, Диму.

Дима был большим во всем разнообразии этого слова. Во-первых, и это самое заметное, первичное, он был огромен – уже почти десять лет, как он забросил занятия боксом, в которых в свое время преуспел, занимая первое место на чемпионате России в категории тяжелого веса в девяностых годах прошлого столетия; во-вторых, его широкая натура снабжалась кровью двух народов – грузинского и русского, кипела и лилась по бесконечным просторам евразийской души, в чем я уже имел возможность убедиться несколько дней назад, когда пили и гуляли от души в честь моего приезда: звенели рюмки и бокалы, огненная вода текла рекой, мой план по форсированию контракта был встречен на ура, и добровольцы были приняты в команду, за что теперь пришлось отдуваться Диме. За всех добровольцев и рекрутов пьяных воззваний и возгласов. В-третьих, он был большим воротилой и бизнесменом с парой телефонов «Верту» с большим количеством немаловажных номеров, с шикарными огромными машинами. Вот и сейчас его высадил новенький «Ланд Крузер» с элегантным самовыдвигающимся приступомподножкой, после чего, слегка переваливаясь с ноги на ногу, Дима не спеша направился к нам.

О, Московский вокзал... О, суета, народ, волны... Море, мори, мора... С детских лет – весь мир как на ладони: тут тебе и студенты в турпоход, и толпы загородных жителей, и важные московские гости, и командированные, и странная шелупонь со стреляющими взглядами... да кого здесь нет, на нашем празднике жизни, или это не праздник уже, а панихида?

(Вот уже несколько дней, как я вернулся в Америку, а рассказ все еще закончить не могу. Трава-мурава, конечно, расслабляет, и хочется больше поговорить, особенно когда вокруг такие интересные собеседники и линии разговоров. Тут и итальянский, и французский, и немецкий мотивы проступают, не говоря уже о родном, русском, и как следствие этого – эстонский мотив, ведь Юрьев-Тарту – самый свободный город с русским населением, или – русскоязычный самый свободный, или – короче, русских (самого себя) в Эстонии хочется спросить – и неоднократно спрашивал: «Благодарны ли вы эстонскому народу, который на своих плечах и часто против вашей воли втащил вас в европейскую цивилизацию? Причем для успеха данного проекта вы ничего не делали, скорее, наоборот!»)

Дима подошел к нам, и мы вошли в вокзал. На входе стояли металлодетекторы, стояли и звенели, мигая красными звонками при каждом проходящем сквозь них человеке. Прямо напротив них находились пять ментов, старший в центре и четверо по бокам. Они пристально смотрели на всех входящих оценивающим взглядом, не обращая внимания на звонки детекторов. То есть являлись заменяющими-подменяющими детекторами. Меня так и подмывало поинтересоваться у них, где это их так натренировали, спросить, не собираются ли в командировку для применения новообретенных способностей или на выставку инноваций в области борьбы с преступностью и терроризмом, но не решился. Мы постояли рядом с ними, пока Миша сбегал к кассам и, вернувшись, поведал, что везде очереди, придется подождать, постоять, и даже выразил готовность к этому действу, но я не был готов к принятию такой жертвы и обратился к ментам: «А где тут у вас касса без очереди?»

К этому времени я уже успел слегка понаблюдать за людом пассажирским, вливающимся в двери, как и я несколько минут назад: сначала человек слегка останавливался перед детектором, ожидая, наверное, инструкций по выкладыванию железных вещей из карманов или еще чего, потом, осознав отсутствие таковых и видя, что предыдущие идут насквозь, решался пройти, потом останавливался, слегка ошарашенный звуками и огнями сигнализации, ловил цепкие, но отстраненные взгляды охраны и, вздохнув, отходил в сторону, слегка озадаченный, все еще готовый к окрику, к команде остановиться, отходил, чтобы пропасть в толпе, довольный, что вот так все обошлось, что не был выделен из толпы как подозрительный, отходил, благодарный, что не заметили, наверное, еще себя внутренне поздравляя, что вот он какой – незаметный, похожий на других...

Я был приятно удивлен вежливым ответом охранника про кассу повышенного обслуживания на втором этаже, где, как и предполагалось, очереди не было, и где нам быстро сделали билеты туда и обратно в Пермь: Диме и мне – в купе, на нижних полках, а Мише как молодому – в плацкартном. На самом деле, висевшая прямо в данном заведении реклама Российских железных дорог оповещала, что студентам дневного – 50% скидки при поездке в купе, но студенческий билет не произвел на кассиршу должного воздействия, поскольку «билет подделать может каждый», а вот справки от декана, которая могла бы ее убедить, у Миши не было. «Да не волнуйтесь, купейные вагоны идут пустыми, никто к вам не подсядет», – успокоила она нас и почти уже сделала все билеты, если бы не скрепочный аппарат, который хотя и новый, но работать не хотел, рвал бумагу, скрепки мялись, их приходилось выковыривать маникюрными ножницами, в процессе чего у кассирши был поврежден палец, а нам достались откровения насчет разгильдяйства и безответственности сотрудника, ответственного за закупку данного устройства. Но все кончается, прошел и этот второстепенный эпизод нашей поездки, правда, мысль еще металась в поиске возможного развития событий вроде сплетен кассирш, доноса одной на другую за непочтительное упоминание начальства в ходе разговора о скрепках, взаимных... но нет, выстраивание приоритета, о чем думать, есть одна из главнейших задач писателя, как некогда сказал мой друг Майкл Лонг, вернее,

«Задача думающего – думать, о чем думать!» Впрочем, возможно, он не прав, просто он мне всегда нравился, частично и тем, что я опубликовал три его книги – великолепный пример американской прозы конца двадцатого столетия, которая наверняка затеряется в анналах лет.

Пропустим же детали стояния на перроне, посвященные в основном Диминым раскланиваниям со знакомыми, про которых мы потом узнавали – «этот из администрации», «этот из спортсменов», а также Диминым рассказам о его боксерском прошлом вкупе с Диминым раздражением по поводу громких выкриков в поддержку какой-то спортивной команды. Тут Дима поведал нам интересную историю о методах его тренера по подготовке боксеров пьянкой за день до соревнований, чтобы вышел боксер на ринг злым, с похмелья и раскачивался раунд-другой, пока другой устает.

Ну вот наконец-то подали наш поезд. Прощай, родной вокзал, свидетель моих странствий, прощай, приезды, встречи, слезы, плач...

Ну ладно, пропустим и это, ведь надо же что-то пропускать, а то здесь каждый камень – как зацепка, и полетели облака памяти, готовые собраться в тучи и разразиться грозами, молниями, ливнями...

Красноярский фирменный поезд поражал чистотой вагонов, вежливостью и профессионализмом обслуживающего состава, вымытыми окнами и идеально чистым туалетом. Вот ведь умеют все-таки, когда постараются, подумал я и оказался прав – умели. Дима тоже почувствовал себя на своем месте, попросил Мишу поднять верхние полки купе в вертикальное положение, в чем, правда, пришлось Мише помогать. Дима наблюдал за этим процессом благосклонно, а потом предложил взять на себя текущие расходы, поскольку я уже заплатил за билеты, на что я согласился, подразумевая чай с лимоном и легкий разговор перед работой на компьютере над продолжением этой истории (которая, особенно после приезда в Америку, что-то не хочет дописываться, но надо, надо довести все до конца, ведь после еще предстоит переписываться с жел. дорогой и т. д.).

Однако племяшище-племяше в рамках советско-грузинской традиции никому поработать давать не собирался. Подозреваю, что он считал своим долгом рассказывать мне всю дорогу, какой он крутой, и демонстрировать мне телефоны «Верту», рассказывать про своего предка — хозяина-начальника леспромхоза с барскими советскими замашками, возлегающим на опушке для наблюдения над рабочими, перед скатертью-самобранкой и с племяшом за компанию, а также о большом количестве техники, которая находится в Димином владении. Кроме разговоров Дима очень щедро потчевал всеми прелестями кухни нашего поезда, рыбкой, жульенчиками, а также всем тем, что сначала имеет свою собственную привлекательность, но постепенно отодвигается в сторону, понижаясь на уровень закуски, поскольку на столе уже появилась главная царица стола — ее величество водка.

Короче, в Пермь мы приехали еще в состоянии остаточного алкогольного отравления. Холодный ветер дул нам в лица, словно пытаясь выдуть память о прошлом вечере, плавно перешедшем в ночь, в смесь водки и пива, в истории о Диминых победах: про вагоны, полные товара; про армию, куда послал его служить отец, чтобы продолжить традицию военной службы; про цистерны дагестанского спирта, отпущенного под честное слово; и под звонки из трех «Верту» одновременно — короче, про то, что жизнь удалась, что он точно знает, как жить, что пить и есть, и даже знает про других. Вот, например, по коридору проходил какой-то человек, но вскоре оказался сидящим напротив меня в нашем купе, внимая и сам выдавая, и про пермяков — соленые уши, и про Каму, и про «маму» — горьковский иняз...

В какой-то момент Дима поскучнел и даже на мгновение отрубился. Мы с Мишей уже было праздновали победу разума над идиотизмом, но... не тут-то было... организм его все еще функционировал, несмотря на лишние килограммов пятьдесят-семьдесят, накопленные им за годы обжорства, а ум вместе с наблюдательностью решил, видимо, на время испариться, поскольку он увидел мои очки. Напротив. Феномен существования очков поразил Диму до глубины его сознания. Он даже тряхнул головой, чтобы избавиться от наваждения, но очки не исчезали, и, слегка урча, он вдруг взмахнул своей рукой — и очки уже были у него, недаром, видно, он тренировался все молодые годы. Очки мои, и вправду замечательные, особенно своей ценой, так что мне была понятна Димина заинтересованность, я даже был ею в некоторой мере польщен и вспомнил, как, когда я заказывал эти очки в интернете, мне пришлось найти рецепт десятилетней давности, а потом будить моего пизанского соседа, дабы он помог мне измерить расстояние между зрачками. Линейка была в дюймах, итальянец кричал, что я испорчу глаза, а я вспоминал Яшку на Аляске, носившего очки, найденные на дороге (что Бог пошлет). Измерив расстояние раз пять (два – с помощью Роберто, три – стоя перед зеркалом с линейкой), я подсчитал средний результат и отправил свой заказ куда-то в электронное пространство, откуда вскоре и получил две пары за 36 долларов, пересылка включена в цену. Через пару недель они появились у меня на пороге: как и все предыдущие и будущие посылки - от ботинок до компьютеров. Почтальон оставил их на улице с внешней стороны дома - большие, легкие, пластиковые и, главное, вполне подходящие по цене. Вот их-то и держал сейчас Дима, рассматривая, словно чудо света, с большим интересом. В ответ на просьбу вернуть мне очки Дима загадочно улыбнулся и спрятал их за свое габаритное гузло.

-- Вообще-то мне очки не особенно нужны, особенно вблизи, – сообщил я ему, остановив удар ноги в сантиметре от его виска.

Дима запыхтел, натужился, но очки не отдал – дело пошло на принцип. Очки мне отдал Миша, еще раз подтвердив свою полезность. Он весь вечер, наученный Димой про грузинские традиции, по которым младший следит за полнотой бокалов старших, усердно подливал, следил за порядком на столе и вообще показывал себя полезным вежливым парнем, который и не внапряг, и пользу приносит.

Снова увидев очки на моем носу, Дима погрустнел, но вовремя наполненный стакан вернул ему жизненные силы. Пытаясь смягчить обстановку, я решил польстить Диме и похвалил его успехи по сбору грибов трехдневной давности. Он тогда приглашал меня в Васильсурск по грибы (куда мне было надо), но потом оказалось, что это не Васильсурск, а Ветлужское, куда мне надо не было, и мое участие в поездке отменилось. Однако я был приятно поражен количеством грибов, которые ему удалось собрать всего за два дня и которые наша хозяйка чистила и жарила целый день. Дима слегка откинулся на спинку сиденья, усмехнулся слегка и пояснил:

-- Бабушкам я сразу по приезде денег дал, сказал, чтобы к завтра грибы были готовы, вот они и постарались. Меня вообще-то друган один туда пригласил, у него там у матери проблема небольшая вышла со строителями. Сделали они ей облицовку на весь дом, но и месяца не прошло, как стало все трескаться, щели появились, видно, они ей некондицию поставили, она то ли сохнуть, то ли чего начала. Она к строителям, а им – насрать, она к сыну, а он ко мне, вот и съездили, и грибов набрали, и мамаше друга помогли. А уж с грибами-то это мне местные бабушки удружили. Вот так то.

Я поинтересовался процессом и результатом помощи. Миша тоже заинтересованно прислушивался.

-- Да что там: приезжаем к маме, она нам баньку затапливает, а мы едем в офис, в строительную контору. Там сидят – один, главный, моих размеров, и трое работяг. Ну, главный встал, смотрит, как бык, чего-то там вякает. С одного удара лег, гад, не двигается. Ну еще пару оплеух работягам дали, предупредили: если завтра в девять не начнут, всем хана. Пнул главного еще разок, чтобы поднимался, и мы пошли в баньку, ну, там посидели, уж у матери моего приятеля радости-то было, стол нам накрыла, после баньки-то, да... – Дима мечтательно облизнулся, вспоминая и вновь наслаждаясь вкусненными яствами, и продолжил: – Наутро, к десяти, смотрю – рабочие подтягиваются, лестницы несут, инструменты. Ну ладно, думаю, хоть так. Где-то еще через часик вышел, подошел, говорю: "Вы чо такие хмурые, аль не рады солнышку?", а они молчат, рожи кривят свои недовольные, но работать работают. "А по пятьдесят грамм не хотите ли для поднятия настроения?" – спрашиваю. "Хотим", – говорят. Ну и помирились, сели, закусончик нам тут сообразила хозяйка, выпили, добавили, а потом мне старший и говорит: "А ты прав, конечно, что нам по мордам надавал вчера, заслужили!" А тут и старушки идут с грибами, пора и обратно в город ехать, а ты говоришь – грибы...

Дима откинулся на диван и победно посмотрел на меня, а потом на Мишу, который тут же наполнил стаканы до краев.

Ранним утром пермский ветер освежал нас на перроне. Было холодно и уныло. Все какое-то серое, неисправимо советское, словно жизнь здесь застыла навсегда, придавленная своей памятью о забитых и забытых миллионах заключенных, прошедших через эти перроны и железнодорожные пути.

Давненько не ходил я по этим местам, еще с тех пор, как мой отец отбывал свой срок в лагере на станции Всесвятская, а мы с матерью ездили сюда на свидания, с пересадкой в Перми.

Дима ежился от холода и от непонимания своего положения, Миша вежливо молчал. «Слушай, а чего тут у них все лица какие-то жеваные, как у сморщившейся печеной картошки?» – спросил вдруг Дима. «Да?» – удивился я и стал вглядываться в людей, неспешно шедших с нами по перрону к зданию вокзала. Ничего особенного я в них не заметил: так же отводили глаза, так же смотрели исподлобья, без улыбок, словно стараясь своим недружелюбием отпугнуть от себя других, короче, обычный рабский плебс с установкой «чужак – значит враг», давно расставшийся с иллюзиями детства, если таковые когда-либо имелись, в чем я сильно сомневаюсь, наблюдая, как родители в этой стране все время унижают своих детей, обзывают их и наказывают прилюдно. Одеты тоже были, как и по всей России, – в черное, словно траур держали по свободе, которую уже внутри себя похоронили.

Но чистенько было и на вокзале, и на перроне, и на привокзальной площади, куда мы вскоре и вышли. Здание вокзала располагалось чуть выше площади, и с верхних ступенек лестницы открывался вид на площадь, парк и часть города, а также на некую квадратно-кубическую конструкцию, темнеющую вдалеке. Ветер уже выдул из нас остатки тепла, и Дима поежился:

- Ну и что дальше?
- Сейчас, сейчас, Дима, – успокоил я его.

А сам набрал номер Егора, чтобы удостовериться в том, что информация о моей пресс-конференции уже была разослана по пермским СМИ. До нее оставалось всего ничего – где-то около часа, поэтому я уже рассматривал находившийся вокруг народ на предмет узнавания наиболее активных представителей прессы, пришедших сюда заранее, вслушиваясь в телефонные гудки.

-- Привет, Егор, извини, если разбудил, – приветствовал я его. – Вот звоню узнать, как вчера рассылка прошла.

-- А я ничего не разослал, вчера поздно с дачи приехал и уснул, – ответил мне Егор слегка заспанным голосом.

-- Извини, но у меня же через час должна быть здесь пресс-конференция – и ты же сам мне лично день назад сказал?

Вопрос повис в воздухе, видимо, у моего собеседника кончился запас слов на эту тему. Я еще раз переспросил его, получил подтверждение, что слово свое Егор не сдержал и даже не нашел нужным меня предупредить о том, что его не сдерживает, так, кинул без усилия свое слово в помойку и все...

Я глубоко вздохнул и отошел в сторону. Миша с интересом наблюдал за привокзальной площадью, Дима смотрел на меня. Но смотрел недолго, так его привлек сувенирный магазин неподалеку, куда он и отправился. Я попросил Мишу пойти и узнать, где на вокзале есть выход в интернет, а сам так и остался стоять, все еще слегка ошеломленный неожиданным поворотом событий.

Долго постоять на площади не пришлось – меня уже манил к себе выглядывающий из дверей лавки Дима с просьбой обсудить малахитовую шкатулку на предмет ее соответствия высокой чести послужить уральским сувениром для супруги. Диме так понравилось в магазине, он так здесь удобно себя чувствовал, что собирался еще чего-то прикупить, но тут пришел Миша, сообщивший, что интернета нет, но он нашел комнату повышенного комфорта, где вроде интернет есть для впускаемых. Туда мы все вместе и направились, вверх по лестнице внутри вокзала, до больших импозантных дверей, ведущих в рай повышенного...

Однако две скучающие дамы, приподнявшиеся ради нашего прибытия с дивана, где они славно ворковали, пока я не открыл дверь и не вошел туда со своими спутниками, встретили нас без особого энтузиазма и поспешили сообщить, что интернета здесь нет и не было никогда, а вот в городе есть интернет-клубы, да и на почтамте тоже вроде бы есть. Я с укором посмотрел на Мишу, но распекать его за неправильную информацию не входило в данный момент в мои планы.

-- Ладно, едем в город, – заявил я, пытаясь именно решительностью убедить прежде всего самого себя в необходимости действия.

Дима остался на вокзале, но успел дать Мишке пятьсот рублей, чтобы мы поехали на такси, поучаствовал, так сказать, на уровне – пусть я не с вами, но душой взаимно.

Жидкий поток людей с вокзала в город сторонился стоянки таксистов. Группа шоферов, грустно курящих у своих авто, оживилась при нашем приближении. Вместо такси с опознавательными знаками, стоящего ближе всего к вокзалу, нас усадили в задрипанный «жигуль» с дерганым мужичком неопределенного вида, которого не смущали завистливые взгляды погрустневших таксистов.

-- Нам в интернет-клуб на Ленина, – небрежно усевшись рядом с шофером, я показал свою осведомленность и сразу спросил про цену. (Ошибочка, конечно, вышла у меня, спрашивать-то раньше надо было, до того как сели.)

-- Минимум пятьсот, – заявил мне шофер. – Ну и за подъезд к вокзалу обратно – отдельно.

Видимо, он решил, что настал его звездный час, и собирался за одну поездку решить все свои финансовые проблемы.

-- Дороговато что-то, – подал голос с заднего сиденья Миша.

-- Да, твои условия нам не подходят, – сказал я.

В ответ водитель поведал нам о непростом житье-бытье, о том, что цены у него нормальные, о том, что надо платить и крыше, и ментам, которые оборзели и все время повышают свои требования.

-- Вот здесь останови, – попросил я, убедившись в том, что диалога не получится. – Вот тебе двести рублей, в твоих услугах больше не нуждаюсь.

-- Вообще-то хотя бы триста надо, – цикнул он сквозь зубы, приткнувшись к поребрику, и радостно воскликнул: – Вот и интернет-клуб здесь.

-- На, держи, – я дал ему еще сто рублей и пояснил на прощание: – Если бы ты нормально поработал, чаевыми бы больше получил. Недоверчиво что-то пробурчав себе под нос, шофер резко развернулся и умчался туда, откуда приехал. А мы уже поднимались по ступенькам к интернет-клубу.

Дверь в клуб была надежно заперта без всяких пояснительных объявлений или записок. Потоптавшись у нее и еще пару раз ее подергав, мы спустились с лестницы на улицу расспрашивать прохожих про клуб и вообще про интернет в городе. Изумлению моему не было предела – большинство людей, опустив головы и старательно избегая взглядов, ускорялись мимо нас, делая вид, что нас нет. «Да, сильно они здесь запуганы», – с удивлением заметил Миша, провожая взглядом очередного парня. Единственная девушка, остановившаяся в ответ на наш вопрос,

265

заверила нас, что ничего ни про этот клуб, ни про интернет не знает, а потом так резво брызнул от нас по мостовой, что я почувствовал себя в чем-то перед ней виноватым. «Бедная, кто же тебя так запугал?» – грустно подумал я.

На остановке по соседству с клубом на лавочке сидели пожилые люди, которые, глядя на мои попытки заговорить с молодежью, оживились, когда я к ним направился. Я разузнал у них, где находится главпочтамт, и спросил, почему современные юнцы так пугливы, про непростую современную жизнь, и уже готов был пуститься в путь, как вдруг Миша заметил, что в расположенном тут же книжном магазине «4итай-город» есть бесплатный Wi-Fi. Поблагодарив за отзывчивость людей с остановки, которым, как мне показалось, самим было приятно поговорить с посторонним, я влетел в дверь, взбежал внутри по лестнице, был обескуражен тем, что обнаружил там цветочный магазин, слетел вниз по совету цветочниц и обнаружил себя в книжном магазине с беспроволочным интернетом, как говорится, зуб даю – чайки, зуб даю – море.

Магазин внутри чист, светел, профессионален. Ничто не отличало его от нормального современного западного магазина, вот только одна продавщица ходила в суперкоротеньких кожаных шортиках, выставляя очень недурственные ноги напоказ, однако выражение ее лица не располагало к диалогу, даже если бы у меня было на данный диалог время, а ведь его-то как раз и не было. Усевшись на мягких диванах у журнального столика, мы зашли в интернет без особых усилий и запустили поиск местных СМИ, и вот уже скоро все они узнали о предстоящей пресс-конференции «Поэт и бродяга против жуликов и коррупционеров!» на ступеньках вокзала Пермь-2. Вся операция заняла у нас около получаса, несмотря на некоторое рассеяние нашего внимания, вызванное несоответствием длины и обнаженности передвигающихся вокруг нас ног полкам учебной и детской литературы.

Но наконец-то все свершилось: газеты, журналы, телевизионные и радиостанции были оповещены, да так, что у них еще осталось два часа на реагирование. «Усталые, но довольные», прогулочным шагом, мы отправились к вокзалу, рассматривая Пермь по дороге. Все, что могли, мы сделали, и теперь легкой прогулкой возвращались на вокзал. По улице

Ленина. Мимо магазина с интересным названием «Duty Free – Напитки мира». На улице вождя мирового пролетариата – свободный от таможенных сборов магазин. С американской статуей Свободы в витрине. Еще одна маленькая ложь. Вряд ли этот магазин на самом деле продает свой товар без таможенных сборов. Единственное объяснение данному названию – незнание того, что скрывается за дьюти фри, принятие сего принципа за название магазина в аэропорту, где напитки дешевы. Представляю процесс регистрации в налоговой инспекции. Неужели никто не подсказал хозяевам истинное значение этих слов? Что же скрывается за фактом данного названия – поверхностность знаний, намерение ввести в заблуждение или просто, просто?..

Не успел я развить эту мысль до конца, как был поражен буквой П. Огромное нагромождение бревен в форме арки о четырех колоннах, слепленной из сплавляемого леса, доминировало на площади, привлекало внимание, перекликалось со зданием вокзала в километровом расстоянии. Арка словно упорядочивала беспорядочный поток плавучих бревен в трехмерную букву П, творила символ из хаоса. Правда, бревна были голышами, без коры и сучьев, подготовленные, возможно, ранее использованные в других строениях, что усиливало впечатление о причастности человека к изначальному хаосу.

Многобревное П, ворота-арка-пустота на пересечении разных тем – Ленина, вокзального жулья, лагерно-тюремного нежитья и – камней... П еще и являлось воротами в парк камней, где в разных формах было представлено разнообразие уральских кладовых. В парке были странные скамейки, формой напоминавшие кобр, готовых к укусу, да и сам парк был раскопан в нескольких местах, но камни были, как и пространство, свободное от машин, свободное для прогулок. Попытки заговорить с местными не приносили результата, видимо, уверенность, что незнакомец – враг и жулик, не оставляла славных пермяков даже в парке.

Наконец мы вернулись к вокзалу, и – вот удача! – встретили нашего шофера-рвача, сидящего на капоте машины и балагурящего с коллегами в ожидании новых пассажиров. Миша слегка отстал, вытащил фотоаппарат, а я направился прямо к ним, нашим извозчикам, погутарить слегка за жизнь, поделиться впечатлением от сервиса, предоставить им обратную связь, так сказать.

Заметив мое приближение, знакомый шофер проявил недюжинную ловкость, одним движением слетев с капота и влетев в кабину, где съежился на сиденьи, вдавливаясь в пол. Спрятался то есть, ушел в осадок. Ну а я принялся мило разговаривать с его соседом, который тоже сел к себе в кабину, но оставил дверь открытой, что давало мне возможность задать ему несколько вопросов. «Будьте любезны, а сколько стоит поездка отсюда до улицы Ленина?», «А каков размер побора со стороны ментов?», «Как вы относитесь к тому, что ваш сосед, да вот он, в своей машине, в своем городе прячется, оставил неприятное непрофессиональное впечатление у гостей города, в частности у меня?», «Обязательны ли отличительно-опознавательные знаки на такси?», «Не возражаете ли сфотографироваться со мной?»

Фотографироваться он наотрез отказался, а ко всем остальным темам, поднятым мной, отношение свое высказал, закатив глаза и молча пережевывая смачно укушенный огурец.

Миша, однако, времени зря не терял, сфоткал и первого, на пол сползающего, и второго, жующего. Было очевидно, что ни ответственности за свою профессию, ни заботы о впечатлении приезжего в их город здесь мне не найти. Ладно, пойдем дальше, постараемся заглушить неприятный диалог с самим собой о целесообразности всей затеи и о том, что начатую партию надо доиграть до конца, в то время как ты жмешь свои тузы в кармане. В голову вдруг пришел ниоткуда стишок Леши Хрынова, записанный им в 2000-м в мою «кругосветную поэму»:

По вокзальным грязным туалетам,
По пустым, заброшенным садам
Никому не нужные поэты
Любят никому не нужных дам.

Дима стоял в зале ожиданий, слегка свесив голову набок, грустный и выглядел потерянным. Я сообщил ему, что все материалы разослали, всех оповестили и пресс-конференция будет скоро, а потом поедем домой. Узнав о нашем общении с местными таксистами, он слегка повеселел, а уж напоминание о том, что скоро снова в поезд, его совсем обрадовало. Однако на ступени вокзала, где я собирал представителей прессы, он решил не идти, остался в зале ожидания.

День по-настоящему разгулялся, осеннее солнце разогрело-таки поначалу хмурый уральский денек, и он заискрился зайчиками на стенах, засверкал отражениями солнечных лучей из луж. Я стоял наверху вокзальной лестницы и проводил пресс-конференцию. То, что мои собеседники-слушатели были невидимыми, меня не смущало, а скорее, наоборот, открывало простор и свободу для речи.

«Здравствуй, Пермь! – произнес я в полный голос, а потом, поскольку слушатели мои были невидимками, то и речь моя пошла в уме, – рад снова приветствовать тебя, город, с именем которого прошла большая часть моего детства, пока отца не этапировали во Владимир. Я почти было проехал мимо тебя, город на Каме, как проезжал и раньше, скорее стараясь проскочить место, очень похожее на задницу мира, если таковая существует, но в этот раз был заново позван сюда, и вот – и недели не прошло, как из мимо проезжающего я превратился в гостя города, пусть и самозваного. Да, это чисто личное привело меня сюда, но ведь личное связывает надежнее всего. И в любой маленькой, незначительной на вид ситуации можно найти игру высших сил – как нам наглядно демонстрирует школьная физика, в простой задачке скольжения тела по наклонной плоскости позволяющая видеть действия общих законов механики, известных нам как законы Ньютона.

Причина моего пребывания здесь проста – меня обманули. Обманувшие меня были мной в обмане уличены, признались в этом обмане, обещали дать полный ответ, «забили стрелку», но снова обманули и скрылись. В вашем городе Пермь.

Расследуя их исчезновение, я обнаружил, что в поезде «Ямал» Новый Уренгой – Москва на перегоне Екатеринбург – Пермь орудует организованная группа бесчестных картежников, причем работники поезда находятся с этой группой в деловых отношениях, осуществляя информационную и деловую поддержку деятельности группы. И участвуют в дележе награбленного.

Вас данные факты, вижу, не поразили».

Я пристально вгляделся в окружающих меня людей и не увидел в них ни капли сочувствия. Какой-то мужик с физиономией мелкого воришки, пристально наблюдавший за мной, быстро отвел глаза. Миша стоял немного в стороне и фотографировал голубей. Усталая женщина с сумкой тяжело поднималась по лестнице на перрон.

--Вам помочь? – спросил я, но она так подозрительно и испуганно на меня посмотрела, что я опустил свою протянутую руку, пулей взлетел наверх и снова обратился к своим воображаемым слушателям. С ними было как-то попроще. И полегче.

«Так вот, еще раз констатирую, что, по моим наблюдениям, факты, приведенные мною, вас всех не только не поразили, но и не вызвали в вас никакого ответного порыва и даже интереса. Маленькое событие, ложь, обман, вранье – и вроде говорить-то не о чем, кроме как – сам дурак, кому и зачем поверил, никому вообще сейчас верить нельзя. Еще и скажете, что правильно, умнее будешь впредь, никому доверять нельзя.

Вот, пожалуй, что я от вас услышал – не дружи, не улыбайся, с незнакомцами молчи. Ну, спасибо и на молчании. Позвольте же и вам тогда ответить, тоже молча, но искренне.

Ваш город грязен и омерзителен, ваши лица полны страха и злобы, ваша традиция – "Молотов" – еще одна ложь, еще один псевдоним. В историю свободных людей вы войдете как одна большая зона. И чтоб вам сгнить всем вместе с лагерями, вертухаями, мелкими подонками и обманщиками. Не обнаружив здесь ни одной родственной души, я объявляю этот город годным для закрытия и забвения!»

Я снова оглянулся, в ожидании ропота, ответа, восклицания, наконец. Тишина и спокойствие.

Моего соратника Мишу уговаривал какой-то парень купить у него что-то из современной техники. На лице продавца вместо энтузиазма была безнадега. Как-то он совсем без уверенности мямлил про "неупуститевозможность". Он уже понимал, что Миша у него вряд ли что купит, но продолжал по инерции расхваливать свой товар.

«Все, Миш, пресс-конференция закончилась, нам пора», – объявил я, окинул последним прощальным взглядом привокзальную площадь, ларьки по периметру, ментовскую будку и черневший вдали короб из черных бревен. Усмехнулся и вошел в здание вокзала. В дверях меня догнал Миша, провожаемый грустным взглядом продавца.

Вот и все, закончилась поездка, подумал я и что-то загрустил. Дима снова ждал нас в зале ожидания, его ироническая улыбка сообщала нам, что удивляться ничему он более не будет, он радостно приветствует завершение нашей повестки дня, к тому же скоро будет наш поезд, он повезет нас снова в Нижний, и как же хорошо все обошлось, без драк и выяснения отношений, и вроде не подвел, и рядом был, свою лояльность выказал вполне, вот надо только купить бы сувениров, засесть в вагон и... в общем, все дела.

Миша с Димой пошли выбирать магнитики с видами Перми у развала в коридоре между залом ожиданий и кассами. Поддавшись туристическому ажиотажу, я тоже решил взять себе парочку на память о месте, славном лагерями, где рабство есть предмет гордости и славный символ края – лесоповал.

Вот ведь как бывает: пока мы не подошли, никого у прилавка не было, и вдруг сразу – очередь, настоящая такая, славная, с советских времен мною не забытая, когда трутся, толкаются, пытаются пронырнуть поближе к продавцу. Диме-то что, загородил своими габаритами все вокруг, Мише тоже хорошо – втерся ужом между Димой и прилавком, а мне куда деваться? – кидаться в бой, как когда-то в детстве за колбасой? Нет, я уж лучше постою в сторонке, посмотрю по сторонам. И если надо, невтерпеж, то подойду опосля, коль время будет.

Стоя в стороне, я весь отдался наблюдению – сначала смотрел на то, как проверяют билеты у входа в зал ожиданий, и удивлялся, ведь только что ничего ни у кого не проверяли, а тут пришла новая смена, и сразу принялись за дело, да так споро и старательно, что вот уже и небольшая очередь образовалась, если так дальше пойдет, то отдыхать охране не придется. Вон где-то у входа пара ментов задушевно разговаривает с «лицами среднеазиатской национальности», близко-близко стоят, чуть головами не касаются, воркуют, видимо, в стремлении достичь взаимопонимания и консенсуса. А вот несколько объявлений, распечатанных на простой бумаге, одно – про знакомый зал повышенного комфорта на третьем этаже, тут что-то про медпункт, а вот – про кабинет начальника вокзала. Со стрелочкой, так мило, по-домашнему.

Я подошел к ребятам, уже к тому времени отделившимся от толпы у прилавка, и сообщил им, что зайду-ка я к начальнику вокзала на минутку. Дима забеспокоился. Появилось на его лице некое выражение озабоченности, вот ведь уже почти уехали, скоро в поезд и в купе, домой, а тут опять... и снова волноваться... «С тобой сходить?» – всего лишь и успел он мне сказать, уже вдогонку, в спину – я уже спешил наверх, в фойе, и в кабинеты.

Да, коридором это было не назвать – просторный зал, пускай немного мрачный, зато совсем не претенциозный, без помпы, невзрачная краска советских времен, нормальная дверь без прибамбасов, которая была даже слегка приоткрыта. Слегка постучавшись, я зашел и обнаружил за дверью двух представительниц прекрасного пола, увлеченных процессом освежения яркости ногтей. В ответ на мой вопрос о местонахождении начальника вокзала я удостоился благосклонного кивка на скромную дверь сбоку. «Он у себя, проходите», – добавила одна и отвернулась к кровавым пляскам краски по ногтям.

Я был несколько обескуражен таким приемом, ведь часто чем незначительней должность, тем помпезней приемная, тем величественней дама на страже. А тут и должность вроде серьезная, как-никак начальник вокзала, а ни вопросов, записывался ли я, ни даже предложения подождать, пока она разузнает, готов ли меня принять ее начальник, – ничего, кроме кивка на дверь, словно маникюр - важнейшее, что тут происходит. Я поблагодарил, открыл указанную мне дверь и шагнул в кабинет.

Кабинет был просторным и почти пустым, пара скромных стульев, много повидавших за свою жизнь, письменный стол у окна. За столом сидел средних лет мужчина и увлеченно играл со смартфоном. Сначала он даже не особенно обратил на нежданного посетителя внимание: бросил на меня быстрый взгляд, кивком указал на стул по другую сторону стола и продолжил свое занятие. Однако пауза дала мне возможность разглядеть его поподробнее: одет начальник был по-простому - скромный пиджак, рубашка, галстука не было, а под глазом фиолетил старый добрый синяк. Оставаться здесь надолго не входило в мои планы. Протянув ему вытащенную из кармана заранее приготовленную визитку, я скромно представился:

-- Виктор Павленков, американский гражданин, путешественник, независимый обозреватель.

Хозяин кабинета мгновенно закончил свои манипуляции с электронным устройством, принял у меня карточку, представился и поинтересовался причиной моего визита. О чем я ему кратко и поведал. Он не перебивал, лишь, извинившись, уточнил информацию о поезде и датах. Вообще при всем моем предубеждении к официальным лицам и начальникам этот мне определенно нравился. Своей простотой и непринужденностью. Даже слушал он как-то легко и по-свойски.

Я опустил в своем рассказе детали и причины возвращения в Пермь, да он и не очень спрашивал о них. Откинувшись в кресле после того, как я замолчал, он прищурил глаза и медленно, но с выражением протянул: «Да-а-а...» и замолчал. Я, признаться, был несколько обескуражен таким поворотом разговора и затягивающимся молчанием. Собеседник мой словно ушел от текущего момента в заоблачный мир раздумий и контемпляций, и лишь слегка движущиеся губы выдавали мысленный процесс за ширмой закрытых глаз и расслабленного тела. А может, это я сам, из своего цейтнота, ощущал данную паузу затянувшейся, нетерпеливо ожидая сам не зная чего, чтобы уже поставить галочку в плане задуманных мероприятий на сей земле, спуститься вниз, сесть в свой вагон, поесть, попить, поспать, проснуться в Нижнем и свалить уже отсюдова, валить, валить, валить.

Додумать мысль я так и не успел. Резко сев в кресле, хозяин кабинета вдруг заговорил:

-- Да, думал я, что больше уже вроде бы больше никогда, а оно вот как, значит... – Он слегка развел руками, а потом вдруг перегнулся через стол и со слегка виноватой улыбкой признался. – Было, было, что есть – то есть, отрицать не буду, было – и картежники, и фокусники, и наперсточники. Было. В девяностых.

Я ожидал прилагательного «лихие», но не дождался, мысленно себя и его с этим поздравив.

– Но вот уже несколько лет, как я работаю здесь, и – слышу об этом первый раз. Неужели снова начали? Очень интересно!

Я молчал, наблюдая некую театральность его жестов, и пытался определить степень правдивости его эмоционального состояния. Он тем временем продолжал. И про необходимость передачи информации в МВД упомянул, и о том, что всех-всех-всех надо оповестить, чтобы пресечь эту заразу на корню, и про то, как он рад, что у меня по этому случаю претензий к вокзалу и к его руководству нет, это все поезда, обслуживающие бригады, которые формируются в Москве, мы же с вами понимаем, да, а вот сигнал послать придется, это как пить дать, ну и мы со своей стороны тоже поддержим, как же не поддержать, надо, надо поддержать.

Я был слегка ошеломлен потоком речи. Заметно было, что говорить мой новый знакомец умел и любил. И речь его была вовсе не лишена смысла, ведь он и возмущался, и сочувствовал мне, и в то же время ненавязчиво констатировал факт своего непричастия к данному беспределу. То есть выполнял насущную задачу всякого встроенного в систему человека — отвести от себя ответственность за безобразие. На моих глазах он превращался в еще одного вруна — ведь не мог он не знать об этой системе, если она функционирует уже много лет, а крышуют ее на уровне зам. начальника милиции (полиции) Свердловской железной дороги! А может быть, и на самом деле ничего не знает? Сидит себе, играется с айфончиком, а жулики все сами по себе? А я стою здесь и уже решаю, что врет, как хитрый лис, начальник мне? Ну-ка, ну-ка, подумал я и перевел разговор поближе к вокзалу (ближе к телу, ближе к делу), поделился опытом пользования услугами такси в его непосредственной вотчине в недалеком прошлом, а именно сегодня поутру.

-- Да что же вы? Да кто же пользуется этими жуликами? – с упреком вопросил товарищ Мезенцев, начальник вокзала, подмигивая мне синяком на добром озабоченном лице, слегка ошеломленном моей растяпистостью.

Сочувствие и легкая добрая усмешка (наверное, потом будет рассказывать собутыльникам о том, какие чудики и простофили бывают, – подумайте только, он взял такси на вокзале, болезный) не сходили с его физиономии, пока он объяснял мне, что надо просто вызывать такси из города по телефону, и тогда вас подвезут дешево и сердито, а вот садиться на привокзальной площади в машину на стоянке такси в такси... это, простите, такая наивность, что он даже не подозревал, вроде вы человек неглупый, а такое делаете, извините, аж смешно делается.

Наконец-то, подумал я, наконец-то я тебя и поймал на том же нехитром приеме – во всем виновата сама жертва. Каким бы ни показался он мне вначале, среда и должность взяли свое. А он уже делился со мной телефонами фирм в Перми, сожалел, что я сразу к нему не зашел, а потом стал делиться планами вокзального такси, планируемого к вводу по всем крупным городами весям, чтобы не было этого безобразия больше. Стал даже описывать предполагаемый цвет этих авто, смаковать их сервис, подчеркивать их принадлежность к железной дороге. Про крышевание ментами современных водил-бомбил знать не знал, еще раз подчеркнув, что это все вне компетенции вокзала как такового. Начальник вокзала признавался в своем бессилии перед мелкими жуликами.

На прощание мы улыбались, как старые друзья. Обменявшись визитками и крепкими рукопожатиями, расстались у двери в кабинет, пообещав друг другу писать.

Ребята меня ждали. Прибытие поезда уже объявили. «Ну что, больше никуда не собираешься?» – с опаской спросил меня Дима. Успокоился, услышав, что более никаких телодвижений не будет. Наконец мы вышли на платформу и присоединились к ожидающим поезд "Новый Уренгой – Москва".

Поезд не заставил себя ждать. Вагон наш оказался в самом начале платформы, и мы неспешно отправились туда, рассматривая прибывших. Дима травил байки за жизнь, Миша молчал, я вглядывался в лица в толпе. Было немного грустно, однако предвкушение обеда и постели скрашивало нашу меланхолию. Сфотографировались на фоне здания вокзала. Добрели до нашего вагона, который был прицеплен сразу за паровозом. Купейный вагон был почти пуст. Поставив вещи в купе под присмотром Димы, Миша и я вышли на перрон: я – покурить, а он – сфотографировать меня еще разок на фоне поезда.

Есть на свете город Тарту,
Где сбываются мечты,
Где отчаянность азарта
Жаждет вечной пустоты,
Где с опаскою тираны
Уповают на любовь,

Где тебя по дальним странам
Вспоминают вновь и вновь,
Где за звездным небом ночью
Наблюдает астроном,
Где скрепляет клятва прочно
Звон кандальный, сердца стон
И предание о чуди,
Что когда-то здесь жила,
Град мой Тарту, город чудный,
Вздох свободы у костра...

На перроне у дверей вагона я затянулся последней на пермской земле сигаретой. И опять потянуло меня на внутреннюю саморазборку, словно в этом маленьком жизненом эпизоде я смог бы найти ответы на вопросы, которых не существует по определению и в поиске которых и состоит смысл жизни. То есть занялся самой настоящей «лоханкинщиной», так весело и с огоньком описанной бойкими перьями советских фельетонистов Ильфа и Петрова. На самом деле меня с детства очень привлекала эта несчастная трагическая фигура русского интеллигента. И вызывала сильное сочувствие, просто-таки щемящую нежность, что ли. Да – неудачник, да – слабый, да – все потерял, просмотрел, попустил. Но сравнивая его с другими героями «Золотого теленка», я, еще юным сердцем, распознавал своего – зла никому не делающего, себя защищающего голодовкой, говорящего стихами и ковыляющего белой хромой вороной меж толпами из крыс, стукачей, хищников, воров, мошенников, смотрящих на него как на урода. Такой князь Мышкин и Манилов вместе взятые, объединенный образ русского интеллигента-мечтателя в советское время, во времена большого террора. Ведь что интересно – роман написан в 1931 году, во времена коллективизации, стоившей миллионов жизней, жизней, принесенных в жертву индустриализации, которая вершилась ради создания сверхмощных орудий убийств человека человеком и для последующего завоевания Европы и мира, а в «Теленке...» – ни слова об этом, хотя и едут наши герои по провинции. Советская эпоха – в этом незамечании боли, убийств, насилия. В отсутствии сочувствия, в культивации ненависти.

Как сплоченно и дружно объединяются все жители Вороньей слободки в травле Лоханкина, в его унижении. Как ловко бойкие перья советской журналистики описывают беспомощного русского интеллигента, приписывая ему и лень, и полную оторванность от народа, и иждивенческий характер его существования, как тонко и весело они насмехаются над его вечными вопросами про его роль в русской революции, как смеются над его стремлением осознать сермяжную правду, как издеваются над его стремлением к самосовершенствованию! Просто животики надорвешь, как смешно.

Вот и сейчас лох – страшное слово. Лох – это тот, кого можно обмануть, кого можно унизить. И это совсем не возбраняется с точки зрения общественной морали. Еще и лох будет сам виноват. И никто за него не вступится – ведь так страшно быть на стороне лоха, гораздо выгоднее – в толпе, которая его травит. Как же я ненавижу и эту толпу, и этот город, и эту страну, где процветают жестокость, страх, ненависть ко всякому, кто отличается от общей массы, кто хочет осмыслить свою роль в этой рабской культуре. Где соврать и обмануть не зазорно, где врут и хамят, как дышат.

Так я стоял на перроне, курил и думал о городе Молотове-Перми, известном и знаменитом своими тюрьмами и лагерями, где одни рабы унижают других, а забота у всех одна – как бы наступить на ближнего, чтобы чуть выше приподняться.

А впрочем, что они мне и что им я? Я затянулся чуть поглубже сигаретой и снова посмотрел по сторонам. Да, столько рельсов и путей рядом я не видел давно. Наш вокзал располагался островком посреди десятков железнодорожных путей, головной вагон поезда, в котором были наши места, завершал этот продолговатый остров, словно нос корабля, а вокруг бушевало море дорог, путей, двигались тепловозы, тягачи, ходили желдоррабы в желтых жилетах с инструментарием в руках, рабочие болтали где-то в стороне. На перроне рядом с нами стояли проводницы и еще пара курящих, вели свою неспешную беседу. Миша закончил фотографировать и подошел ко мне.

Я задал ему загадку. В октябре 1994 года я решил сделать что-то конкретное для Нижнего - города, где вырос и жил мой отец. Я организовал конкурс сочинений для старшеклассников города на тему «Россия – вчера, сегодня, завтра». У проекта было две цели –

дать возможность быть услышанными молодым вдумчивым мальчикам и девочкам, а также «снять слепок» с поколения, школьные годы которых начались во времена «развитого социализма», а кончались в непонятное время относительной свободы. Проект включал в себя и социологический опрос, позволявший найти еще один угол зрения на это поколение переходного периода. По итогам конкурса были опубликованы две книги – на русском и английском. На распространение информации, на жюри, на призы нужны были средства. Грантов никто не дал, собрал немного среди родственников американских, а все остальные средства пришлось добывать из собственных карманов. Уже в Нижнем я обратился с призывом о помощи к двум людям, одному – бывшему ученику моего отца, ныне успешному бизнесмену, и к двоюродному брату. Бизнесмен мне даже не ответил, а брат объяснил на пальцах, что этим проектом я позорю нашу семью. Нет, он не считал, как некоторые мои родственники, что я делаю это по заданию ЦРУ.

- Так в чем же заключался вред данного предприятия по мнению моего брата? – спросил я Мишу.

Миша задумался. Очень он мне нравился этой своей неторопливостью с ответами на вопросы – сначала подумает, поразмыслит, с ответом не торопится. Обстоятельный такой молодой человек.

- Ладно, хорош. Прощайте, пермская земля и пермяки», – сказал я, повторяясь. Уже в который раз сплевывая, гася сигарету в пальцах, засовывая фильтр себе в карман, еще раз оглядываясь, вбирая в себя здание вокзала, кучкующийся народ на перроне, поезда, вагоны, тепловозы, рельсы, шпалы, серое небо над головой и самого себя, растворяющегося во всех этих мелочах, на мгновение даже растворившегося, вобравшего и выбравшего, выбросившего и взявшего... Мы уже подошли почти к самым ступенькам, ведущим в наш вагон, но слегка приостановились, пока проводница любезно прощалась с кем-то в дверях, провожая их с улыбкой. Миша тронул меня сзади за руку:

- Там в чем же вред вашего проекта?
- А сам не догадался? Ладно, я тоже не сразу понял.

Я слегка задумался, чтобы точнее сформулировать мысль, вспомнил перекошенное лицо брата, которому я принес книжку, посвященную нашим отцам – Игорю и Владлену Павленковым. Я втайне надеялся, что этот проект как-то сблизит нас, объединит, что ли, залатает рваный шов непонимания, закроет зевающую пропасть непонимания, но получил взамен то, что получил, – обвинения в идиотизме и подставе.

-- Дело в том, Миш, что, по утверждению брата, сейчас самое страшное оскорбление в России – лох! Человек, которого можно обмануть! А я сам себя подставил с конкурсом сочинений, дав возможность представлять их на конкурс без проверки и контроля. Родители и учителя их пишут за своих школьников, а я им верю, подставляю себя и порочу нашу фамилию. Чистый лох!

Я даже слегка разволновался, объясняя Мише точку зрения, увы, уже покойного брата, с которым уже ни поспоришь, ни договоришься, и повернулся, чтобы заглянуть Мише в глаза, словно пытаясь найти там понимание моего давнего, никогда не завершенного спора с братом. Миша внимательно молчал, не перебивая. Краем глаза я видел, что люди, распрощавшись с проводницей, уже сошли на перрон, и начал уже было залезать на подножку, чтобы развить свою мысль в купе подробнее (нет, нравилось мне с Мишей говорить, да и собеседник он был не по годам серьезный, совсем не такой, как я в молодости, когда все хочется самому что-то сказать, вместо того чтобы слушать), но вдруг один из только что вышедших обернулся на меня, узнавая, и... я тоже его узнал.

Передо мною стояла парочка тех самых, ради которых я и приехал сюда. Вот так, в последний момент, они практически упали мне прямо в руки. Дальнейшее происходило так быстро, что все подробности оказались осмыслены мною уже потом.

Первое, что я сделал, это послал Мишу за Димой в вагон (зачем??? да еще и сделал это недостаточно тихо, так что был услышан высоким, ЗАЧЕМ? - я не перестаю спрашивать себя об этом до сих пор! что за дешевые понты? создать иллюзию того, что нас много?! моя шпана со мною?! откуда это у меня, из глупой юности, чтоб запугать и взять на понт? кого я собирался там пугать?! так я потерял самое главное – союзника!), а сам попытался завязать с ними разговор:

-- Ну, вот мы наконец и встретились, я же вам обещал, что вернусь. А я вас так ждал, так ждал на стрелке! А вы убежали! Ай-ай-ай! Какие-то вы пацаны неправильные, подозреваю, что порченые.

Надо отдать им должное, первичная растерянность на их лицах быстро сменилась решительностью движений. Высокий («Гриша Каран») показал чудеса распальцовки и ткнул пальцем в моем направлении:

-- Все, сейчас придем на разборку, мало не покажется.

Второй («Слава») стоял в некотором смятении, помалкивал.

-- Давай, сюда иди, козел, – я раскрыл руки, словно приглашая его в свои объятия, и сделал шаг назад в надежде, что он последует за мной.

Ни Димы, ни Миши рядом не было, а я так хотел потянуть время до их подхода, который ожидался мной с секунды на секунду (вот-вот они спрыгнут с подножки, отрезав им отход, и тут я и... ??? Не имея четкого плана, на последних минутах пребывания в городе получив вдруг то, о чем просил, я оказался совсем неподготовленным – видно, не зря моя бывшая теща, пожилая ирландка, предупреждала меня неоднократно: «Будь осторожен в своих просьбах к Всевышнему»).

Но вместо того, чтобы следовать ко мне для разборки за «козла», они вдруг неожиданно развернулись и стали уходить, переступая через рельсы. А Димы с Мишей все не было...

Ошеломленный таким поворотом событий, я схватил камень, но бросить его так и не решился.

-- Какая стрелка, ты уже одну просрал, сучонок. Иди сюда! Стоять! – повысил я голос. Народ вокруг затих.

Уходили мои должники довольно бодро, слегка ссутулившись, было заметно, что они совершают усилие, чтобы не обернуться на мои призывы. И тут меня прорвало:

-- Эй, пидоры, куда побежали?! – уже громко воззвал я.

Низенький даже остановился от такого обращения, но не успел обернуться, как его обогнал высокий. И они засучили своими ножками, все ускоряясь и ускоряясь, а я, уже сорвав с себя покрывала цивилизованности, уже вошедший в раж, перешел на ор – голос у меня громкий, закаленный:

-- Эй, пидоры, порчаки вонючие! Куда бежите, пидоры порченые?! Вафлеры классные, один стульчак облизали, а второй закосить решили?! Ну-ка быстро на парашу! Гляньте, люди добрые -- два вафлера, молофья течет из жопы, заглотники-защечники, а парашу вылизали не до конца! Побежали в сортир хуи сосать да жопу подставлять, а парашу недолизали! Вафлер с парашником бегут переполненные, под нары торопятся, гниды!

Их спины вздрагивали при каждом моем крике. Они наклоняли головы, словно уворачиваясь от слов, от взглядов, уже почти бежали, смешно подпрыгивая через рельсы, а в конце пути уже просто полусогнутые спрятались за вагон. Меня трясло. Я замолчал. Тишина немой сцены разбавлялась лишь хрипом моего дыхания и стуком сердца.

И вдруг! – оглушительный, лихой, громкий смех взорвал пространство в округе, заполнив собою все – и место между вагонами и вокзальной стеной, и небо, ставшее вдруг чистым и голубым, отразился от рельсов, ставших на мгновение звонкими, и – сначала обволок все мое существо, мое бренное тело, а потом внезапно врезался, пробился внутрь меня, в мою грудь, в мой мозг, в мои воспоминания, обиды, злобу – и растворил, открыл вдруг всего меня нараспашку, и я тоже, не отдавая себе отчета уже ни в чем, вдруг захохотал и сам, освобождаясь, с каждым толчком отдавая, выплескивая всю злобу и ярость вон, а они растворялись в общей радости и стремительно исчезали, как дым из закопченной трубы исчезает в атмосфере. Тоннельное видение вдруг прошло, и я увидел смеющихся – и железнодорожного рабочего, уронившего свой лом и тыкающего пальцем в сторону, где еще совсем недавно скрылись согнутые спины жуликов, и четырех работяг, высунувшихся почти по пояс из окна затормозившего тепловоза, и еще двух ребят в грязных оранжевых жилетках. Мужики из тепловоза показывали мне большие пальцы с одобрением, а один даже помахал перед тем, как снова нырнуть внутрь. Он был, наверное, недолгим, этот хохот, но я услышал в нем все, словно кто-то вдруг заговорил со мною... через хохот, причем услышал вдруг и самого себя, и свои мысли и чувства...

> Я вдруг увидел резко,
> отчетливо и четко,
> себя на полустанке,
> платформу подо мной:
> стареющий мальчишка,
> прекрасная находка
> для всех людей на свете,

но тоже непростой...

Такое бывает иногда со мной, редко и непредсказуемо, хотя и можно расшевелить пространство голодовкой и сильным возжеланием, длительной ходьбой и физическими нагрузками, – гарантии никогда нет. А бывает, и не ждешь, и не гадаешь, а вдруг – вот оно, отзывается! А будешь ждать и молить – молчит, ни криком, ни шепотом, ни хохотом.

И всего-то он был ничего – минуту всего и смеялись-то, а так много я в нем услышал: ноту узнавания – они не просто так смеялись, все эти машинисты и работяги, они знали, над кем смеются, потому и смех был таким торжествующим и грянул сразу, как шулера вдруг скрылись за вагоном. Перед рабочими-то небось гоголями ходили, как же – пацаны, блатные, пальцы загибали, небось умело сплевывали под ноги, работяг иначе как за мужиков и рабов не держали, ни во что не ставили, презирали. А работяги сами их не любили, но побаивались: те могли и унизить, и припугнуть, да и вообще... Потому и рассмеялись тем уже в спины, мне тоже давая понять, что оценили, и в радость им это, и уж точно не забудут, завтра весь вокзал будет знать про всю сцену, а уж дружки-то с них спросят, что за такие-растакие слова им были сказаны и всеми услышаны, какими такими простыми и доступными словами их назвали и как они на эти названия ответили. То есть хохотали потому, что сами давно хотели им сказать слова заветные, а вот сейчас да громким голосом сказал им это некто незнакомый, а те бежали, согнутые, словно им каждый выкрик словно плетки хлест.

А еще я смеялся над собой, ведь вправду странно, странно и смешно – тащиться в захудалую провинцию, потратив на поездку во много раз больше, чем они мне проиграли, чтобы поймать и наказать каких-то несчастных уродов, шельмующих в вонючих поездах, – куда тебя заносит, дурачок? – я спрашивал себя и хохотал. И жизнь моя показалась вдруг смешной – все дерганья мои по зову сердца, безденежье, одиночество, тоска... А еще хохотал я от радости – услышало пространство, достучался! ответило – как в детстве, как в Тарту, как в Кембридже, как в Колдфуте – ведь захотел найти и вдруг – нашел! Они-то хоть подозревали, ну хоть на миг, когда решили выйти через этот, вагон последний в эти день, и миг, что это их мое пространство тащит, мой зов, мой неоплаченный должок... А еще я хохотал над собой, со стороны глядя, как же я все-таки поменялся: не смог пойти на физическое прикосновение первым, на удар – это уже у меня от американского опыта – не начинай первым, но если кто-то покусился на твое физическое состояние – отвечай до конца, без пределов – не ты начал, но тебе кончать (недаром нашим национальным символом почти стала гремучая змея – ее изображение есть на многих ранних флагах американских колоний, – а ведь и вправду никого не трогает, об опасности громко предупреждает, а не будучи услышана – бьет насмерть. Do not tread on me). Не смог я тогда первым ударить, хоть и держал в кармане раскрытое лезвие, да и сейчас – не смог кинуть камень в спину... Да ведь если до конца раскрыться, я ведь очень обрадовался им, когда вдруг увидел, ведь именно за ними я сюда приехал, и когда они сошли с подножки моего вагона практически мне в руки, возликовал пламенно и страстно где-то внутри себя... ведь какой скучной и грустной была бы поездка без маленького, но очень громкого финала, как грустно и хмуро было бы ехать, обратно, признавая, что вот так, без подготовки, наобум иголку в сене, не ищут, и все циники на свете, из коих несколько живут во мне самом, вдруг оказались бы правы, как часто уж бывало в этой жизни.

Как много можно услышать и увидеть всего за минуту хохота! А потом уже глазами, визуально, осмотреться вокруг, медленно вбирая в себя и проводницу, скукожившуюся вдруг, обнявшую себя саму за плечи, и поезд наш, и – как последний отблеск общего хохота – Диму, с улыбкой на лице медленно высовывающегося из двери, уже уверенного, что никого на перроне нет, но считающего, что проверять не надо, и Мишу, высовывающегося из-за Диминой спины... При виде своей команды я готов был снова хохотать. Над собой.

-- Ну и где же вы были? – улыбнулся.

Оказалось, что Дима ждал, пока я их приведу в наше купе, а разборки на перроне он считал делом опасным и рискованным. А Миша без Димы выходить из поезда тоже не рискнул. Зато Миша успел-таки запечатлеть парочку на фотографии, прямо перед тем, как занырнуть за Димой в вагон. Это сообщение привело меня в восторг. Ведь говорил я Мише, что вмешиваться ему никуда не надо, только фотографируй. Что он и сделал: в последнюю минуту, уже на ступеньках, обернулся и сфоткал их, прямо в тот самый момент, когда они забивают мне очередную стрелку через пять минут. Молодец, ничего не скажешь.

На обратном пути Дима вальяжничал, придирчиво разбирался с меню, выразительно рассказывал, как бы он их побил, если бы они очутились в нашем купе, фотографию их попросил отправить себе на электронную почту и обещал, что этим займется лично сам, через собственные связи в силовых структурах. Часто вынимал свой «Верту», искал связи, а потом объявил, что нашел очень крутой контакт в Кирове, и человек нас встретит на вокзале.

Потом мы пили много пива, много ели, пригласили к нам в купе обеих проводниц, они оказались дочкой и матерью, снова пили, а потом я в пустом купе долго пытался разговорить мамашу, ведь именно она так любезничала с шулерами при прощании. Дама оказалась крепка, как камень. Она рассказала мне, как возят нелегальный груз в поездах, и как подсаживают безбилетников, и как подторговывают икрой и чачей с водкой, как трудно на кавказских рейсах, где ее постоянно домогаются пассажиры, но про жуликов-педрил говорить отказывалась. Пришлось вернуться в купе ни с чем. Пиво текло рекой.

Дочка-проводница с немытыми волосами уже слегка окосела. Я упал на верхнюю полку и заснул. Проснулся через несколько часов. Все снова были в сборе, праздновали встречу в Кирове с Диминым серьезным другом, полезность которого исчислялась еще десятком жестяных банок пива. Пиво было местного производства, но это не делало ему чести. Я задумался о разнице в соотношениях российского и настоящего пива, а также портвейна «Агдам» и настоящего португальского. Проснулся еще раз, когда купе уже было пусто. Дима из полудремы поинтересовался, успел ли я... мамашу, и предложил... дочку для полноты комплекта. В ответ ему я произнес пару фраз, после которых он крепко задумался и больше ничего не говорил.

Еще с перрона, воодушевленный фотографией, сделанной Михаилом, я успел позвонить Мезенцеву, директору вокзала, и сообщить ему, что есть фотография, и даже был готов ему ее скинуть на «мыло», но тут он снова обрадованно заговорил про ментов, которые будут рады такому результату, и мой импульс желания общения вдруг сдулся, сошел на нет.

Сон не шел. Дима похрапывал на своей полке рядом. Я просматривал видеоряд своей жизни, и стук колес вторил сердцу. Я люблю долгие железнодорожные поездки, стук, ощущение осмысленности бытия, процесс преодоления пространства, мысли, беспорядочно лезущие в голову, и некоторую от них отстраненность, обусловленную местонахождением - на полке, в движении, в пути. Вот и сейчас я все думал про Лоханкина и сопоставлял его и свои жизненные пути и наше с ним отношение к миру. В чем-то мы, несомненно, разные – я всегда платил и за себя, и за женщин, а если не хватало, то и не позволял себе женщин. А если расставался, то всегда уходил, оставляя и квартиру, и дома женщине. И бить себя никому не позволял, а наоборот – бил так, что больше не просили. Но в то же время есть и много общего: некая склонность к бесполезным размышлениям глобально-исторического уровня и присущее данным измышлениям дилетантство. И – невписанность в структуры власти и общества. И – дикое нежелание работать. То есть трудиться – да, не прочь, и сутками, и неделями, и месяцами приходилось, но под чьим-то начальством, по приказу – увольте... И методы выживания у нас похожие, ведь вот уже как много лет подряд я выживаю, сдавая часть своего жилья внаем.

А вот с кем я точно «лоханулся», так это с родственниками моими молдаванскими, ведь вот уже много лет, как и молодежи помогаю, и старшему поколению тоже, и взаймы давал, и просто так – на семейный фонд, на бизнес, на похороны, и в Кембридже, бывало, принимал, а как попросил о помощи – никто ни слова, ни полслова, кроме «вы, дядя Виктор, не лох, но тут вы лоханулись!». Как абсолютно точно выразился мой «родственник». Правда, это подходило, скорее, к отношениям с этой частью семьи, тем не менее тема эта оказалась очень благодатной, и я стал вспоминать всех, кто меня когда-либо разочаровывал за всю мою достаточно долгую жизнь по обе стороны океана. Досталось всем – и родственникам, и бывшим друзьям, я предъявлял по полной, и уже было выходило, что я один лишь белый и пушистый, как вдруг вспомнилось несколько неприятных моментов, когда и сам я был ну не совсем на высоте, а память уже стала подкидывать мне и другие примеры – тех, кто вел себя безупречно: там оказались и родители, и мой любимый дядя Игорь, и друзья семьи, и породнившиеся со мной эскимосы с Аляски, и мои новые (но уже такие родные) знакомые эстонцы, и мои американские друзья...

Так-так-так – стучали колеса, так-так-так – вторили мысли ... Так, ничего до конца не подытожив, я незаметно уснул...

Прошло полтора года. Я наконец-то дописал сию историю. Продолжения пока нет. Дима, как и ожидалось, ничего, кроме произношения слов, не сделал, да, может быть, это и к лучшему. Друг чеченец ждет в Москве, чтобы составить компанию в моей следующей поездке в Пермь, если она когда-нибудь будет. Карты, мной у них отобранные, лежат в одной избушке в Эстонии. А мне все чаще вспоминается взрыв смеха на вокзальном перроне, вдруг накрывший меня с головой и плеснувший в небо...

СОДЕРЖАНИЕ

Предисловие	5
Шел Пацан	7
Тарту-Калуга	63
Моя революция	95
Драка	147
Про Гарвард стрит	173
Свободным словом гнойники системы	205

www.ingramcontent.com/pod-product-compliance
Lightning Source LLC
Chambersburg PA
CBHW032036150426
43194CB00006B/304